結構方程模式軟體
Amos 之簡介
及其在測驗編製上之應用：
Graphics & Basic

An Introduction to Amos
and Its Uses in Scale Development :
Graphics & Basic

李茂能　著

作者簡介

李茂能（第 1-15 章）

美國喬治亞大學哲學博士

國立嘉義大學師範學院教授

楊德清（第 4 章）

美國密蘇里州立大學哥倫比亞校區數學教育博士

國立嘉義大學師範學院教授

林姿飴（第 4 章）

國立嘉義大學數學教育研究所碩士班研究生

王慧豐（第 6 章）

國立嘉義大學國民教育研究所博士班研究生

施振典（第 6 章）

國立嘉義大學國民教育研究所博士班研究生

顏士程（第 7 章）

國立嘉義大學國民教育研究所博士班研究生

林俊成（第 7 章）

國立嘉義大學國民教育研究所博士班研究生

陳怡君（第 8 章）

國立嘉義大學國民教育研究所博士班研究生

張茂源（第 8 章）

　　國立嘉義大學國民教育研究所博士班研究生

張哲彰（第 9 章）

　　國立嘉義大學國民教育研究所博士班研究生

推薦序

　　本書可稱為當代之測驗統計學，主要係為修習心理與教育學、管理學、經濟學等高年級大學生及研究生而撰寫。此外亦可提供從事測驗編製、心理與教育、市場行銷、組織心理學、體育休閒、政治行為分析、公共行政等社會與行為科學的研究者參考。撰寫本書的目的在於協助研究者學通線性結構方程模式軟體 Amos（Analysis of MOment Structure）的基本操作與應用，進而精通因素分析方法，而能應用於編製具有信、效度的量化研究工具。本書所介紹的 Amos 軟體具有兩大運作模式：一為圖解式 Amos，一為 Basic 語法式 Amos。語法式 Amos 較具彈性，適合大型模式之分析及允許操控輸出結果，但需撰寫語法程式。圖解式 Amos 最大的優點在於其徑路圖的圖形使用者介面，免去傳統一般 DOS 軟體撰寫程式的繁瑣與迷惑。使用者只要利用它所提供的六十餘個繪圖工具，將待驗證的理論模式繪製於徑路圖介面上，Amos 程式就可自動轉化為相關的聯立方程式，供其參數估計與統計考驗，無需顧及八大矩陣與程式語法等問題，因而最適合初學者或一般研究者之使用。

　　本書作者李茂能教授係本人在國立台灣師範大學教育心理與輔導研究所的門生，獲得碩士學位後，赴美進修博士學位期間，專攻測驗統計學與教育研究法，返國後亦從事該兩個領域之教學十餘年。本書是其畢生教學與研究之心血結晶，內容清新，陳述深入淺出，隨書附有 SEM-CAI 的 Excel 增益集，讓讀者透過實際數據之操作，具體了解極小化的迭代過程及適配度指標的計算，更是用心良苦。該書理論與實務兼重，文字與圖形併用，對於初學者或研究者在使用 Amos 統計軟體時，必能豁然了解而順利熟悉 SEM 的應用；尤其本書對 SEM 在測驗編製上之運用，引例貼切，解說詳盡，對於量化研究工具之試題分析及信、效度考驗的介紹，亦有非常嶄新的新知與先進的做法，研讀本書當能快速與國際最新學術接軌。此書之問世，相信當能嘉惠我國學子，引領他們快速進入 SEM 的學術殿堂，也必能為測驗工具的編製方法，踏入新的里程碑做出積極的貢獻，故樂為之序。

郭生玉　謹識

於考選部政務次長室

2006 年 3 月 20 日

自　序

　　線性結構方程模式（SEM）的主要特色，在於能同時處理指標測量與因果結構的問題，尤其對於測量工具編製更具有獨特之貢獻：不僅可以估計測量誤差及處理誤差相關之問題外，尚可用以檢驗測量工具之信、效度。SEM可謂新世紀測驗統計學的主流，心理計量學因而精進至另一新紀元。

　　近年來，我國的高等教育蓬勃發展，尤其是研究生之博、碩士論文的量更是快速成長。但優秀量化論文之寫作，必須仰賴高品質測驗工具或量表，方能捕捉到待研究變項的重要資訊，也才能蒐集到具有高信、效度之原始資料（Hinkin, 1995; Noar, 2003），否則再高深的統計方法亦會導致偏差的研究結果與結論。有鑒於統計軟體（SAS、SPSS、AMOS、LISREL、MPLUS、BMDP等）之普及與視窗化，使得過去被視為高深莫測的數理統計方法亦隨之普及至人文社會科學的政治學、經濟學、心理學、管理學、醫學、公共行政、教育學等領域。因之，許多非數理領域的研究生得以輕易利用探索式或驗證性因素分析去進行測驗編製及信、效度之考驗；但在測驗的編製過程、統計方法的應用，及報表的解釋上，卻常遭遇到不少困惑與疑點，當中有些迷思一代傳一代，因而累積了一些不必要之誤用與誤解。筆者在一些研究生的口試中，就不乏「垃圾進，垃圾出」的例子。有些研究生甚至恐懼到祈禱論文口試中，最好不要被問到因素分析的問題。有鑒於此，筆者乃將多年來的教學與研究心得加以系統整理，並請修習量化研究專題與多變項統計的王慧豐、施振典、顏士程、林俊成、陳怡君、張茂源、張哲彰，及林姿飴等研究生共襄盛舉，日以繼夜寫稿、討論與修稿，合力催生一本能授業（知其然）、也能解惑（知其所以然）的測驗統計書籍，以早日與大家分享我們的成果。

　　本書主要內容為結構方程模式軟體 Amos 的基本操作與因素分析在測驗編製上的應用。鑒於測驗編製者或研究生在理論及實際運用上的需要，乃將焦點大半放在測統基本概念之意義及其在測驗編製之應用上。每一個測統基本概念均會以淺顯之文字敘述之，非有必要不詳導數學公式；至於測驗編製之應用實務，則以嘉義大學數學教育研究所所長楊德清與筆者主導的數常識（number sense）量表為實例，逐一介紹探索式（exploratory）及驗證性（confirmatory）因素分析的相關理論、操作步驟及方法（含試題項目分析，信、效度考驗的新技術）、並詳細解說電腦報表內容及其在測驗編製上之用途與意義。因將本書定位為 Amos 之實務手冊與測驗編製之應用，相關之理論將盡可能迴避詰屈聱牙的統計術語，朝向口語化與圖像化，並選用生手最易入門的 SEM 統計分析軟體 Amos 做為分析測驗資料與統計分析之媒介。至於測驗統計上常見之困惑、未解難題或爭論性議題，亦會在相關章節細說原委，並提出可能解決之道。因此，研讀此書只須具備粗淺之高中數學知識及些許耐心，當能心領神會，享受駕馭 Amos（Graphic & Basic）的快感，而邁入因素分析在測驗編製與信、效度考驗之新境界。研讀本書當能加速引導您進入 SEM 的學術殿堂及熟悉測驗編製的實務，筆者深信不管任何領域之初學者只要有耐心與信心，當能減輕您對於 SEM 的恐懼、縮短 SEM 摸索的黑暗期，及釐清您在測驗編製應用上的大部分困惑。

　　本書前面章節主在簡介 SEM 的理論基礎、Amos Graphics 的基本操作方法、Amos Basic 的基本程式設計、項目分析與因素分析在測驗編製上之用途；中間的部分以 SEM 測量模式為探討之核心，其主要探討的核心為 SEM 在測驗信、效度考驗上之實務與應用；本書後半部章節則在探討 SEM 的重要議題及新知：諸如樣本大小、基本假設、多群組分析、模式界定搜尋、漏失值處理、適配度指標、多層次因素分析與常用術語：諸如難度因子、原因指標、效果指標、標準化估計值、特殊膨脹因子等。

　　本書為秉持盡真、盡善與盡美之理想，資料蒐集、撰寫及潤稿過程歷經兩年，期間深感眼力與體力的逐漸耗損，但盼這些犧牲可以換得些許學術價值。在本書完成之際，要特別感謝過去提攜我學術成長的台師大英語系的陳須姬老師，台師大教心系暨輔研所的郭生玉、林清山、盧欽銘、陳榮華、吳武典、簡茂發、路君約等老師，尤其郭生玉老師的即時提拔與不時鼓勵，更是令我銘感於心，美國喬治亞大學（University of Georgia）教心系的 Olejnik 博士、Huberty 博士、Bashaw 博士、Wisenbaker 博士與心理系的 Lautenschlager 博士等教授在測驗、統計與研究法專業上之啟迪，讓我受益匪淺。筆者端賴這些國內外師長的恩典與專業領航，方能進德修業與時俱進，殷望本書能彰顯師恩，光大其專業。此外，亦要感謝 Amos 作者 James L. Arbuckle 經由 E-mail 的協助與慨允，解決了一些 Amos 使用上之盲點及讓 Amos 學生版軟體能隨書發行。最後，更要感激多年來為了經營一個溫暖的家，默默耕耘與付出的內人麗雲女士，願將本書誕生的喜悅與之共享。

　　本書經修習多變項統計的數教所研究生江秉叡、葉俊谷，國教所研究生魏錫森與教政所研究生吳麗華同學的仔細研讀及校對，但因 SEM 學術浩瀚無邊，筆者常感才學不深及力有未逮之處，思慮亦恐不周，倘尚有內容疏漏或偏誤之處，亦盼海內、外方家同好不吝斧正，並藉此拋磚引玉，期待更多的專業學者投入心理計量學之研究，繼續解決目前測驗編製上未解的迷惑與難題，以利提升我國量化研究之品質。

李茂能　謹識

於嘉義大學

2006 年春

目　錄

CHAPTER 14 結　語 ／李茂能 ······················· **373**

CHAPTER 15 Amos 常見問題 ／李茂能 ··············· **377**

結構方程模式的理論

❖ 重 點 提 示

一、理論模式的界定。

二、理論模式的辨識。

三、模式的估計。

四、模式的考驗、發展、評鑑與修正。

　　結構方程模式（Structural Equation Models，簡稱 SEM）是一種分析變異數與共變數的統計方法，是國外研究學者經常使用的資料分析方法，光以心理學資料庫（PsycINFO）為例，截至 2005 年 10 月底就有 3,696 篇論文以 SEM 為資料分析方法。我國近十年來，高等教育的蓬勃發展，學者及研究生在測驗與研究上的 SEM 使用風起雲湧，堪稱當代之顯學。單以驗證性因素分析（SEM 的測量模式）來檢驗測驗的結構的論文就不勝枚舉，遍及各個學術領域：包括教育行政學、流行病學、心理學、農業經濟學、特殊教育、成人教育、紡織學、市場行銷、企業管理、體育休閒、公共行政與成就測驗等。例如：張郁雯（2003）的大學生教學評鑑量表之發展研究；陳志陽（2004）的國小教師人格特質影響職務決策之研究；連盈如（1997）的精神分裂症患者親屬的準精神分裂性人格特徵：探索性與驗證性因素分析；連廷嘉（2004）的高危險群青少年衡鑑量表編製及其應用之研究；黃文星（2003）的民族意識對農產品消費行為之影響；侯雅齡（2004）的多向度家庭功能評估工具之發展及特殊需求學生家庭功能之研究；蕭佳純（2004）的組織知識創新模式與量表建構之研究：以成人教育組織為例；蕭丞傑（2003）的穿著態度：概念建構暨量表編製；蔡青姿（2004）的醫學雷射美容消費意向模式建構之實證研究——結構方程模式之應用；林季燕（2003）的運動動機量表之編製：信度與效度分析；鍾覺非（2004）的台灣地區戶政機關服務品質量表之發展；吳裕益和林月仙（2000）的國小中低年級數學診斷測驗之編製及理論模式之驗證研究。

　　SEM早期稱為線性結構方程模式（Linear Structural Relationships，簡稱LISREL）或稱為共變數結構分析（covariance structure analysis），是一真正在分析變異數的統計方法，而傳統變異數分析主要在分析平均數間之差異而非變異數。其實SEM亦可處理傳統的變異數分析，如ANOVA與MANOVA的平均數結構分析（蔡坤宏，1994；Bollen, 1989; Kline, 1998, 2004）。但 SEM 主要目的在考驗潛在變項（latent variables）與外顯變項（manifest variable，又稱觀察變項）間之關係，此關係猶如古典測驗理論中真分數（true score）與實得分數（observed score）之關係。SEM 實質上結合因素分析（factor analysis）與徑路或迴歸分析（path/regression analysis），亦即 SEM 統計模式包含測量模式與結構模式（參見圖 1-1）。測量模式旨在建立測量指標與潛在變項間之關係，主要透過驗證性因素分析以考驗測量模式的效度，其最大特色為考慮到測量誤差，研究者的主要任務在於建構具有良好信、效度之測量指標。至於結構模式則主在考驗潛在變項間之因果路徑關係，主要針對潛在變項進行徑路分析，以考驗結構模式的適配性，研究者的主要任務在於確立潛在變項間之共變性、時間序與因果關聯強度。由此觀之，SEM主在驗證模式，而傳統之變異數分析、迴歸分析主在建立模式，唯有兩者相輔相成才能找到最適配而又有意義之模式。

圖 1-1　結構方程模式的演進

　　一個完整的結構方程模式，其基本四大統計工作為：理論模式的界定、理論模式的辨識、模式的估計，與模式的考驗、發展、評鑑與修正。茲分別說明如下：

一　理論模式的界定

　　所謂理論模式是指描述現實世界的原理或建構間的理論或因果關係，是科學家用以詮釋真相或真理的簡潔寫照，也是人類了解各種事象共通法則的根據。理論模式是 SEM 的靈魂，沒有理論基礎的 SEM 分析只是沒有靈魂的軀殼而已，因此理論模式的界定是有效 SEM 分析的前導要務。界定 SEM 模式時，研究者首先需建構理論導向的因果關係與建構該理論模式的徑路圖，並將徑路圖轉化成測量與結構模式（建立聯立方程式）。在建立徑路圖的過程當中，研究者常需依自己研究的需要及過去的相關理論，先建構測量模式之概念圖，再界定結構模式之內外衍變項，並將部分徑路係數加以固定（fixed parameters，通常設定為 0），不去估計它，而將其他重要參數開放估計（free parameters）。因為理論模式是 SEM 的靈魂，一個有效的理論模式應具有以下之特性：㈠精簡性、㈡實用性、㈢推論性、與㈣周延性。其中精簡性與實用性是一體的兩面，而推論性與周延性亦是共生體。例如，一個太過複雜的模式，由於無法降低其複雜性，其實用性或推論性可能不佳；一個忽視重要調節變項（moderators）、中介變項（mediators）或抑制變項（suppresors）的模式，可能會捕捉不到真相的重要特徵，甚至扭曲真相或看不到真相，其推論性當然不佳。這四個特性在現實生活中，常無法同時並存，研究者只能在理想與現實中尋求折衷方案。

二　理論模式的辨識

在結構方程模式中，已知參數（來自測量模式）通常為測量變項的相關係數、變異數或共變數，而未知參數（來自結構模式）則依適配該資料的模式而定。可辨識性（identifiability）為 SEM 研究者需優先關切的議題。假設有四個測量變項及有一適配該觀察共變數矩陣的模式，則該矩陣包含 4*(4＋1)/2=10 非重複性的元素，假如待估計的參數超過 10，亦即自由度為負值時，該模式即為不可辨識，Amos 會顯示如圖 1-2 的警告視窗。

假如有一單因子模式（且係對角線誤差矩陣）適配該資料時，未知參數為 8 個：其中 4 個因素負荷量，4 個誤差變異量，則此模式為可辨識模式。結構模式辨識性之評估是 SEM 的必要工作，一個模式是

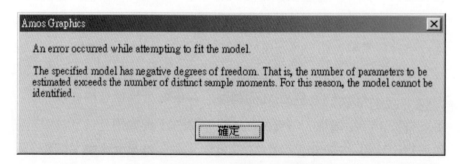

圖 1-2　自由度為負值的警告視窗

否可辨識其必要條件為：自由參數≤½p(p＋1)，p為觀察變項數；而其驗證性因素分析之充分條件，Bollen（1989）提出兩個指標規則（indicator rules）及三個指標規則（Bollen, 1989: 247），可供研究者決定一個模式是否可辨識之參考。其兩個指標規則為：

㈠潛在因素＞1，即潛在變項超過一個；

㈡至少有一對 i，j（i≠j），其ϕ_{ij}≠0，亦即

1. 結構係數Λ中各行（row）僅有一非零元素。換言之，每一指標不可橫跨至其他因素上；

2. 每一潛在變項至少需與其他之潛在變項有關；

3. 每一因素至少有兩個指標以上；

4. Θ為對角線（diagonal）矩陣，即觀察變項間之測量誤差獨立無關。

而 Bollen（1989）之三個指標規則為：

㈠結構係數Λ中各行（row）僅有一非零元素。換言之，每一觀察變項僅在單一潛在變項上有因素負荷量；

㈡每一潛在變項至少有三個觀察變項；

㈢Θ為對角線（diagonal）矩陣，即觀察變項間之測量誤差獨立無關。

當模式發生不可辨識時，其可能問題之症狀有：無法計算反矩陣、負的誤差變異量、標準化係數超過 1、相關係數的絕對值達到.85 或.90 以上與過大的標準誤。若發現上述之症狀時，其可能之解決方法為：

🖰 限制模式中部分的參數。

🖰 刪除部分徑路或相關係數。

🖰 固定潛在變項的測量誤差。

　　遇單一指標時，可將徑路係數固定為 1，且將其誤差變異量設定為 0。不過研究者此時將無法考慮到測量誤差了，會導致預測量或解釋量下降之困擾。因此，研究如欲將測量誤差考慮進去就必須使用兩個以上之指標。

　　Ullman（1996）統整前述 SEM 模式辨識的幾個基本原則畫出圖1-3 之流程圖，研究者可一步一步去了解不可辨識之可能原因及解決之道。圖 1-3 中值得補充說明的是：Bollen（1989）的順序條件（order conditions）乃是要求每一廻歸方程式中至少有$(n-1)$個預測變項的係數需設定為 0（n 為內因變項數），此為一個方程式可以辨識的必要條件，另一秩條件（rank conditions）則要求計算標準誤的訊息矩陣（information matrix）為全秩（full rank）與具有反矩陣，此為一個方程式可以辨識的必要與充分條件。讀者如欲檢驗秩條件是否符合，可以利用內、外衍因素間之徑路係數矩陣 Γ，及內衍因素間之徑路係數矩陣 β，建構一個 C 矩陣：$C = [(I - B) - \Gamma]$，接著刪除 C 矩陣縱行中沒含有 0 的縱行而形成一個新的 C_i 矩陣。如果這一個新的 C_i 矩陣的秩等於 $p - 1$（p 為觀察變項數），即表示該 SEM 模式可以辨識。讀者如欲知順序條件與秩條件的實際例子，請參閱Bollen（1989）的說明（Bollen, 1989: 98-106）。當您的模式屬於非遞回（nonrecursive）模式，依變項間具有反饋迴路（feedback loop）或依變項之干擾變異量間具有相關，前述這兩種條件是其額外要件，才能使該模式可辨識。針對測驗編製者而言，研究者只要關切第一階段的測量模式是否為可辨識模式即可。

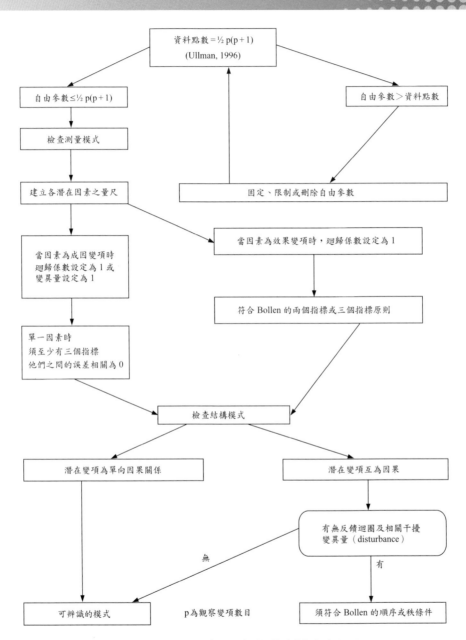

圖 1-3　Ullman（1996）的模式辨識流程圖

三　模式的估計

　　本項工作涉及選定輸入資料型態與進行模式之估計。輸入資料型態可為共變數矩陣或為相關矩陣及原始資料矩陣。雖然，因 ML 與 GLS 具有量尺不變性（scale invariant or scale free）之特性，不管您使用共變數矩陣或為相關矩陣，其適配函數值將相同（Bollen, 1989）。但共變數矩陣通常適合於下列時機使用：

㈠進行不同母群或樣本間之比較，因為此時最關切的是平均數或變異數之未標準化估計值的絕對性差異；

㈡進行理論的考驗（test of theory）及驗證因果關係，因每一建構的測量單位及組間之變異量可能不同；及

㈢縱貫性變項之分析。

　　而相關矩陣，係標準化之變異數—共變數矩陣則適合於下列時機使用：

㈠模式內係數間之比較，因為此時最關切的是標準化估計值的相對性差異；

㈡只欲探究建構間之關係組型（patterns of relationships），而不想解釋建構之變異量時；

㈢進行不同變項間相對重要性之比較；及

㈣變項之量尺只具相對性之意義時。

　　共變數結構分析，按理應使用共變數矩陣進行資料分析，以了解建構變異的解釋量。但因教育與心理的研究上，觀察變項的測量單位通常是武斷的而沒有明確的意義，研究者一般都直接使用相關矩陣分

析，以探究關係組型，如 CFA 分析。

　　不過，Cudeck（1989）就指出使用相關矩陣進行共變數結構分析會產生三個嚴重問題：

　㈠當您針對參數設限為相等而相關變項之標準差卻不同時，會修正分析模式；

　㈡當您針對變項加以標準化且進行跨組參數相等限制時，會產生不正確的χ^2值與適配度指標，因此相關矩陣不適合於多群組分析上；

　㈢因為相關矩陣與共變數矩陣的抽樣分配屬性不同，會產生不正確的標準誤（ADF/WLS 估計法除外），尤其當您使用 ML 估計法時更需謹慎為之。

　　針對上述之困擾問題，Amos 進行模式估計時，會自動將相關矩陣轉換成共變數矩陣，再進行參數估計。此乃為什麼使用相關矩陣資料時，Amos 會要求您亦輸入各變項之標準差資訊（Amos 可用此標準差資訊將它轉成共變數矩陣）。因此，在 Amos 中研究者可以不去顧慮到底使用何種資料進行分析（當您使用其他 SEM 分析軟體時，最好使用共變數矩陣進行分析，以確保統計結果的正確性）。研究者需要顧慮的是，到底要使用標準化係數或未標準化係數去解釋研究結果。標準化係數是根據變項 z 分數或相關矩陣求得，未標準化係數是根據變項原始分數或共變數矩陣求得。另外，研究者遇相關矩陣所使用之原始資料為次序性或名義變項時，最好使用四分或多分（tetrachoric or polychoric）相關矩陣（余民寧，2006），可利用 SAS Polychor 巨集（參見附錄一）與 PRELIS/MPLUS（參見附錄二之語法範例）計算之，以避免產生難度因子或無法找到既定的因素結構。

　　此外，在 Amos 中，當您估計方法（如 ADF 法）需要使用原始資料矩陣的偏態與峰度資訊以進行非常態性資料的校正時，或當您的統計方法允許缺失值（如 FIML 法），並加以統計處理時，研究者就需改用原始資料矩陣進行分析。其次，為了避免產生非正定（not positive definite）矩陣或特異（singular）矩陣，不管您是使用共變數矩陣或相關矩陣，除了均需為對稱性方形矩陣外，尚須符合以下幾個條件（Wothke, 1993）：

㈠共變數矩陣中對角線變異數部分需為正值，產生負值可能原因有極端值、模式界定錯誤、抽樣變動等。

㈡共變數矩陣中非對角線共變數部分，其共變數之值需局限於一定範圍。兩個變項之共變數絕對值必須小於兩個變項之標準差乘積值，以使相關係數落在 $+1$ 與 -1 之間。例如，$A = \begin{bmatrix} 2 & & \\ .30 & .50 & \\ 1.5 & .20 & 1.0 \end{bmatrix}$

利用共變數 A 矩陣資料，所計算出來第一及第三變項的相關係數將為 1.06，落在 $+1$ 與 -1 之外，此為非許可值（inadmissible value）。

㈢相關矩陣中三個變項間之相關係數間須符合三角不均等性，兩個變項（i 與 j）之相關係數值需落在 $\cos[\arccos(\rho_{ik}) - \arccos(\rho_{jk})]$ 與 $\cos[\arccos(\rho_{ik}) + \arccos(\rho_{jk})]$ 之極限值之間，式中 k 代表同一相關矩陣中的第三個變項。Kline（1998, 2004）指出此兩個變項（i 與 j）之相關係數值的可能區間亦可由下式求得：$\rho_{ik}\rho_{jk} \pm \sqrt{(1 - \rho^2_{ik})(1 - \rho^2_{jk})}$，兩種求法殊途同歸。今設有一相關矩陣 $A = \begin{bmatrix} 1.0 & & \\ .90 & 1.0 & \\ -.50 & .90 & 1.0 \end{bmatrix}$，第二個（k）變項與第一（i）與第三（j）變項之相關均為 .90，而第一與第三變項之相關為 $-.50$，明顯違反三角不均等性，因為第一與第三變項之相關為 $-.50$，並未落在 .62（$\cos[\arccos(.90) + \arccos(.90)]$）與 1.0（$\cos[\arccos(.90) - \arccos(.90)]$）

之間。違反三角不均等性，有時是配對（pair-wise）刪除遺漏值所致，筆者建議您當樣本夠大時，利用 SPSS 進行因素分析時，最好點選表列（list-wise）完全排除遺漏值法（參見圖 1-4），才不會產生超出合理範圍的相關統計值，當樣本不夠大時，可以該變項之平均數取代之（mean substitution）或其他遺漏值置換法（參見 SPSS 遺漏值置換方法）。

㈣矩陣需為全秩矩陣，否則無法獲得正規之反矩陣。例如，矩陣 A 即為缺秩矩陣（deficient rank）：$A = \begin{bmatrix} 1.0 & & \\ .30 & 2.0 & \\ .65 & 1.15 & .90 \end{bmatrix}$，第三個變項係第一與第二變項之平均數，因此第三個變項並無法提供額外之資訊。此種現象常為變項間之多元線性相依（multilinearity）所致，例如，變項間之相關高達.90 以上。在 SPSS 的探索式因素分析時，如遇線性相依的相關矩陣，即會出現結構不良之相關矩陣的警訊：「Correlation matrix is ill-conditioned」。當我們解聯立方程式時，假如等號左側係數的微小值改變或等號右側的微小值改變，會使方程式的根產生巨大的改變，稱此聯立方程式組為結構

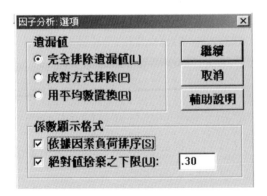

圖 1-4　中文版 SPSS 因素分析遺漏值處理設定視窗

不良（ill-conditioned）。當統計分析軟體出現 ill-conditioned matrix 的警告，意謂著所解出的聯立方程式的根，可能不可靠。至於方程式組的根之可靠程度，可利用條件數〔condition number= norm (A)norm (A^{-1})〕進行評估。當條件數等於 1 時，表示所得之根最可靠；當它的值很大時，表示所得之根愈不可靠。因此，當一個矩陣沒有反矩陣時，會出現無限大的條件數。到底一個待分析的相關矩陣是不是結構不良之相關矩陣，研究者可以檢查其行列式值（determinant）是否接近於 0，即可立即分曉。

以下簡單說明結構方程式的參數估計，此為 SEM 統計的工作核心，其迭代的演算過程甚為繁複，所幸目前可全靠電腦去執行，一般研究者只需知道基本流程與概念即可。參數估計方法旨在分析觀察變項的共變數矩陣與結構參數間的關係。理論上，假如結構方程模式正確及母群參數已知時，母群共變數矩陣（Σ）會等於理論隱含的共變數矩陣〔$\Sigma(\theta)$，根據迴歸方程式中的參數所重組之共變數矩陣〕，亦即 $\Sigma = \Sigma(\theta)$，式中 θ 向量包含模式中所有待估計的參數，例如 $\theta = \{\Lambda, \Phi, \Theta\}$。不過，通常母群之變異數與共變數的參數並不知道，需以樣本估計值（$\hat{\theta}$）取代之。因此，實際上，結構方程模式中的參數通常依下列程序估計之：

㈠規劃測量模式與結構模式中之自由參數；

㈡選定參數矩陣的估計值（$\hat{\theta}$），代入隱含的共變數矩陣[$\Sigma(\hat{\theta})$]中；

㈢比較理論隱含的共變數矩陣與觀察資料之共變數矩陣（S）；

㈣採迭代法極小化上述兩大矩陣之殘差矩陣[$S - \Sigma(\hat{\theta})$]；

㈤透過極小化適配函數（如 ML、GLS、ADF、ULS、SLS）評估 $S - \Sigma(\hat{\theta})$，並計算適配函數值（F），當前後兩次的適配函數值之差小於聚斂標準，則終止估計，否則繼續迭代之。由此觀之，SEM極小化的使命乃是盡可能地使隱含的共變數矩陣逼近於觀察資料之共變數矩陣。

前述適配函數值係利用差距函數：$F=(s-\sigma)'W(s-\sigma)$ 計算而得，此極小化適配函數之目的在使殘差 $(s-\sigma)$ 極小化。式中 s 是觀察共變數矩陣 S 中不重複的變異數與共變數，所形成的向量。σ 是隱含共變數矩陣 $\Sigma(\hat{\theta})$ 中不重複的變異數與共變數，所形成的向量。W 是校正加權矩陣，不同 W 會形成不同的適配函數。例如，若觀察變項呈多變項常態性，則 $F=1/2\ trace[W(S-\Sigma(\hat{\theta}))]^2$。當 W=I 時，F 為 ULS 適配函數，此為最簡的適配函數；當 $W=S^{-1}$ 時，F 為 GLS 適配函數；當 $W=\Sigma^{-1}(\hat{\theta})$ 時，F 為 ML 適配函數；當 $W=(diag(S))^{-1}$ 時，F 為 SLS（Scale-free least square）適配函數。若觀察變項違反多變項常態性假設時，將峰度資訊融入校正加權矩陣 W 中以校正非常態分配的資料，即為 ADF（LISREL 稱之為 WLS）適配函數。一般於討論上述參數之估計值時，大部分研究者都認為 ML 及 GLS 較適用於常態分配且樣本數最好大於 500 以上之資料（當樣本數增大時，兩者之適配函數值將逐漸接近），ULS 較適合於觀察變項均有相等之測量單位時，ADF 適用於違反常態性假設及使用非連續性變項時，但樣本數需大於 2,500 方能獲得相當穩定之解（邱皓政，2003；Hu, Bentler, & Kano, 1992），似乎不切實際。因此，遇非常態連續變項時先將資料加以轉換後，再進行統計分析，似乎才是一條便道。

上述 SEM 適配函數的極小化涉及三個主要問題：

① 初始值的選擇

有效的初始值可加速參數的估計與決定參數是否可以收斂。有效

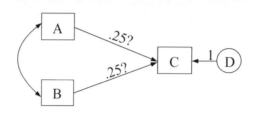

圖 1-5　Amos 起始值設定方法

的初始值可為一般迴歸分析的係數、工具變項估計值、過去相似研究之起始值，或利用 Bollen（1989: 138, 表 4C.1）所提供之粗略原則。Amos 中欲界定自己的起始值，假如欲用在參數等同上，要在參數標籤之後加上「：起始值」即可，例如 B1:.25；如在自由參數之估計值上，只需在起始值後加上「？」即可，例如.25?，參見圖 1-5 起始值設定方法。通常研究者不需去設定起始值，先讓 Amos 的內定起始值去跑資料分析，如遇 Amos 無法收斂或出現不合理的參數數據時，尤其是增大迴圈數後仍然無法收斂時，研究者才需動手設定一合理之起始值，看看是否能解決收斂的問題。

② 極小化的步驟

　　由於估計參數間之關係常為非線性關係，不易直接解出參數之估計值。因此，常需使用數值反覆迭代法，針對適配函數進行微分，利用這些極小化之估計參數，逐步極小化適配函數。

　　統計上，極小化的三個主要方法為：

🖱 Newton-Raphson 運算法

　　需使用到第一次及第二次偏微分，$x^{(i+1)} = x^i - f'(x)/f''(x)$，將參數之新估計值逐步循環代入極小化函數中。

🖱 Fletcher 與 Powell 極小化法（不需使用到第二次偏微分，LIS-REL 使用本法）

🖱 Gauss-Newton 極小化法（EQS 使用本法）

現以 Bollen（1989）的 FML 極小化簡單實例（Bollen, 1989: 105），說明 Newton-Raphson 運算法如下：

設有一結構方程式：$y_1 = \gamma x_1 + \zeta_1$，其樣本共變數矩陣為 S（$= \begin{bmatrix} var(y_1) & cov(y_1, x_1) \\ cov(x_1, y_1) & var(x_1) \end{bmatrix}$），結構參數之隱含共變數矩陣為 $\Sigma(\theta)$（$= \begin{bmatrix} \gamma^2 Var(x_1) + var(\zeta_1) & \gamma var(x_1) \\ \gamma var(x_1) & var(x_1) \end{bmatrix}$），如將 γ 設定為 1，則結構方程式可簡化為：$y_1 = x_1 + \zeta_1$（注意：測量誤差之徑路係數需設定為 1，只估計其變異量）。此迴歸方程式之徑路圖可圖示如下：

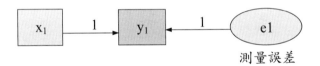

測量誤差

假如變異數起始值 ϕ^i、ψ^i 分別設定為 4 與 5，其在 Amos Graphics 上之徑路圖為：

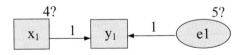

假如結構方程模式正確及母群參數已知時：$\Sigma = \Sigma(\theta)$，θ 向量包含模式中所有待估計的參數。

$$\Sigma = \begin{bmatrix} \sigma_{y_1 y_1} & \sigma_{y_1 x_1} \\ \sigma_{x_1 y_1} & \sigma_{x_1 x_1} \end{bmatrix}$$

　　母群共變數矩陣 Σ，通常需以樣本共變數矩陣 S 估計之。又因為隱含共變數矩陣 $\Sigma(\theta)$ 中之母群參數未知，估計過程中以 $\Sigma(\hat{\theta})$ 取代之，$\Sigma(\hat{\theta}) = \begin{vmatrix} \hat{\phi}_{11} + \hat{\Psi}_{11} & \hat{\phi}_{11} \\ \hat{\phi}_{11} & \hat{\phi}_{11} \end{vmatrix}$，隱含共變數矩陣中之參數需以不同估計值代入，以尋找能使 S 與 $\Sigma(\hat{\theta})$ 之差異極小化之參數估計值。尋求共變數矩陣的 ϕ 與 Ψ 之值使得 F_{ml} 極小化之值，可使用微分求取之，茲將 F_{ml} 適配函數及對 Ψ 之第一次與第二次微分結果，說明如下：

設有 $S = \begin{vmatrix} a & b \\ c & d \end{vmatrix}$　$\Sigma(\hat{\theta}) = \begin{vmatrix} \hat{\phi}_{11} + \hat{\Psi}_{11} & \hat{\phi}_{11} \\ \hat{\phi}_{11} & \hat{\phi}_{11} \end{vmatrix}$，而其極小化 F 之函數

$$= \log|\Sigma(\hat{\theta})| + \text{trace}|S\Sigma^{-1}(\hat{\theta})| - \log|S| - (p+q)$$

$$= \log(\hat{\phi}\hat{\psi}) + \frac{a-b-c+d}{\hat{\psi}} + \frac{d}{\hat{\phi}} - \log(ad-bc) - (p+q)$$

式中 p+q=2（總指標數）

其針對 ψ 之第一次與第二次微分結果：

$$F_{\hat{\psi}}' = \frac{-a+b+c-d}{\hat{\psi}^2} + \frac{1}{\hat{\psi}}$$

$$F_{\hat{\psi}}'' = \frac{2a-2b-2c+2d}{\hat{\psi}^3} - \frac{1}{\hat{\psi}^2}$$

　　注意，當第一階導數之值為決定是否逐漸縮小之關鍵因素，當其值為正時，表示起始值應降低，而當第一階導數之值為負時，表示起始值應升高；另外，第二階導數之矩陣需為正定矩陣，此為極小化充分條件。而針對 ϕ 參數之第一次與第二次微分，其結果為：

$$F_{\phi}' = \frac{-d}{\phi^2} + \frac{1}{\phi}$$

$$F_{\hat{\psi}}'' = \frac{2d}{\phi^3} - \frac{1}{\phi^2}$$

　　現以實例說明 F_{ml} 之極小化的核心過程：設 $S = \begin{bmatrix} 10 & 5 \\ 5 & 8 \end{bmatrix}$，而起始值

ϕ^i、ψ^i 如果分別設定為 4 與 5，將前述相關之數據分別代入：

$$\hat{\phi}^{i+1} = \hat{\phi}^i - \frac{\dfrac{-d}{\hat{\phi}^2} + \dfrac{1}{\hat{\phi}}}{\dfrac{2d}{\hat{\phi}^3} - \dfrac{1}{\hat{\phi}^2}} \quad \text{與} \quad \hat{\psi}^{i+1} = \hat{\psi}^i - \frac{\dfrac{-a+b+c-d}{\hat{\psi}^2} + \dfrac{1}{\hat{\psi}}}{\dfrac{2a-2b-2c+2d}{\hat{\psi}^3} - \dfrac{1}{\hat{\psi}^2}}$$

循環迭代到第 6 迴圈 F_{ml} 函數已收斂（F=.1515），即 S 與 $\Sigma(\hat{\theta})$ 之差異已達極小化（<.00001）的設定標準，此時 ψ 與 ϕ 參數之估計值均為 8。讀者如欲了解參數之迭代與極小化之實際過程，可利用附錄六之 SEM-CAI 程式或 Amos 的 Modeling Lab 功能去觀看其極小化之過程（參見圖 10-10）。以下係使用筆者所設計之 VB 程式之迭代過程與結果：

迴圈數（i）=	1	2	3	4	5	6
ψ_i =	6.3636	7.4443	7.9278	7.9987	8.0000	8.0000
ϕ_i =	5.3333	6.6667	7.6190	7.9654	7.9997	8.0000
F_{ml} =	.2744	.1719	.1528	.1516	.1515	.1515

　　假如起始值 ϕ^i、ψ^i 分別設定為 7 與 6，將前述相關之數據分別代入前述公式中，只要循環迭代到第 4 迴圈 F_{ml} 函數已收斂（F=.1515）。其極小化之過程與結果為：

迴圈數（i）=	1	2	3	4
ψ_i =	7.7778	7.9880	8.0000	8.0000
ϕ_i =	7.2000	7.8545	7.9948	8.0000
F_{ml} =	.1577	.1517	.1516	.1515

　　可見一個良好的參數起始值（接近於最後之收斂值），可以加速參數估計收斂的速度（Bollen, 1989），否則會延緩收斂效率甚至無法

收斂的後果。

③ 迭代終止標準

　　常用的方法有三：(1)前後迴圈的適配函數是否小於某一極小值；(2)前後迴圈的參數估計值是否小於某一極小值；(3)設定迴圈數與時間。

　　迭代終止後，電腦會根據所獲得的最小適配函數值，進行χ^2考驗〔計算公式為：$\chi^2 = (N-1)*F$，$df=(p+q)(p+q+1)/2 - t$，p 與 q 為觀察變項數（含自變項與依變項），t 為待估計的參數數目〕。一般研究者，均不希望χ^2考驗結果達到統計上之顯著水準，以便接納虛無假設 $H_0：S = \Sigma(\hat{\theta})$，亦即希望所提的理論模式與觀察資料可以適配，而不是推翻 H_0。值得注意的是 SEM 重在模式與資料之整體適配強度，而非某些參數的統計上之顯著性。經過上述不厭其煩的解說 SEM 參數估計的極小化過程，當有助於理解為何參數估計無法收斂及起始值的重要性。

四　模式的考驗、發展、評鑑與修正

　　SEM 的應用大致可分為三種（Jöreskog, 1993）：

㈠純驗證性（strictly confirmatory），研究者根據實徵理論只利用單一的理論模式考驗實徵資料的適配性，目的在於拒絕或接納該模式。

㈡替代／競爭模式（altenative/competing models），研究者根據實徵理論提出多個理論模式考驗實徵資料的適配性，目的在於選擇一較佳之理論模式。

㈢模式的發展（model generating），研究者根據實徵理論先提出一初始理論模式,假如該初始理論模式不能適配於所蒐集的實徵資料,研究者即進行模式之修正,並利用該筆資料進行考驗。目的在於發掘理論上及統計上最適配的模式,亦即本運用策略不在於模式之考驗(model testing)而在於模式之發展。

至於模式的評鑑,可以從該模式的參數估計值之合理性、整體適配度,及細部適配度等層面著手。此外,測量模式的評鑑應先於結構模式之評鑑。當評估模式之整體適配性時,假如發現χ^2值很大,研究者可以試試修正理論模式;而且,進行模式修正時,一次僅能修正一個參數,因為每一次的修正指標(modification index,簡稱 MI,又稱 Lagrange multiplier 考驗指標)MI 估計值都會改變。

測量模式或結構模式的修正有兩個方向:1. 模式瘦身(model-trimming):刪除或限制部分徑路,使提議模式更簡潔,2. 模式擴展(model-building):釋放部分限制之徑路,使提議模式更適配。由此觀之,模式之簡潔與適配似乎互為消長,兩者無法同時兼顧。不過,不管是刪除或增加徑路都必須與理論及表面效度相吻合。因此,研究者需詳細檢查理論模式之精簡性,及其與實際資料之一致性,並分析有無嚴重之測量誤差、模式界定錯誤、樣本不具代表性等之問題或現象。模式瘦身係刪除或限制部分徑路,刪除之依據可為 Wald 指標(未達顯著者,此指標只有 EQS 提供,可惜 Amos、LISREL 都不提供),但 Amos 提供參數 CR 值之考驗,做為參數限制的依據,當參數 CR 值未達顯著差異者即可限制為相等;模式擴展係增加部分徑路,增加之依據為 MI 考驗指標。修正指標約等於當一個先前固定的參數重新釋放估計時,所下降之卡方值(χ^2)。當一個參數重新估計時,下降卡方值的顯著性臨界值為 3.84(α 設定為.05)。因此,當卡方值大於 3.84 且有合理之理論說明時,研究者即可考慮進行模式之修正,將相關之參數予以釋放估計之，不過參數釋放時會損失自由度。有時，雖然MI值不是最大，但 Par Change 絕對值（當模式改變後的新參數值）很大時亦可考慮加以修正。此時 SEM 的目的在於模式之發展，而非模式之驗證。

　　假如發現所修正過的模式其 χ^2 很小且小於自由度時，亦請檢查該模式是否過度適配（overfitted），此時 TLI 適配指標可能會大於 1。為了避免削足適履式的一昧追求適配，研究者應檢查有無不當加入太多估計參數（為適配而適配？），或有無過多的因素，或有無過大之標準誤的參數，或超出合理範圍的參數估計值。假如 χ^2 值與自由度之比值（χ^2/df）不大於 2 或 3，該模式可以接受。注意，每一修正過之模式，需重複這些檢查。研究者亦應有下述的正確觀念：模式之價值性、適配性與推論性應兼顧，只根據 MI 值去修正模式，將來其在不同樣本上之複製性可能愈低，應用價值亦不高。

　　其次，雖然適配度指標可以反映出模式與資料之整體差異情形，但是研究者可以進一步評估模式內細部之適配性，例如：參數的估計值是否達到顯著水準、測量建構的指標是否可靠（複相關 > .70 或決定係數 > .50）、MI 指標是否不大、標準誤是否過大、參數 z 考驗的 CR值是否達 .05 顯著水準、因素負荷量是否大於 0.5、標準化殘差是否小於 1.96。這些統計量數可以幫助我們找出不適配的資料點，較多的不適配資料點可能反應著提議模式的因素過少、測量指標之測量誤差過大或具有相關等問題。

　　最後，研究者最好使用大樣本，將樣本分割為二，以利進行效度覆核，可檢驗該模式的推論性，對未來樣本資料之可預測力考驗。單一模式時，利用不變性考驗策略檢驗在不同樣本上其徑路結構之可複製性；比較多個模式時，計算複核效度（cross-validation）指標（ECVI、AIC、CAIC、BIC），複核效度指標最小的代表最穩定與精簡之模式。前述兩種策略，Amos 均可輕易達成任務需求。假如所修正過的模式仍然無法適配，或修正過的模式理論上無法說的通，這意味著您的理論模式界定錯誤了（例如，省略重要變項或關係／徑路、包含不重要變項或關係／徑路），研究者似乎只有另起爐灶，建立新的理論模式一途了。

Amos 之簡介與基本操作方法

⁙ 重 點 提 示

一、Amos Graphics 的簡介與操作。
二、Amos 5.0 Basic 的簡介與操作。
三、Amos 6.0 的 VB.NET 程式設計。
四、Amos 報表之格式設定與主要內容。

    SEM 分析軟體最常見的有 LISREL、EQS、PROC CALIS、Amos 及 MPLUS。LISREL 原先亦可搭配 SPSS 使用。最近 SPSS 已改搭配圖像式 Amos 軟體（由美國 SmallWaters 公司發行），它係 Analysis of Moment Structure 之簡稱，此軟體旨在分析平均數與共變數結構而得名，即在處理 SEM 分析的問題。本文將介紹 Amos 4.0/5.0/6.0，係由 Arbuckle 和 Worthke（1999/2003/2005）所研發的最新版軟體，並搭配 Microsoft 視窗而開發的軟體。本軟體之兩大運作模式：一為 Amos Graphics，另一為 Amos Basic（事實上，研究者亦可使用 Visual Basic 或 C++ 控制 Amos）。這兩種執行模式具有互補之功能，各有優缺點。Amos Basic 較具彈性、適合於大型模式之分析及允許操控輸出結果，但需撰寫語法程式，非 Visual Basic 使用者較不易入門。Amos Graphics 最大的優點在於其徑路圖的圖形使用者介面，免去傳統一般 DOS 軟體撰寫程式的繁瑣與迷惑。使用者只要利用它所提供的數十餘個繪圖工具（參見圖 2-1 左側），將待驗證的理論模式繪製於徑路圖介面上即

可（參見圖 2-1 右側），Amos 程式就可自動轉化為相關的聯立方程
式，供其參數估計與統計考驗，無須顧及 LISREL 的八大矩陣或 Bentler
與 Weeks 的三大矩陣（Tabachnick & Fidell, 2001，EQS 軟體所使用的
數學模式）與程式語法等問題。因此，易學易用是 Amos Graphics 的最
大優勢，但因其徑路圖框之大小限制，較不適用於大型模式之分析，
尤其變項數多達二十個以上時，更是捉襟見肘，但毋庸質疑的是，
Amos 為 SEM 入門者最佳的啟蒙工具。有興趣的讀者可到 http://amos-
development.com/index.htm 網站下載免費的最新之學生版 Amos 軟體，
親嘗 Amos 的平易近人，或先到 http://www.utexas.edu/its/rc/tutorials/stat/
amos 的 Amos 線上學習網站，練一下 Amos 基本功，再作演練，必能
揮灑自如，掌握大部分 Amos 的運用訣竅。以下分別說明如何操作 Amos
Graphics 與 Amos Basic，以方便讀者能輕易登堂入室。

一　Amos Graphics 的簡介與操作

㊀操作介面與功能表單

　　圖 2-1 係 Amos Graphics 的操作介面，主要分為三區：第一區為浮
動的繪圖工具區（最左側），使用者可以增刪區內之繪圖工具及改變
其顯示位置，另一區含有多功能視窗區（提供常用功能之點選區，如
製作／顯示徑路圖切換區、組別顯示區、模式顯示區、簡單 χ^2 結果顯
示區、既存 Amos 檔案），第三區為徑路圖繪製區（最右側）。請注
意第二區中的估計參數選單 Unstandardized estimates / Standardized estimates，當您點選未標
準化參數估計值（Unstandardized estimates）時，在第三圖區中的徑路
係數即會出現未標準化參數值，您點選標準化參數（Standardized

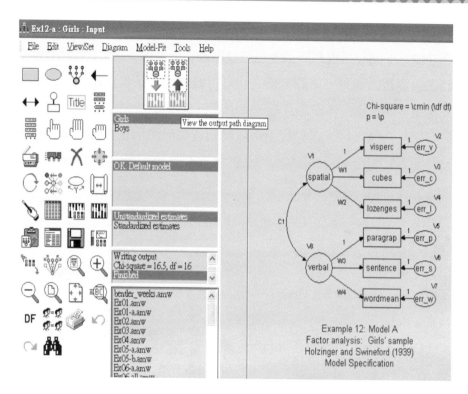

圖 2-1　Amos Graphics 之使用者介面

estimates）時，在第三圖區中的徑路係數即會改變為標準化參數值，當您欲複製徑路圖時常會用到這個選單。在這三區的上端為 Amos 所提供的七個功能表單：檔案（File）、編輯（Edit）、檢視／設定（View/Set）、製圖（Diagram）、模式適配度考驗（Model-Fit）、工具（Tools）、線上協助（Help）。研究者可以藉著「View/Set」表單下之介面屬性「Interface Properties」視窗中之「Page Layout」，改變徑路圖繪製區的大小及位置（可為橫向或縱向配置）。

　　Amos 指令之執行，除了利用功能表單上之選目外，亦可在工具視窗中找到相對應之工具圖像，只要在該工具圖像上按一下使成下凹之

狀態，即可執行相同之功能。Amos 從第五版開始，在各功能表單選目
之左側，亦同時呈現相關指令之工具圖像（參見圖 2-2），為使用者便
利之設想甚為周到，望圖、望文均可生義。以下茲依功能表單之主要
且常用功能，逐一作簡單介紹，使用者只要具有初步概念，記得 Amos
擁有哪些功能可用，當您實際應用時知道如何使用它即可。Amos 6.0
已將圖 2-1 功能表單上之 View/Set 與 Model-Fit 分別更名為 View 與 Ana-
lyze，假如您已購置最新版 Amos，請注意這小小的更動。

◆1 檔案

　　常用的功能有建立新檔案
（New）、開啟舊檔（Open）、儲存
檔案（Save/Save As）、資料檔連接設
定（Data Files）、列印（Print）、檔
案 管 理（File Manager）與 結 束
（Exit）等（參見右列圖 2-2）。表單
之底部列有目前目錄中的 Amos 檔案，
可以雙擊點選之檔案名稱，具有開啟
舊檔的功能。值得注意的是，有些個
人電腦的操作系統有時可能無法讀取
中文檔名的資料檔而找不到檔案，筆
者建議您改用英文檔名，並將該資料
檔案存放在 Amos Graphics 執行檔所
在的子目錄之下，即可順利讀取資料
檔案。

圖 2-2　Amos 檔案功能表單

②編輯

　　主要含有復原（Undo）、取消復原（Redo）、複製徑路圖到剪貼簿（Copy）與工具列上常用之編輯工具（參見圖 2-3-1 表單中的 Select、Select All、Deselect All、Link、Move、Duplicate、Erase、Move Parameter、Reflect、Rotate、Shape of Object 等製圖工具）。此外，Drag properties 物件 🔲 ，點選此圖像後會出現可以拖曳屬性的視窗（參見圖 2-3-2），讓使用者進行複製一個物件中之屬性到另一物件，省去重複設定相同件屬性的麻煩。例如，當打開拖曳屬性的視窗之後，使用者點選「Name」之後即可點選來源變項之物件並按住滑鼠左鍵，將該物件之名稱屬性拖移到徑路圖中待更換之變項名稱的物件中，可省去輸入變項名稱的麻煩。

③檢視／設定

　　圖 2-4 功能表單主要在進行介面屬性（Interface Properties）、分析屬性（Analysis Properties）、物件屬性

圖 2-3-1　Amos 編輯表單

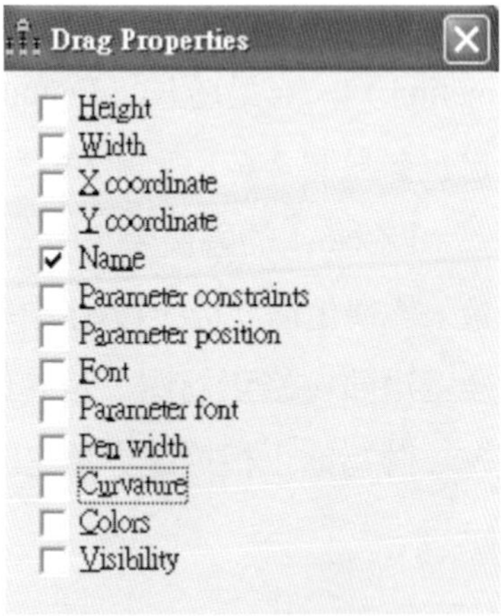

圖 2-3-2　拖曳屬性視窗

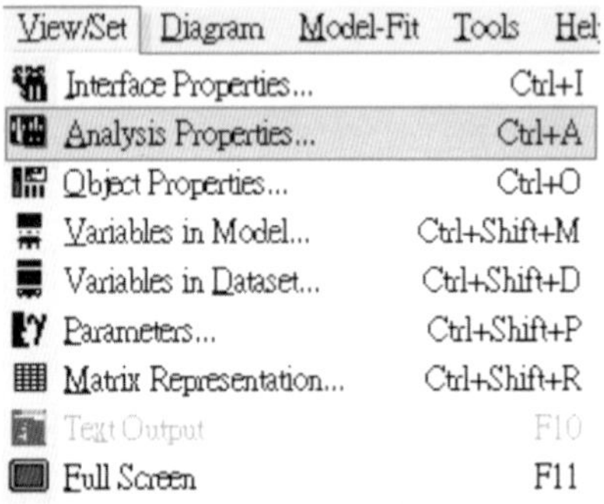

（Object Properties）、顯示模式中之變項（Variables in Model）、顯示資料檔中之變項（Variables in Dataset）等之設定。「Text Output」則係查看分析結果之選目。

Amos 的介面特性視窗，其快速鍵為 Ctrl+I，主要在於界定 Amos 使用者介面的屬性，諸如介面大小、文字字型、顏色設定、製圖框之位

View/Set	Diagram	Model-Fit	Tools	Hel
Interface Properties...				Ctrl+I
Analysis Properties...				Ctrl+A
Object Properties...				Ctrl+O
Variables in Model...				Ctrl+Shift+M
Variables in Dataset...				Ctrl+Shift+D
Parameters...				Ctrl+Shift+P
Matrix Representation...				Ctrl+Shift+R
Text Output				F10
Full Screen				F11

圖 2-4　Amos 查閱與設定表單

置等。圖 2-5-1 為使用者介面屬性的設定視窗，當研究者按下「Page Layout」後，於「Orientation」下之「Portrait/Landscape」可用以對調徑路製圖框的長與寬，即可改變其縱向與橫向之位置。另外，研究者於多群組設計時有時需要針對不同群組設計不同之徑路圖，就需打開圖 2-5-2 之介面屬性視窗，點選其中的「Misc」後，再點選「Allow different path diagrams for different groups」，才能進行不同徑路圖之設計。

至於分析屬性的設定，亦是 Amos 使用者最常用到的視窗，其快速鍵為 Ctrl+A。在此視窗中，研究者通常需針對估計方法（Estimation）、結果輸出（Output）、共變數矩陣之屬性（Bias）進行設定，參見圖 2-6-1 與圖 2-6-2 中各項結果輸出的設定。

圖 2-6-1 的視窗中，所勾選的統計量數依序為：極小化過程之統計量、標準化估計值、複相關係數、樣本共變數矩陣、隱含共變數矩陣、殘差矩陣、修正指標、差異值的 z 考驗、常態性與極端值之考驗、最後一欄為修正指標臨界值之設定。

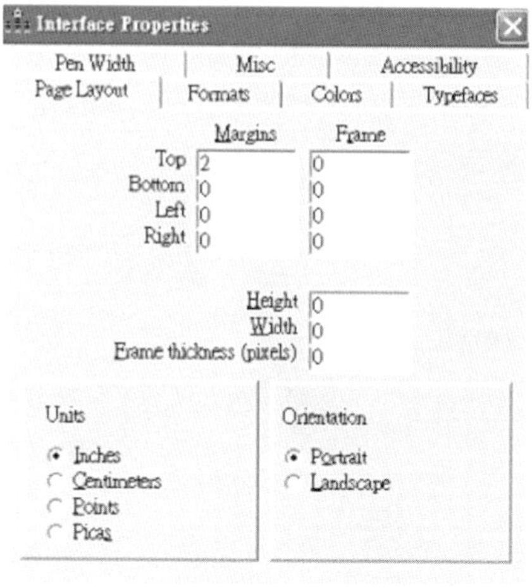

圖 2-5-1　Amos 介面圖框屬性
設定視窗

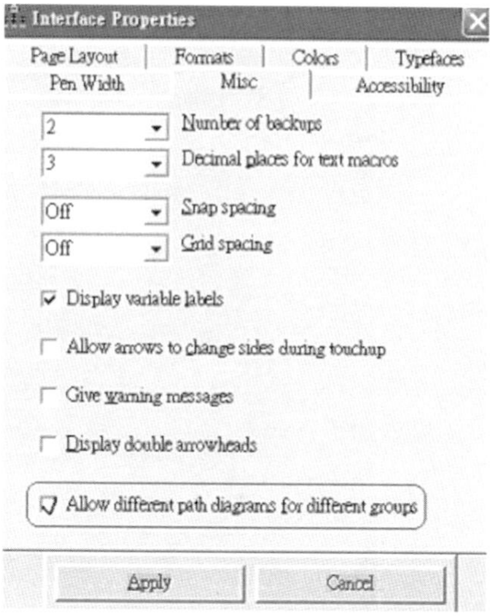

圖 2-5-2　多群組不同徑路圖
設定視窗

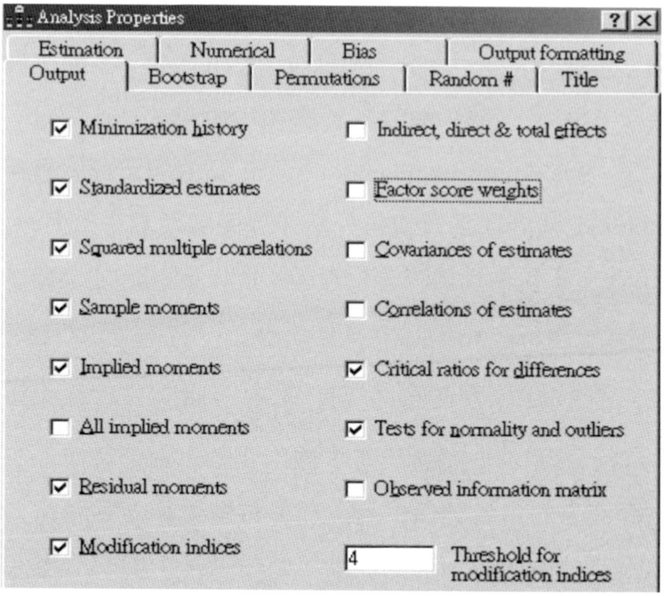

圖 2-6-1　Amos 分析屬性設定視窗

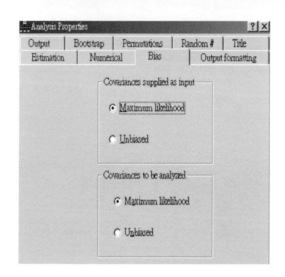

圖 2-6-2 　Amos 共變數矩陣屬性之設定

　　另一分析屬性的設定，亦需在此提醒使用者確認您輸入的共變數
矩陣，是不是不偏估計值（除以 n − 1）？如果不是請點選「Maximum
likelihood」（除以 n），如果是請點選「Unbiased」。如果您欲使用不
偏估計值去分析，亦請在圖 2-6-2 視窗中點選「Unbiased」，如果不
是，請點選「Maximum likelihood」。Amos 的內定模式是使用 Maxi-
mum likelihood 估計值進行資料分析（以便處理漏失值），這與 EQS
或 LISREL 使用不偏估計值去分析有所不同。因此，如果樣本不大時，
兩類 SEM 軟體所得之結果必然會有差異。

　　另外一個 Amos 常用的物件工具  ，此物件特性視窗，其快速
鍵為 Ctrl＋O，需要在此稍做說明，使用它時有兩種途徑：第一種是使
用滑鼠左鍵按下此工具圖像，第二種是將滑鼠移向感興趣之物件（包
含指標、因素、變異數、迴歸係數、共變數），雙擊該物件就會跳出
圖 2-6-3 之物件特性設定視窗。筆者推薦您使用第二種的操作方式，不

管是命名或參數之設定均較
省時省力。

在此視窗內,主要在進
行變數之命名(請按 Text)
及各項參數之設定(請按
Parameters)。

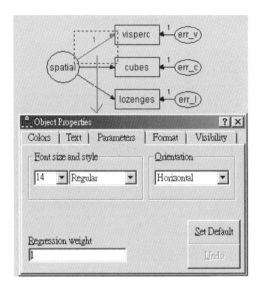

圖 2-6-3　物件特性視窗

4 製圖

圖 2-7 主要為製圖之常
用工具及其相關之快速鍵。

圖 2-7 中 ⟷ 係用來捲
動徑路圖的位置,尤其在放大徑路圖
超出預定之圖框之後,以便查看細部
內容。當徑路圖超出 Graphic 視窗時,
Amos 6.0 更主動提供 Graphic 視窗之捲
軸(scroll),以便觀看各部分之徑路
圖。欲使用此功能,請先點選 ⟷ 圖
示後,按住滑鼠左鍵以移動徑路圖。

Diagram	Model-Fit	Tools	Help
☐ Draw Observed			F3
⬭ Draw Unobserved			F4
← Draw Path			F5
↔ Draw Covariance			F6
Figure Caption			
Draw Indicator Variable			
Draw Unique Variable			
🔍 Zoom			
Zoom In			F7
Zoom Out			F8
Zoom Page			F9
Scroll			
Loupe			F12
Redraw diagram			

圖 2-7　Amos 製圖表單

5 模式適配度

圖 2-8 表單主要含有執行估計
(Calculate Estimates)、多群組設定
(Manage Groups)、多重模式設定
(Manage Models)、模式實驗室
(Modeling Lab)、模式界定搜尋(Specification Search)與多群組分

析（Multiple-Group Analysis）。

⑥ 工具

　　圖 2-9-1 表單可以針對字型大
小（List Font）、對稱性（Smart）、
顯示徑路圖綱要（Outline）、黃金
分割比（Golden）與巨集（Macro）
等之設定。其中巨集選目可供研究
者撰寫或編輯 Basic 程式，如
SRMR 的計算程式（參見附錄四）。

圖 2-8　Amos 模式適配度表單

　　圖 2-9-1 Amos 工具表單底部「Macro」，係 Amos 事先利用 Basic

圖 2-9-1　Amos 工具表單

語言所撰寫的巨集之所在。另外，點選
「Name Parameters」後會出現如圖 2-9-2
之參數命名視窗，研究者可以針對共變
數、變異數、迴歸係數、平均數與截距
等參數自動以字首加以命名，以便利研
究者在報表上各徑路之辨識與解釋，此
功能在多群組分析時進行參數命名最為
方便。如果點選「Standardized RMR」可
以計算標準化之 RMR。

圖 2-9-2　字首命名視窗

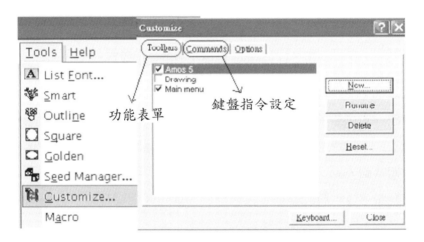

圖 2-10　Amos 自行訂製功能表單

　　圖 2-10 Amos 工具表單下之「Customize」功能，供研究者自行訂
製功能表單及工具列，在隨後圖 2-10 右側出現之視窗中，點選「Co-
mmands」以後即會出現圖 2-11 之視窗，接著按下「Keyboard」以便進
行針對功能表單上之鍵盤指令的捷徑設定。讀者如欲增加前述圖 2-1
左側之工具視窗內之圖像工具，可先點選圖 2-11 中「Categories」視窗

圖 2-11　Amos 鍵盤指令的捷徑設定

中的任一表單類別（如 Edit），再於「Commands」視窗下點選增加之圖像工具，同時並按住滑鼠左鍵，將之拖往圖 2-1 左側之工具視窗內。讀者如欲刪去圖 2-1 左側之工具視窗內之不用圖像工具，只要利用滑鼠左鍵點選後，將之拖往工具視窗內外即可（但需打開「Customize」視窗之後，才有效）。

7 線上協助

圖 2-12-1 表單主要在提供線上協助，研究者只要點選內容（Contents）即可立即檢索與查看相關之內容。研究者如對表單上之選目有任何疑問，亦可點選「What's This?」後，會出現 ，將之移往待查詢之表目，

圖 2-12-1　Amos 線上
協助表單

點選要求說明該選目之功能。

（二）主要繪圖工具與點選方法

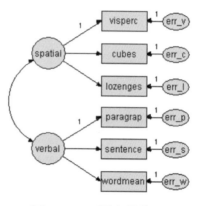

圖 2-12-2　因素徑路圖

首先，將徑路圖的基本要素及慣例繪製方法稍作介紹，在徑路圖之繪製慣例中，常以橢圓形或圓形 ⬭ 代表潛在因素及測量或殘差因素，而以方形 ▭ 代表外顯變項或指標。通常可視潛在因素為因，而外顯變項為果。因此，習慣上使用單項箭頭 ← 由潛在因素指向外顯變項，而使用雙箭頭 ↔ 工具來繪製變項間之共變關係。實例請看圖 2-12-2 的因素徑路圖。

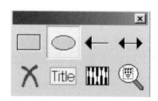

圖 2-12-3　圖像下凹工具

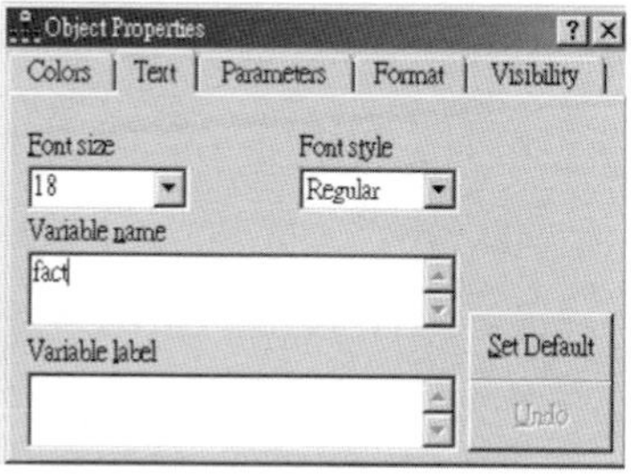

這些 Amos 製圖工具應用時，只要點選工具視窗中的圖像按鈕呈下凹狀態（例如圖 2-12-3 工具中的圓形圖像），即表示等待您的差遣。此時製圖者即可將滑鼠游標移向製圖區，按下滑鼠左鍵不放，並拖曳繪製所需之圖樣大小。假如選錯按鈕再按一次即可解除下凹狀態。對於這些因素或指標的命名有兩種方法：第一種方法是雙擊您所欲命名的物件，Amos 會立即出現圖 2-12-4 之物件屬性交談框，在此框內進行變項之命名及字型大小等之設定；第二種方法是點選資料集之變項表單的

圖 2-12-4　物件屬性交談框

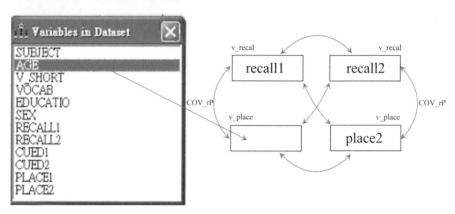

圖 2-12-5　變項表單交談框

白色圖像 ![icon]，Amos 會立即出現圖 2-12-5 之資料集中變項表單交談框。

　　使用者可用滑鼠之左鍵按下表單中變項名稱不放（如 AGE），將之拖往右邊圖框中所欲命名之方形指標物件，可加速變項名稱之命名，省去再打字之麻煩。

　　接著，圖 2-13 係常用 Amos 繪圖工具之中文彙整說明，可便利使用者快速查詢。

　　圖 2-13 中這些 Amos 圖像工具，有些工具物件使用者可望圖生義，不說自明，使用者只要稍加揣摩練習即可駕輕就熟。因此，不需一一加以說明，使用者當能根據中文圖示說明，稍加摸索與演練即能無師自通。不過，為了初學者易於上手，筆者將各圖中比較重要、常用到、而又具有特殊功能的工具圖示，作額外之文字說明（詳見圖 2-14、圖 2-16、圖 2-17），未介紹的圖像工具及其相關之操作方法，如仍有疑惑請參看 Amos 操作手冊。

▭	繪製觀察變項	▥	選擇資料檔
◯	繪製潛在變項	▥	分析屬性設定
ᕷ	繪製潛在變項及指標	▥	計算估計值
←	繪製因果關係	▦	複製徑路圖到剪貼簿
↔	繪製共變關係	▦	查看文字輸出報表
ᐤ	增加殘差變項	▦	儲存徑路圖
Title	徑路圖標題	▦	物件特性設定
▨	列出模式中的變項	ᵀ﹐	物件間屬性的移轉
▨	列出資料中的變項	ᛟ	保持對稱性
✋	選擇單一物件	ᕀ	選擇區域之放大
🖑	選擇所有物件	⊕	放大物件
✋	解除所有選擇物件	⊖	縮小物件
🗐	複製物件	ᕀ	顯示整頁於螢幕上
⤵	移動物件	✦	調整徑路圖於頁中
✕	刪除物件	ᕀ	放大局部徑路圖
⊹	改變物件形狀	DF	顯示自由度
◠	旋轉潛在變項之指標	ᚋᚋ	多群組分析
ᛃ	指標變項之鏡射移轉	🖐	列印徑路圖與輸出結果
ᚑ	移動參數值	↶	復原
⟻	重新部署徑路圖	↷	取消復原
ᚒ	變項微調	🔍	模式界定蒐尋
ᚑ	垂直等距	ᚒ	列印模式中之參數
IHI	水平等距	ᚋᚋ	介面屬性之設定
▤	查看文字報表	ᛒ	模式實驗室

圖 2-13　Amos 之主要繪圖工具與相關之功能

圖 2-14　Amos 之主要繪圖工具與相關之功能（一）

　　在圖 2-14 中方形 ▭ 物件，用以繪製觀察變項，橢圓形 ⬭ 物件，用來繪製潛在變項，而 ← ↔ 物件的單箭頭與雙箭頭工具則用來繪製變項間之因果或共變關係。繪圖時如發現物件與物件間之垂直與水平距離不等距時，可以使用右列之圖像 ≣ ⋕ 進行距離等距之工作讓徑路圖更具美感與對稱性。其他像 Title 工具物件，具有兩大功能：1.設定徑路圖標題；2.輸出統計結果於徑路圖中。第一種功能標題之設定，請在「Caption Figure」視窗中輸入標題即可（參見圖 2-15）。欲輸出統計結果於徑路圖中，請先點選 Title 後，且在徑路圖編輯視窗中按下滑鼠左鍵拉出「Title」視窗後，在輸入視窗中試試下面之控制指令執行後，即會在徑路圖視窗中出現相關統計量。

Chi-square=\cmin（Df=\df）

NFI=\nfi

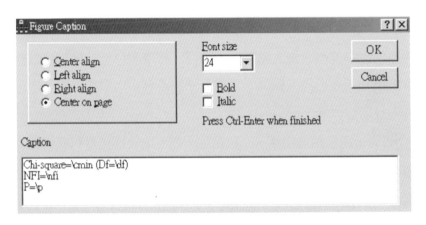

圖 2-15　圖標題附加相關統計量方法

P=\p

　　讀者不難發現=\號之後，即為待輸出之統計量名稱，這些統計量名稱之設定細節，請參閱 Amos 4.0/6.0 使用者操作手冊的附錄。

　　另一常用物件 ▣▥▤ 係移動製圖物件的工具，點選該工具後，將滑鼠移至待移動的物件後，該物件會變成紅色，再按下滑鼠左鍵拖曳到想要移動的地點。

　　▨ 為複製物件之工具，點選該工具後，將滑鼠移至待複製的物件後，該物件會變成紅色，再按下滑鼠左鍵拖曳至想要複製的地點。

　　✛ 為改變物件形狀之工具，點選該工具後，將滑鼠移至待變形的物件後，該物件會變成紅色，再按下滑鼠左鍵移向想要改變的形狀。

　　✖ 為刪除物件之工具，點選該工具後，將滑鼠移至待移除的物件後，該物件會變成紅色，再按下滑鼠左鍵確定刪除它。

　　🔍 為縮小整個徑路圖之工具，點選該工具後，整個徑路隨之縮小，連續點選則逐漸縮小。 則為放大整個徑路圖之工具。

為徑路圖之局部放大鏡，點選該工具後，將滑鼠移至待放大的徑路，
則會出現一四方形放大範圍。當徑路係數不易由肉眼觀看時，即可應
用此工具進行觀察。

可用以點選物件，一次點選一個，之後即可針對該物件或被
連續點選之物件組，進行物件形狀之改變、複製物件、移動物件、移
動參數、變項徑路之微調、垂直或水平等距物件等工作。 圖像可
用以點選徑路圖上之所有物件，必要時可用 解除所有物件之選
擇。

在圖 2-16 中 係用來畫圓與方形， 係使用黃金分割比
（3：5）來畫圓與方形。

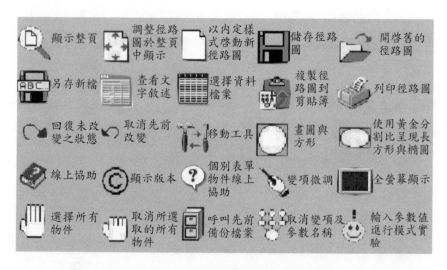

圖 2-16　Amos 之主要繪圖工具與相關之功能（二）

圖 2-16 中 係用來列印徑路圖。 係用來複製徑路圖到剪貼簿中，以便複製至其他文書編輯軟體中。

用來儲存徑路圖於舊檔案中， 則用來儲存徑路圖於新的檔案中。

在圖 2-17 中 常用來畫潛在變項、增加指標變項與誤差變項，相當於 、 、 等三個工具的功能，點選它之後，在出現的橢圓上按一下，即可增加一個 。 用來設定統計分析特性， 則可用來進行物件特性之設定。

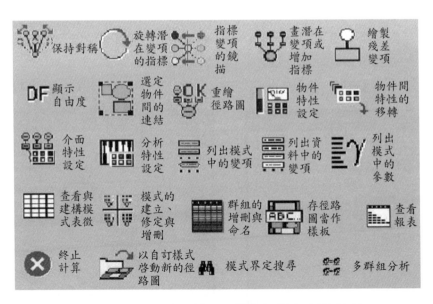

圖 2-17　Amos 之主要繪圖工具與相關之功能（三）

係列出模式中之變項名稱
的工具，按下此藍色工具圖像，即會
顯示圖 2-18 之視窗。

此圖像工具可供修正模式中的變
項名稱，使用者可以滑鼠左鍵按住並
拖移到徑路圖中待更換之變項名稱的
物件中，可省去輸入變項名稱的麻煩。

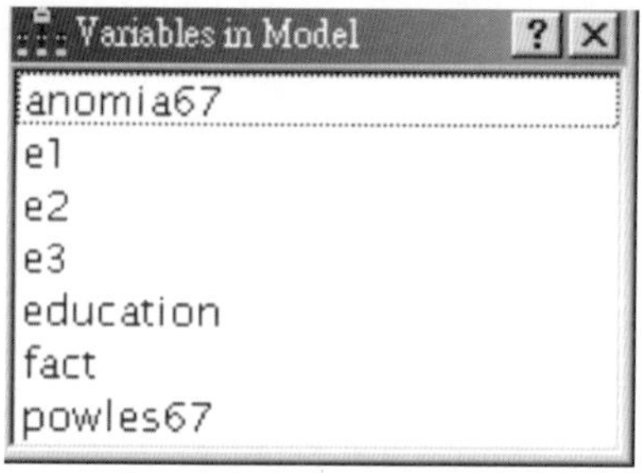

圖 2-18　變項名稱顯示視窗

工具可以將物件之屬性複製到其他物件上，例如，您可以
使用「X coordinate」進行物件之垂直位置對齊，您亦可以使用「Y co-
ordinate」進行物件之水平位置對齊（參見圖 2-19）。

為模式表徵工具，可用來以矩陣方式呈現共變數矩陣及迴
歸係數矩陣（如 LISREL 方式），亦可用來加速組間之參數命名工作
（參見圖 2-20）。

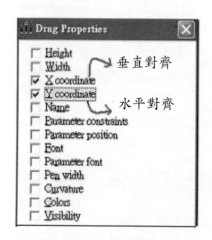

圖 2-19　Amos 物件間屬性複製法 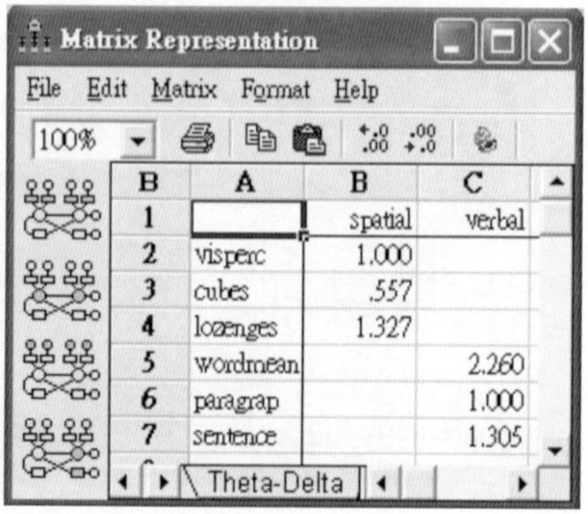　　　　圖 2-20　Amos 模式表徵工具

㈢ Amos Graphics **模式之執行步驟**

Amos 的資料分析之基本操作步驟，茲簡述如下：

🖰 利用 Amos「File」下之「Data Files」讀入相關矩陣（需加列標準差）或原始資料或共變數矩陣。

🖰 按 Amos「File」下之「New」與利用其所提供之工具圖像，根據理論於徑路圖設計區繪製徑路圖。

🖰 接著即可執行 Amos，執行方法如圖 2-21 所示。

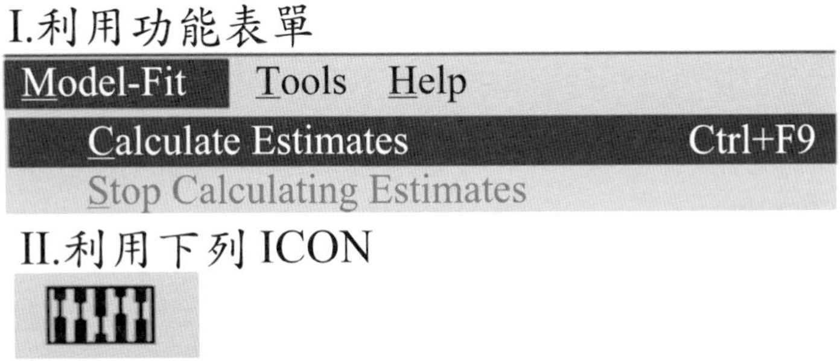

I.利用功能表單

Model-Fit	Tools	Help	
Calculate Estimates			Ctrl+F9
Stop Calculating Estimates			

II.利用下列 ICON

圖 2-21　Amos 執行的兩個途徑

使用者可以點選功能表單「Model-Fit」下之「Calculate Estimates」或按下 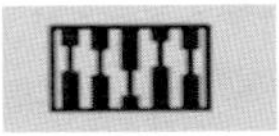 即可執行統計分析。Amos 可以讀入多種資料或資料庫檔案，在此僅針對常用之資料檔案作說明。研究者可以利用一般文書處理軟體建立純文字檔或使用 SPSS 或 Excel 等統計軟體建立資料分析檔案，以供 Amos 呼叫。茲分別圖示說明如下：

🖰 利用一般文書處理軟體建立純文字檔

當使用純文字檔建檔時，需以「，」隔開各變項之數據，且第一

```
ID, AGE, MATH, SCIENCE, CHINESE
1, 12, 90, 80, 95
2, 11, 65, 70, 80
3, 10, 87, 88, 92
4, 12, 66, 78, 80
5, 9, 68, 75, 66
```

圖 2-22　純文字檔之原始資料輸入格式

行需列出變項的名稱。

從第二行開始，依序輸入各變項的數據如圖 2-22。

如待分析資料為相關矩陣，請依下列之範例格式建檔。

rowtype_, varname_, anomia67, powles67, anomia71, powles71, education,sei

n, xx, 932, 932, 932, 932, 932, 932

stddev,, 3.44, 3.06, 3.54, 3.16, 3.10, 21.22

mean,, 13.61, 14.76, 14.13, 14.90, 10.90, 37.49

corr, anomia67, 1

corr, powles67,. 66, 1

corr, anomia71,. 56,. 47, 1

corr, powles71,. 44,. 52,. 67, 1

corr, education, −.36, −.41, −.35, −.37, 1

corr, sei, −.30, −.29, −.29, −.28,. 54, 1

🖱 使用 SPSS 資料編輯器建立相關矩陣資料

圖 2-23 係利用 SPSS 資料編輯器，輸入相關矩陣的建檔方式（注意亦需輸入各變項的標準差及樣本人數，Amos 方能將之轉成共變數矩

陣，以便計算正確之參數估計標準誤及（χ^2值），所輸入的資料如為共變數矩陣時，需把「rowtype_」變項下的 corr 改成 cov 即可。「rowtype_」變項下的 stddev 與 mean 在進行平均數結構分析時才需用到，研究者如只需進行共變數結構分析可省略。

🖱 使用 SPSS 資料編輯器讀入原始資料

圖 2-24 係 SPSS 資料編輯器，建立原始資料檔案的格式，利用此檔案格式可進行平均數或共變數結構分析。當上述資料分析檔案建立後，按下 Amos「File」下之「Data Files」，出現圖 2-25 之視窗後，點

	rowtype_	varname_	forml	form2	form3	form4
1	n		60.00	60.00	60.00	60.00
2	corr	FORM1	1.00	.	.	.
3	corr	FORM2	.29	1.00	.	.
4	corr	FORM3	.39	.30	1.00	.
5	corr	FORM4	.50	.42	.52	1.00
6	stddev		1.90	2.10	1.75	2.00
7	mean		2.00	2.50	1.90	2.20

圖 2-23　SPSS 相關矩陣之輸入

	subject	age	v_short	vocab
1	1.00	65.00	12.00	72.00
2	2.00	68.00	14.00	77.00
3	3.00	64.00	14.00	74.00
4	4.00	77.00	13.00	74.00
5	5.00	72.00	6.00	46.00
6	6.00	75.00	14.00	77.00

圖 2-24　SPSS 原始資料矩陣之輸入格式

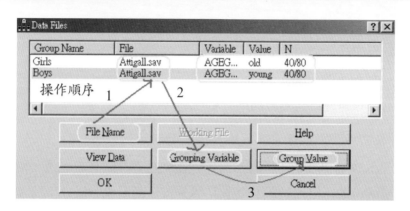

圖 2-25　資料檔呼叫視窗

選「File Name」讀入如 SPSS 資料編輯器所建檔的資料。當待分析的資料檔名稱出現在視窗之中，即表示 Amos 已可將徑路圖與此資料檔相互連接。此後，如欲查看所聯結的 SPSS 檔案內容，可按下圖 2-25「Data Files」視窗中之「View Data」查看。

　　在多群組分析時，如果資料存在同一檔案中，研究者亦可利用「Grouping Variable」與「Group Value」按鈕，進行各組資料之連接設定（參考圖 2-25 之操作順序），不必分割成兩個檔案再作連接設定，不過這項設定僅限於原始資料檔。

　　接著，可以點選功能表單「Model-Fit」下之「Calculate Estimates」或按下 即可執行統計分析。Amos 於執行指令完畢後，可利用左上角這兩個圖項 ，在徑路圖設計階段與徑路圖輸出階段間之互換。第一個圖像 為「Input Path Diagram」，按下這個圖像可回到徑路圖設計，第二個圖像 為「Output Path Diagram」，當程式設計無誤的話，按下第二個圖像即可顯示變項估計值，研究者可以在這兩個圖項的下方視窗中，點選「Standardized Estimates」顯示標準化參數估計值，點選「Unstandardized Estimates」顯示未標準化參數估計值。

二　Amos 5.0 Basic 的簡介與操作

Amos Basic 適用於較大的複雜模式（尤其變項相當多，不易使用圖形介面繪製徑路圖時），或旨在分析參數的大小而非徑路圖本身。如欲繪製徑路圖，亦可利用 Basic 語言繪製之。其基本操作步驟簡介如下：

- 建立分析模式或徑路圖。
- 執行 Amos Basic 程式。
- 點選 File 之下「New Engine Program」（進行參數估計）或「New Graphics Program」（可繪製徑路圖）。
- 撰寫 Basic 程式。
- 點選「Macro」之下「Run」執行。

以下將以實例，針對其 Amos Basic 介面、Basic 程式設計與執行、徑路分析圖設計、徑路分析程式設計及如何利用 Visual Basic 語言畫徑路圖等主題加以介紹。

第一個實例，其徑路圖設計如圖 2-26 所示：

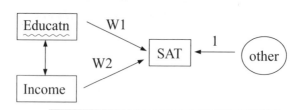

SPSS 的變項名稱最大長度為 8 bytes

圖 2-26　實例一徑路圖

　　接著，打開 Amos Basic 使用者介面，點選「New Engine Pro-
gram」，啟動 AmosEngine 後，在 Basic 語言設計視窗中輸入控制指令
（參見圖 2-27 說明），最後按「Run」即可。

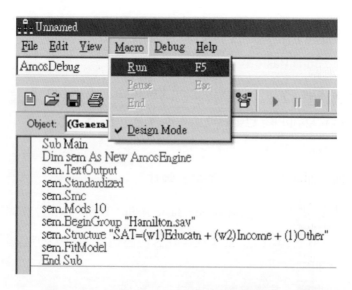

圖 2-27　Amos Basic 之使用者介面與語法視窗

　　當您啟動 Amos Basic，在「File」之下按下「New Engine Pro-
gram」之後，程式編輯視窗中會自動出現

Sub Main

Dim sem As New AmosEngine

'Your code goes here.（程式碼開始輸入處）

End Sub

表示使用者可以開始輸入程式碼。

圖 2-27 中，sem 係一 Basic 語言之物件（object），物件之後緊接著就是物件本身所含之函數或程序（或稱為方法，method）。AmosEngine 的方法已有數十種之多，有興趣之讀者可以查詢其線上協助系統，在此不一一說明。例如，sem.TextOutput 控制指令即表示分析結果要在 Amos View Text 視窗中顯示，sem.Standardized 表示欲計算標準化迴歸係數及相關係數，sem.Smc 表示欲計算依變項之複相關平方值，sem.Mods 10 要求當 MI 值大於 10 時，輸出 MI 指標，sem.BeginGroup 宣示單一組的模式設定開始，首先設定欲分析之檔案名稱，其次，sem. Structure 為迴歸方程式之界定，最後，sem.FitModel 乃是欲計算參數估計值及模式適配度之指標。值得一提的是，圖 2-27 中 sem.Structure" SAT=(W1)Educatn + (W2)Income +(1)Other"的控制指令中，在變項名稱前緊接含有(W1)(W2)(1)等控制敘述，W1 與 W2 表示 Educatn 變項之徑路參數名稱，而(1)表示 Other 誤差項的徑路參數固定為 1（表示 Amos 不加以估計），這些附帶之控制指令亦可移至相關變項的後面（參見圖 2-29）。由此觀之，每一行的控制指令都以 sem 開始，代表 sem 為一物件，而緊接其後的指令（如 Text Output）為其方法，方法後的控制敘述均需放入引號" "中，這沿用 Visual Basic 的程式設計慣例。Amos Basic 程式的 AmosEngine 物件含有數十種方法函數，可供研究者參考使用，研究者可以在「線上協助」的檔案中查詢到這些方法函數的用途及運用實例。本方法對於精通 Visual Basic 程式設計者，最具變通性〔例如，可自行設計出 Amos Graphics 不自動提供的標準化 RMR（root mean square residual），但可在功能表單「Tools」下之「Macro」巨集中點選之〕，對於不諳 Visual Basic 程式設計者，則不易上手。

　　第二個實例，其徑路分析設計如圖 2-28：

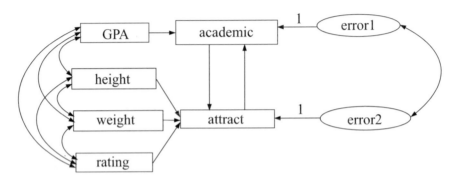

圖 2-28　實例二徑路圖

　　根據前述之徑路圖，研究者即可撰寫相關之 Amos Basic 程式，請參見圖 2-29 中視窗之 Basic 程式內容。第一行 Basic 程式：Option Explicit，目的在於讓 Amos 把所有沒有宣告的變數視為錯誤並顯現出來，以便於除錯，研究者最好不要將它刪除。注意，研究者在迴歸方程式的控制敘述中，亦可使用「＜---」代替「＝」之，變項間之共變關係可以＜--＞或＜＞表示之，研究者可擇一使用之。注意當變項的徑路參數固定為 1 時，Amos Basic 程式的撰寫方法，可將(1)放在變項的前面或放在變項的後面。

　　第三個實例為驗證性因素分析，其徑路圖如圖 2-30。

　　根據上述因素分析之徑路圖知，圖中含有六個迴歸方程式，分別說明各個指標與因素及測量誤差項間之關係，其 Amos Basic 語法程式，如圖 2-31 之內容所示，具體之撰寫方法已如前述，不再贅述。

圖 2-29　Amos Basic 之程式設計視窗與程式

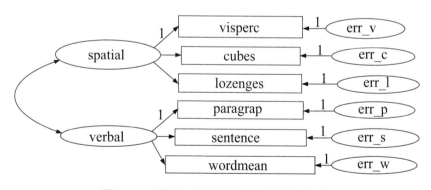

圖 2-30　實例三驗證性因素分析之徑路圖

　　由於 Amos Basic 內定所有因素間都具有相關、所有測量誤差間都無關，及所有獨立因素或測量誤差之變異量都要估計。因此，研究者不需針對這些關係作額外之設定。如果想解除 Spatial 與 Verbal 因素間

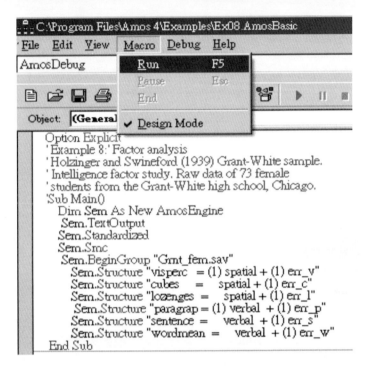

圖 2-31　Amos Basic 程式設計視窗與因素分析程式

之內定相關，可以 Sem.Structure "Spatial ＜--＞ Verbal(0)"設定之。

　　接著，簡單說明一下 Amos 5.0 的兩個語法輸入之新特色：即時統計教練與即時提示：Amos 5.0 在統計報表中的重要參數估計值上，提供即時線上說明，讓讀者理解該統計量之意義。讀者只要將游標指向欲了解之統計量，按滑鼠右鍵即會顯示以下圖 2-32 之說明視窗。

　　在 Amos 報表中，表單的小數位數、欄位間距與欄位數可由下圖 2-33 中的功能表單加以設定。例如，上圖統計報表中廻歸係數之參數的 p 值以***表示之，即表示 p ＜.001，如將小數位數由 3 增加為 4 以上，即可能出現小數位數，否則 Amos 即以***表示之。

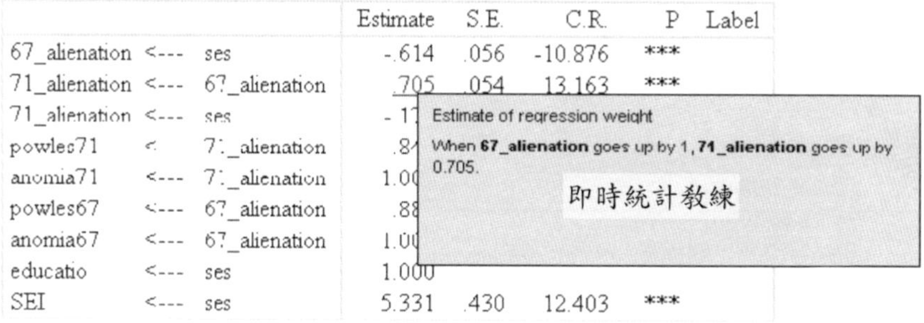

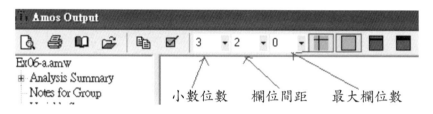

圖 2-32　Amos 統計報表中之即時統計教練

圖 2-33　Amos 報表中小數位數、欄位間距與欄位數之設定

另一貼心的 Amos Basic 新特色為控制指令之即時提示，此特色使得 Amos Basic 變成智慧型程式撰寫軟體，可以讓研究者輸入一物件之後，主動出現一指令選擇視窗（參見圖 2-34），供研究者雙擊點選以省去輸入之時間及記憶指令之必要性。

另外，為省去研究者記憶程式及查詢語法之苦，當您輸入 Sem.BeginGroup 後，按下空白鍵，Amos Basic 亦可提供

圖 2-34　Amos Basic 控制指令之即時提示視窗

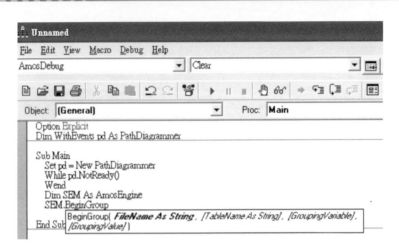

圖 2-35　Amos Basic on-the-fly 的指令提示列視窗

如圖 2-35 中之 on-the-fly 的指令提示列，以便讓您正確輸入未完成的控制敘述。

指令提示列視窗中的「FileName As String」此一指令在於界定資料檔案，「TableName As String」只在多重資料表中須界定（單組時須省略之），「GroupingVariable」分組變項名稱，「GroupingValue」分組變項值，後兩個指令用於多群組資料分析而且各組之資料又合併在一個檔案內時，連接各組之資料的設定方法。有了圖中 on-the-fly 的指令提示列，可省去查詢與記憶程式指令之苦，可謂貼心又貼身之好秘書。

接著將利用 Amos 手冊中的第十二個例子（Arbuckle & Worthke, 2003: 251）說明如何利用 Amos Basic 撰寫程式，進行多群組因素分析。首先，示範利用 Amos Basic 撰寫程式進行組間因素結構不變性（configural invariance）之考驗（參見圖 2-36）。其次，圖 2-37 示範如何利用 Amos Basic 撰寫程式進行組間因素負荷量不變性（metric invariance）之考驗。

注意圖 2-36 中 Sem.Structure 的程式設計，知男女生的資料檔（Gmt_fem.sav, Gmt_mal.sav）分別建立，其因素結構完全相同，其餘組間的因素負荷量、獨特變異量與因素之共變數等均開放估計，不做任何組間參數等同之限制。因此，研究者不需針對這些關係做額外設定。圖 2-36 中的程式係用來進行組間因素結構不變性之考驗。考驗結果如發現具有組間因素結構之不變性，即可繼續進行組間因素負荷量不變性之考驗。執行本程式後可知，提議之模式與樣本資料間之適配性佳（$\chi^2 = 16.48$，p = .42，df = 16），因此可以繼續進行組間因素負荷量不變性之考驗。

由圖 2-37 中第 1 對方框內的程式 Sem.Structure "cubes= (cube_s) spatial + (1)err_c"知，本方程式中的男女生迴歸係數設定為相等（spatial 變項前之 cube_s 相當於迴歸係數，名稱相同時表示等同限制，Amos 只估計一個參數），其餘的徑路係數（lozn_s）亦均設定組間相等（亦使

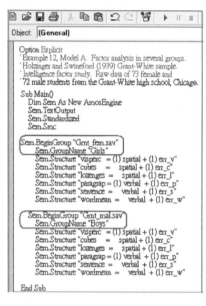

圖 2-36　組間因素結構不變性考驗之 Amos Basic 語法範例

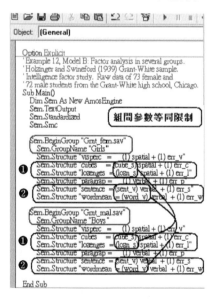

圖 2-37　組間因素負荷量不變性考驗之 Amos Basic 語法範例

用 lozn_s 名稱）。同樣地，第 2 對方框內的其他徑路係數亦都作了組間等同之限制。執行此 Basic 程式後可知，提議之模式與樣本資料間之適配性亦佳（$\chi^2 = 18.292$，p = .568，df = 20）。這兩個模式的χ^2差異值（18.292 − 16.480 = 1.812），亦未超過 3.84，足見因素負荷量之組型具組間不變性。

最後，談談如何於 Amos Basic 或 Visual Basic 語言編輯視窗中，利用 PathDiagrammar 引擎進行程式設計，以便輸出徑路圖，這項任務對於一般使用者而言，著實有一點困難。下例中，研究者如果不是在 Amos Basic 程式設計中，而是在 Visual Basic 程式設計中，需設計一個表單（如Form1），含有一個按鈕（Command1），該表單之程式碼說明如下。 第一個例子為製作傳統之徑路分析，在Amos Basic 程式設計視窗中輸入以下控制指令，即可獲得圖 2-38 之徑路圖。為便利研究者了解各程式片段之意義，以下各節程式中均附有簡短之程式意義與該片段程式之用途說明。

```
Option Explicit
Sub Main
'繪製徑路圖物件
    Dim PD As New PathDiagrammer
    Dim E As PDElement
```
'決定變項座標（X決定從物件中心點至左邊緣之距離，Y決定從物件中心點至上邊緣之距離）
```
    Dim Y1 As Single, Y2 As Single, Y3 As Single, Y4 As Single
    Dim X1 As Single, X2 As Single, X3 As Single
    Y1 = 1
    Y2 = 2
```

Y3 = 3

Y4 = 5

X1 = 1

X2 = 3

X3 = 4.5

'決定變項之長與寬（單位為吋）

Dim XHeight As Single, XWidth As Single

XHeight = 0.5

XWidth = 0.9

PD.FileNew pdPromptToSaveChanges

'繪製觀察變項

Set E = PD.DiagramDrawObserved (X1, Y1, XWidth, XHeight)

E.NameOrCaption = "Var1"

'設定字形大小

E.NameFontSize = 16

Set E = PD.DiagramDrawObserved (X1, Y2, XWidth, XHeight)

E.NameOrCaption = "Var2"

E.NameFontSize = 16

Set E = PD.DiagramDrawObserved（X1, Y3, XWidth, XHeight）

E.NameOrCaption = "Var3"

E.NameFontSize = 16

Set E = PD.DiagramDrawObserved（X2, Y2, XWidth, XHeight）

E.NameOrCaption = "Var4"

E.NameFontSize = 16

'繪製潛在變項

Set E = PD.DiagramDrawUnobserved（X3, Y2, XWidth, XHeight）

E.NameOrCaption = "Other"

E.NameFontSize = 12

'繪製徑路（第一變項為獨立變項，第二變項為依變項）

PD.DiagramDrawPath "Var1", "Var4"

PD.DiagramDrawPath "Var2", "Var4"

PD.DiagramDrawPath "Var3", "Var4"

Set E = PD.DiagramDrawPath（"Other", "Var4"）

'設定徑路係數為 1（value1 用以設定徑路係數、共變數或變異數）

E.Value1 = "1"

E.ParameterFontSize = 14

'繪製共變關係

PD.DiagramDrawCovariance "Var3", "Var2"

PD.DiagramDrawCovariance "Var2", "Var1"

PD.DiagramDrawCovariance "Var3", "Var1"

'修勻徑路外貌

PD.EditSelectAll

PD.EditTouchUp "Var1"

PD.EditDeselectAll

PD.EditFitToPage

End Sub

研究者如利用 Visual Basic 控制上述之程式語言，執行前研究者須先在 VB 之表單「Project」下，點選「References...」，之後必須在出現的視窗中將「Amos Engine」打勾後（呼叫 Amos 引擎），在表單上按下「command1」之按鈕，即可以獲得圖 2-38 之徑路圖。

以下為製作徑路圖之第二個例子，用以製作如圖 2-39 之 CFA 的理

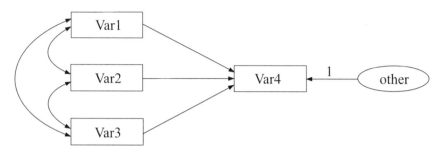

圖 2-38　Amos Basic 或 VB 之輸出徑路圖

論模式，包含潛在變項與指標變項之繪製及變項名稱、字形大小與徑路係數之設定。

Option Explicit

'Designed by Fred Li, 2006

Sub Main

'繪製徑路圖物件

Dim PD As New PathDiagrammer

Dim E As PDElement

'決定變項座標（X 決定從物件中心點至左邊緣之距離，Y 決定從物件中心點至上邊緣之距離）

Dim Y1 As Single, Y2 As Single, Y3 As Single

Dim X1 As Single, X2 As Single, X3 As Single

Y1 = 1

Y2 = 2

Y3 = 3

X1 =1.5

X2 =3

X3 = 4.5

'決定變項之長與寬（單位為吋）

Dim XHeight As Single, XWidth As Single

　　XHeight = 0.4

　　XWidth = 0.6

　　PD.FileNew pdPromptToSaveChanges

'繪製觀察變項

　　Set E = PD.DiagramDrawObserved（X1, Y1, XWidth, XHeight）

'設定變項名稱

　　E.NameOrCaption = "Var1"

'設定字形大小

　　E.NameFontSize = 16

'繪製誤差變項

　　PD.DiagramDrawUniqueVariable E

　　Set E = PD.DiagramDrawObserved (X1, Y2, XWidth, XHeight)

　　E.NameOrCaption = "Var2"

　　E.NameFontSize = 16

　　PD.DiagramDrawUniqueVariable E

　　Set E = PD.DiagramDrawObserved (X1, Y3, XWidth, XHeight)

　　E.NameOrCaption = "Var3"

　　E.NameFontSize = 16

　　PD.DiagramDrawUniqueVariable E

'繪製潛在變項

　　Set E = PD.DiagramDrawUnobserved (X2, Y2, XWidth, XHeight)

　　E.NameOrCaption = "F"

　　E.NameFontSize = 16

　　'Draw the paths

'PD.DiagramDrawPath "F", "Var1"

PD.DiagramDrawPath "F", "Var2"

PD.DiagramDrawPath "F", "Var3"

Set E = PD.DiagramDrawPath ("F", "Var1")

'設定徑路係數為 1（value1 用以設定徑路係數、共變數或變異數）

E.Value1 = "1"

E.ParameterFontSize = 14

PD.EditSelectAll

PD.EditTouchUp "F"

PD.EditDeselectAll

PD.EditFitToPage

'設定 unique 變項之字首

Const UniquePrefix = "e"

Dim UniqueCounter As Integer

UniqueCounter = 0

'設定 unique 變項之名字

For Each E In PD.PDElements

If E.NameOrCaption = "" Then

If E.IsUnobservedVariable Then

E.Undraw

If E.IsUniqueVariable Then

UniqueCounter = UniqueCounter + 1

E.NameOrCaption = UniquePrefix & UniqueCounter

End If

E.Draw

End If

End If

Next

End Sub

　　由以上之繁複程式設計知，利用 Amos Basic 來繪製徑路圖，常需大費周章才能完成，研究者需具備 Basic 語言之背景知識方能事半功倍，遇難題時可參閱 Amos 檔案夾中所附之程式設計的 pdf 參考檔案（檔名 reference.pdf，存在 documentation 檔案夾中）。非不得已才使用 Amos Basic，否則使用 Amos Graphics 中的繪圖工具，才是繪製變項間徑路圖的捷徑。若研究者未具 Visual Basic 程式設計的能力，不如利用 Amos Basic 跑出來的統計量數，自行利用繪圖軟體（小畫家亦可小

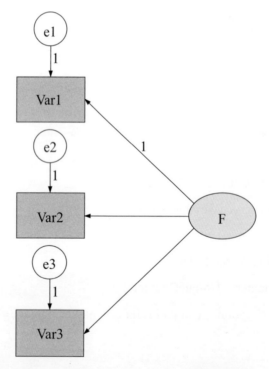

圖 2-39　Amos Basic 之 CFA 徑路圖輸出

兵立大功）製作徑路圖，可能可以更快地完成製圖任務。

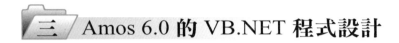

三 Amos 6.0 的 VB.NET 程式設計

　　VB 為了使用跨平台之 Class 物件，也就是 VB 可以繼承 C#的 Class 等，而且 VB 也要完整地支援物件導向特色，並支援結構化錯誤處理等等，讓 VB 不得不脫胎換骨。所以 Visual Basic.NET 與以往的六個版本截然不同。Amos 6.0 為順應時代潮流，也改用 VB.NET 撰寫 Basic 程式，請仔細核對圖 2-40 中之程式與過去之 VB 程式有何不同之處。本範例中的 Try-Finally-End Try 已取代過去 VB 使用 On Error 的例外事件

圖 2-40　VB.NET 程式設計範例

之處理方法，SEM.Structure 的 AmosEngine 的方法改名為 SEM.Astruc-
ture，以避免與 VB.NET 的關鍵字衝突。本範例描述了 Amos 5.0 與 Amos
6.0 Basic 語言設計之最大差異處。欲知更詳細之內容請閱讀 Amos 6.0
之使用手冊說明。

四　Amos 報表之格式設定與主要內容

　　Amos 統計結果輸出，徑路圖部分可按下 圖像以檢視徑路係
數及簡單之分析結果，如欲查看更詳細之文字報表，請按下「View/
Set」之下「Text Output」。為便利 Amos 使用者進行報表之格式設定
與主要內容的點選方法，茲以圖 2-41 簡略說明之。

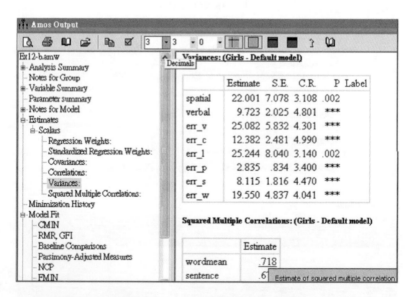

圖 2-41　Amos 文字輸出報表

　　Amos 報表的左側視窗，係 Amos 各項統計量之分析結果的樹狀分支圖，研究者如欲查看各變項之變異數，請用滑鼠點選「Variances」即會出現右側之變異數報表。報表中的任何統計量，當滑過時如出現底線（例如報表中.718），此時如研究者按下滑鼠之左鍵即會跳出說明視窗，乃是前述之 Amos 即時統計教練。

　　圖 2-41 的圖像工具列中 ，依序分別用以列印預視、列印、列印格式設定、開啟檔案、結果複製至剪貼簿與報表觀看部分等之設定。 3 ▼ 3 ▼ 0 ▼ 依序分別用以小數點位數、欄位寬度與最大欄位數等之設定。例如，研究者如發現報表中的 p 值下出現「***」，即表示該項 p 值 < .000，研究者如欲了解 p 值之精確值，就需要增加小數點位數。 等圖像依序分別用以欄位分割線、欄框邊界線、表格顏色與表格標題列之顏色等之設定。研究者只要點選該圖像之後即會出現說明視窗，依照指示就能輕易完成正確設定，因此在此不多加贅述。

探索式因素分析
與項目分析

∴ 重 點 提 示

一、探索式因素分析的理論基礎。

二、探索式因素分析前的資料準備工作。

三、輸入矩陣之型態。

四、因素個數的決定。

五、因素轉軸的方法。

六、因素解釋度與有用性。

七、因素命名。

八、因素負荷量的顯著臨界值。

九、探索式因素分析在測驗編製上的用途。

　　Spearman（1904）最早利用探索式因素分析研究智力結構，一直到 Jöreskog（1973）使用因素分析進行假設考驗，產生了所謂的驗證性因素分析，使得因素分析的運用更廣泛。探索式因素分析（Exploratory Factor Analysis，簡稱 EFA）與驗證性因素分析（Confirmatory Factor Analysis，簡稱CFA）係探究所蒐集資料中隱含之類型（patterns）或主題（themes）的兩個重要方法。EFA旨在了解所蒐集到資料（data）的潛在意義是什麼？例如，這筆資料含有幾個因素？這些因素代表什麼意義（或什麼構念？）；而 CFA 旨在考驗根據先前理論所提出的假設，例如，所提議的因素結構是否成立？或男女性受試者在這些提議的因素結構是否具有因素不變性？因此，EFA 可說是一種潛在架構之分析（identifying latent constructs）或資料簡約（data reduction）的技術，旨在理論之探索或假設之探尋（theory-generating），而 CFA 乃是一種理論驗證（theory-testing/validation）的統計方法。這兩種因素分析的方法，猶如質化資料分類的編碼系統，目的在捕捉重要潛在類型或主題，並針對潛在內涵而非外顯內容的分析與驗證。因此，不管是探索式因素分析或驗證性因素分析都需實質理論之導引，其分析的結果才有意義與價值，對於實質理論的發展也才有所助益。無疑地，假如研究者投入沒有理論基礎的變項或題目進行因素分析，也只能產出沒有意義與價值的因素垃圾。

由於 EFA 可以讓研究者在工具發展階段，挖掘資料所隱含的深層意義與因素結構，而 CFA 也無法確認所提議之理論模式為最佳（參見圖 3-1 中結論與真相的未定關係）。因此，在工具發展的初期階段（通常在尋找最佳的理論建構或最適切之題目），EFA 比 CFA 更適用。而 CFA 最適用於一個經過嚴謹的（有理論依據的）編製過程或經 EFA 分析過的測量工具上，在此驗證階段 CFA 可以利用另一樣本檢驗先前 EFA 所發展出來的模式（Fabrigar, Wegener, MacCallum, & Strahan, 1999），以建立複核效度（cross-validation），尤其當存有數個理論模式均適用時，可用以比較何者為最佳模式（Noar, 2003）。由於理論衍生與理論驗證之互補性與連貫性（參見圖 3-1），探討測驗編製的主題時，當然不能不談探索式因素分析的理論基礎及其在測驗上之用途，否則無法一窺因素分析之全貌。

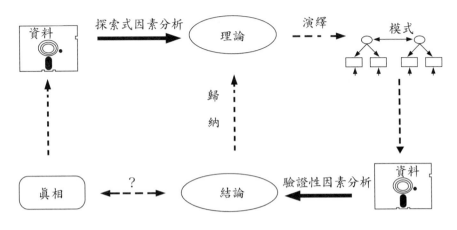

圖 3-1　EFA 與 CFA 之關係圖

 探索式因素分析的理論基礎

　　探索式因素分析可分為兩類；㈠主成分分析（principal component analysis），㈡共同因素分析（common factor analysis）。共同因素分析又因抽取方法之不同，而有以下幾種統計方法：主因素分析〔principal factor analysis 或稱為主軸因素分析（principal axis factoring）〕、最大概似法（maximum likelihood method）、未加權最小平方法（unweighted least squares）、概化最小平方法（generalized least squares）、α 法（Alpha factoring）、映像法（Image factoring）。當變項單位相同時，使用變異數—共變數矩陣進行分析，當變項單位不相同時，使用相關矩陣進行主成分分析。以下將僅就最常用的主成分分析與主因素分析，進行較詳細之說明，其餘請讀者參閱相關統計書籍，如 Kline（1994）；Pett、Lackey 和 Sullivan（2003）的專書。

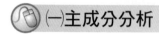(一)主成分分析

　　主成分分析（PCA）係根據原來的實際相關矩陣的固定解法而非採迭代法，相關矩陣對角線的起始值均為 1。主成分分析係將原始變項轉換成一組互為獨立的新變項，這些新變項稱為主成分，目的在於資料簡約（data reduction），亦即簡化相關矩陣。每一主成分分數（C）均為原來變項（例如 X_1, X_2, X_3）與主成分分數係數（a_{11}, a_{12}, a_{13}）的線性組合：如：$C_1 = a_{11}Z_{X1} + a_{12}Z_{X2} + a_{13}Z_{X3}$（1st主成分分數）。因此，所有觀察變項的變異量均加以分析，目的在濃縮變項以達到資料簡約的工作。主成分分析最大的缺點是無法將測量誤差從共同變異量中分離出來，常高估參數估計值，尤其當變項數少於 10 時，低的相關矩陣可能產生不小的因素負荷量（Nunnally & Bernstein, 1994）。主成分分析使用時機：1. 欲以最少數的因子代表原始變項的最大變異量時， 2. 事先已知特殊及誤差變異量並不大時， 3. 變項數大於 20 時。

(二)主因素分析

　　主因素分析（PFA）與主成分分析最大的區隔在於主因素分析將測量誤差與特殊屬性分離出來（參見圖3-2），而主成分分析則假設無測量誤差存在，所有題目的共同變異量與獨特變異量均為其分析的對象，目的在於了解資料之結構。PFA 通常採迭代法，相關矩陣對角線的初始值可以共同性的估計值取代。此外，初始值亦可採變項的SMC（Squared Multiple Correlation，簡稱 SMC，為其他變項預測某一變項的決定係數）。接著，抽取指定之因子數，根據此因子負荷量重新計算共同性（communalities），取代原來舊的共同性，再抽取因素。如此反覆迭代，一直到共同性的估計值改變不大為止。因之，主因素分析僅分析共同變異量，目的在尋找潛在變項（latent variables）。理論

共同因素　　　　　　外顯指標　　　　獨特因素

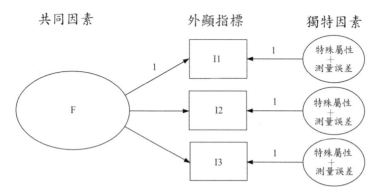

圖 3-2　　主因素分析結構圖

上來說，因素（factors）是估計出來的潛在假設性變項（latent），它使觀察變項產生共變（covariation），而成分（components）是實徵決定的濃縮變項，直接從相關矩陣衍生而來，而這些抽取之成分的重要性可由其特徵值（eigenvalues）大小看出來。以表 3-1 第一個分量表為例，其共同性估計值係第一主成分與第二主成分因素負荷量之平方和，而第一個因素之特徵值係各分量表在該因素上之因素負荷量之平方和。PAF 使用時機：1. 欲代表原始變項的潛在向度或構念時，2. 事先對於特殊及誤差變異量所知有限，而又想加以排除時，3. 變項數小於 20 時。

　　Gorsuch（1983）與 Thompson 和 Vidal-Brown（2001）認為當變項數大於 30 或測量的變項信度佳時，利用主因素分析與主成分分析的結果差異很小。Thompson 和 Vidal-Brown（2001）的實徵研究發現，當變項數很大（＞ 90）時，甚至其測量的變項信度很低時，主因素分析與主成分分析的結果趨於一致，因為對角線元素對於整體解的影響力相當微小。

表 3-1　SPSS 主成分分析與主因素分析報表

主成分分析

	成分	
	1	2
一、了解數字的基本意義	.735	− .484
二、能比較數字的相對大小	.827	.177
三、了解運算對數字的影響	.790	8.729E-02
四、運算結果之合理性判斷	.726	.533
五、數與運算的多重表徵	.792	− .311

第一個量表之共同性評估值。

各因素負荷量平方和，即該因素之特徵值。

PCA: $h^2_. = (.735)^2 + (− .484)^2 = .775$
PAF: $h^2_. = (.647)^2 + (− .137)^2 = .437$

主因素分析

	成分	
	1	2
一、了解數字的基本意義	.647	− .137
二、能比較數字的相對大小	.798	.201
三、了解運算對數字的影響	.717	5.607E-02
四、運算結果之合理性判斷	.641	.203
五、數與運算的多重表徵	.768	− .315

PAF: $\lambda^2_I = (.647)^2 + (.798)^2 + (.717)^2 + (.641)^2 + (.768)^2 = 2.570$
PCA: $\lambda^2_{II} = (.735)^2 + (.827)^2 + (.790)^2 + (.726)^2 + (.792)^2 = 3.003$

　　由上觀之，當共同性高或變項數大於 30 時，利用主因素分析與主成分分析的結果來篩選測驗題目，其結果趨於一致，但研究者如欲偵測測驗內容之潛在結構（考驗其建構效度）而非測驗變項濃縮（資料簡約）時，似乎以主因素分析較適當（其因素結構之複製性較高），因為無測量誤差的基本假設不太可能在社會科學中成立，而且特殊變異量亦不是一般研究者感興趣的部分。因此，當研究變項數大於 30

時，研究者似乎不需擔心到底要使用主因素分析與主成分分析（Nun-nally & Bernstein, 1994）。通常，來自主因素分析的因素間相關會比來自主成分分析的成分間相關為高（因後者未排除隨機誤差所致）；但來自主因素分析的因素負荷量會比來自主成分分析的因素負荷量為低，不過相關之因素組型或大小順序不會改變（Thompson & Vidal-Brown, 2001）。因此，通常不會改變選題結果，除非題數不多且題目之獨特性又高。

　　探索式因素分析是一個複雜的統計分析技術，除了需決定要使用主成分或主因素分析之外，至少尚須涉及以下五個關鍵性之決策，這些決策均會影響後續之分析結果。第一、應包括哪些變項與多少預試樣本，第二、欲使用何種資料矩陣，第三、欲使用何種因素抽取方法，第四、要保留多少因素，第五、要使用何種轉軸方法，以利解釋。因為每一決策又涉及多種選擇，研究者常面臨不知選哪一個選項的困惑，除了第一個問題會在第十二章中再加以說明之外，以下將針對其餘問題稍加分析與探討，以利研究者做出明智之抉擇。

 ## 二　探索式因素分析前的資料準備工作

　　因素分析通常涉及以下幾個階段：第一、資料準備階段，第二、初始因素抽取階段，第三、轉軸找最佳解階段。因此，進行探索式因素分析之前，應先以分量表為分析單位，將各分測驗中不適當之題目刪除，否則可能混淆、破壞或隱藏真正的因素結構，例如該出現的因素沒出現，而不該出現的因素卻出現。研究者先利用各分量表進行項目分析之後，再以使用全量表之題目檢驗其因素結構。這些不適當之題目包含：

㈠該題目不跟任何其他題目具有密切關係者（如相關係數均小於.30者或參見表 3-2 中反映像相關矩陣對角線之 MSA 小於.50 者），尤其待分析的相關矩陣為單元矩陣（identity matrix）時（亦即任何變項間均無關係時，行列式值=1）。

㈡題目間相關過高者（如超過.85）。

㈢該題目與超過兩個因素具有密切相關，如無法將它刪除時，可將它置於內容相同的因素中。假如屬題內多向度測驗（within-item multidimensional test，該題目需利用多種能力才能解答者），則最好不刪。

　　當相關矩陣中如有超過80%的係數小於.30，則無因素分析之必要。當相關矩陣中具有太高的相關係數，亦無法進行因素分析。但當相關矩陣中有題目間相關過高者（例如 r > .85 以上時），可能會發生多元共線性問題，它與遺漏值處理不當，都可能產生非正定矩陣（行列式值=0）或結構不良矩陣（ill-conditioned matrix），導致因素分析無法進行或結果不可靠。SPSS 報表在正式因素分析結果之前，亦會呈現檢查該筆資料是否適宜進行因素分析的統計量（參見表 3-2）：行列式值（等於 1 表示該矩陣為單元矩陣，等於 0 表示該矩陣為非正定矩陣，這兩者都不適合進行因素分析）、Bartlett 的 sphericity 考驗（χ^2 考驗待分析相關矩陣是否為一單元矩陣，達.05 顯著時才適合進行因素分析）、抽樣適當性指標 KMO 與 MSA（最好大於.50），這些統計量是研究者第一優先檢查的項目。另外，因素分析對於相關係數的大小異常敏感，因此，應注意常態性、線性關係與連續量尺之基本假設是否符合，查看變項是否具有全距減縮的現象。其中，常態性之基本假設違反時，研究者一般可先檢查有無極端變項或極端個案存在。SPSS 中的副程式有預檢資料（explore）、相關分析（correlation analysis）及信度分析（reliability analysis）之功能，研究者可以善用這幾個副程式之功能進行測驗題目之初步篩選。

表 3-2 　SPSS 因素分析之 KMO 與 MSA 考驗

KMO 與 Bartlett 檢定

Kaiser-Meyer-Oljin 取樣過切性量數。		.780
Bartlett 球形檢定	近似卡方分配	675.855
	自由度	28
	顯著性	.000

KMO > .50 OK !

P < .05 OK !

		Q1	Q2	Q3	Q4	Q5	Q6	Q7
反映像共變數	Q1	.908	−5.340E-02	−6.236E-02	−6.485E-02	−.103	−9.325E-02	−7.571E-02
	Q2	−5.340E-02	.935	−7.696E-02	−6.358E-02	−2.961E-02	−4.847E-02	−8.439E-02
	Q3	−7.969E-02	−7.969E-02	.895	−8.829E-02	−6.484E-02	−.132	−5.021E-02
	Q4	−6.485E-02	−6.358E-02	−8.829E-02	.875	−.129	−9.727E-02	−5.378E-02
	Q5	−.103	−2.961E-02	−6.484E-02	−.129	.837	−.168	−8.244E-02
	Q6	−9.325E-02	−4.487E-02	−.132	−9.727E-02	−.168	.823	−7.314E-02
	Q7	−7.571E-02	−8.439E-02	−5.021E-02	−5.378E-02	−8.244E-02	−7.314E-02	.907
	Q8	1.420E-02	−6.176E-02	−9.750E-03	−6.377E-02	−3.629E-02	−6.275E-02	−8.687E-02
反映像相關	Q1	.796[a]	−5.796E-02	−6.919E-02	−7.273E-02	−.118	−1.08	−8.340E-02
	Q2	−5.796E-02	.800[a]	−8.716E-02	−7.029E-02	−3.348E-02	−5.528E-02	−9.165E-02
	Q3	−6.919E-02	−8.716E-02	.789[a]	−9.977E-02	−7.492E-02	−.154	−5.574E-02
	Q4	−7.273E-02	−7.029E-02	−9.977E-02	.790[a]	−.151	−.115	−6.035E-02
	Q5	−.118	−3.348E-02	−7.492E-02	−.151	.761[a]	−.203	−9.460E-02
	Q6	−.108	−5.528E-02	−.154	−.115	−.203	.759[a]	−8.465E-02
	Q7	−8.340E-02	−9.165E-02	−5.574E-02	−6.035E-02	−9.460E-02	−8.465E-02	.797[a]
	Q8	−1.525E-02	−6.537E-02	−1.055E-02	−6.973E-02	−4.058E-02	−7.078E-02	−9.331E-02

a.取樣適切性量數（MSA），MSA > .50 OK ！　淨相關係數（取負號），其值愈小愈好。

　　此外，傳統之因素分析，係以各測驗題目為分析單位，因此我們常稱之為項目因素分析（Item Factor Analysis，簡稱 IFA）。不過一般之成就測驗題目通常為 0 ／ 1 之計分方式，即使是態度量表上之 Likert-type 量尺亦僅是次序性量尺，均非連續變項，因而違反了因素分析之基本假設。違反了此基本假設常會因全距減縮而致使變項間之相關偏低，或因題目難度相似而非內容相似而產生了難度因子，致使正確之因素結構無法呈現。為了解決上述之困境，傳統上研究者都改用多分相關（polychoric correlations）矩陣而非積差相關矩陣去進行因素分析，多分相關因 SPSS 尚未有副程式可以直接運用，研究者可以改用附錄一之 SAS 巨集或附錄二 SIMPLIS 及 MPLUS 語法程式分析之。不過使用多分相關有時會導致非正定矩陣，而使分析結果不穩定。此時，如果我們改以題組為分析單位，我們則稱之為題組（item parcel）因素分析，題組之產生可依題目之內容分類或題目之分配屬性、題目間之難度或相關程度、隨機方式（較適合同質性高的單向度分量表內之題目）加以組合。如何有效建立題組，Holt（2004）提出下列幾個具體原則供研究者參考：

㈠假如題目均在測單向度特質，可隨機組合題組。

㈡假如題目在測多向度之特質，只在同質的向度內進行題組組合。

㈢非常態性嚴重時，如題目屬連續性或次序性時，可以將分配屬性（或型態）對立的題目放在同一題組內；如題目屬二分類別變項時，可以將題目難度對立的題目組合在一起，亦可將正偏態與負偏態的題目組合在一起。

㈣只要每一題組之單向度能保留，盡可能增加每一題組內之題數優於增加題組數（題組以分測驗為單位時，其各分測驗之信度可由 R^2 獲知）。

㈤當潛在建構不明時，勿進行題組之探索式或驗證性因素分析。

進行題組因素分析的主要理由為（Byrne, 2001）：

㈠進行題目因素分析常會產生虛假因素（bogus factors），這些虛假因素係出自於特殊的分數分配型態所致。例如，測驗編製者可能會：1.發現因題目太容易或太困難的難度因素，與 2.發現受試者因忽視反向題目中的否定字語之正反向題目因素。

㈡ 6 點以下之量尺通常無法產生常態分配的分數，導致分數全距的減縮而使變項間之相關係數偏低，其信度亦因之偏低。

Holt（2004）則於評析相關之文獻後，發現進行題組因素分析具有以下幾點好處：

㈠改善參數估計值之穩定性及指標之信度。

㈡改善變項與樣本大小之比率。

㈢提高題目與樣本比率，解決樣本過小之問題。

㈣減低資料非常態性的不利影響。

㈤可改善估計模式之適配度。

㈥減少抽樣誤差。

㈦減低難度因素的出現（0／1計分之題目）。

　綜合各家之論點可知，題組因素分析具有以下幾個優點：

㈠降低參數估計數，以減少樣本人數之需求量：依據 Jöreskog 和 Sörbom（1993）的建議：為了獲得穩定 SEM 之估計值，每一參數至少要有 5 位受試者，並可降低適配度不佳（poor fit）之機率。例如，題數為 4 時，df=2；題數為 5 時，df=5；題數為 6 時，df=9；題數為 7 時，df=14；題數為 8 時，df=20，而較大的 df 必然產生較多的參數限制，增加參數的限制則易導致「poor fit」的模式。

㈡提高測驗信度與效度，避免產生虛假因素。

㈢轉換次序性資料為連續性資料，避免非正定矩陣之產生（尤其將二點計分使用四分相關或多點計分採用多分相關時）。

㈣減少不良題目的扭曲分析結果。

㈤降低違反多變項常態性之基本假設。

　不過，由於題組因素分析雖可改善了模式之適配度、指標信度及參數估計值，但卻可能因此遮隱了不正確的模式、遮蓋了不佳的測量指標與稀釋了高階因素，更何況適配度提高也保證不了模式之正確性，而且因為測驗編製者關切的重心，在題目間之關係結構而非題組間之結構。因此，Bandalos 與 Finney（2001）質疑使用題組因素分析於量表編製中的正當性。他們並主張只在同一因素內的題目進行題組組合。測驗編製者應謹記題組分析（item parceling）的缺點，謹慎使用之，在研究報告中，亦應詳細說明：1. 為何需要使用題組分析；2. 題目內容的向度分析；3. 題組內之題數、題目與題組間（內）之關係；4. 題組組合方法；與 5. 說明題目與題組分配之屬性。

此外，Fava、Velicer 和 Rossi（1995）的研究發現超過 7 點以上的 Likert-type 量尺並無法顯著增加變異量。相關係數偏低的相關矩陣會導致潛在構念無法顯現。假如能避免以上之負面影響因素，所獲得的因素當可出自有意義的內容差異性。此時，利用因素分析所編製出來的分量表，必然是具有高度內部一致性與絕佳的鑑別效度。

由此觀之，因素分析較適用於連續性量尺，如非連續性的次序性量尺，最好使用 5 至 7 點之 Likert-type 量尺或使用題組進行因素分析。投入分析的題目需有理論基礎或經驗之依據，相關領域之專業知識亦可分辨投入分析的題目是否適切。另外，測驗編製者於草擬題目時，不要針對同一行為套用不同措辭去編撰題目，以避免冒出 Cattell（1978）的特殊灌水因子（bloated specific）。因此，筆者強烈建議研究者務必先進行傳統之項目分析、邀請相關領域之專家審查題目內容與檢查相關矩陣，將不良之題目或個案先予以刪除後，並檢查有無違反因素分析之基本假設，再進行探索式因素分析，方不致於產生無謂之多餘因素或不穩定之因素結構。

三　輸入矩陣之型態

在社會科學上，各觀察變項的測量單位通常不等且沒有明確之意義，一般研究者都需使用相關矩陣進行因素分析。不過，研究者如希

望考慮到變項間變異量的差異性，需使
用共變數矩陣進行因素分析。當您點選
了圖 3-3 共變異數矩陣後，SPSS 會同時
報告原始資料成分係數矩陣與重新量尺
化成分係數矩陣，而當您使用相關矩陣

分析
- 相關矩陣(R)
- ● 共變異數矩陣(V)

圖 3-3　資料屬性

去進行因素分析時，SPSS就不需重新量尺化的動作了。重新量尺化成
分係數矩陣係各主成分與觀察變項之相關係數矩陣。由表 3-3 知，原
始資料成分係數係常態化的原始特徵向量係數（V_{jk}）與特徵值平方根
之乘積，將此原始資料成分係數除以相對應變項之標準差即可求得重
新量尺化成分係數（例如，第一個主成分：1.648/6.78= .243）。由重新
量尺化成分係數明顯地看出來，第二、三、四分測驗落在第一主成分
上，而第一、五分測驗落在第二主成分上。

表 3-3　原始資料成分係數矩陣與重新量尺化成分係數矩陣

轉軸後的成分矩陣[a]

$V_{jk}*\sqrt{\lambda_k}$	原　始成　分		重新量尺化成　分	
	1	2	1	2
一、了解數字的基本意義	1.648	5.634	.243	.831
二、能比較數字的相對大小	6.900	2.124	.895	.276
三、了解運算對數字的影響	4.431	2.452	.692	.383
四、運算結果之合理性判斷	3.830	1.262	.693	.228
五、數與運算的多重表徵	2.795	6.017	.375	.808

萃取方法：主成分分析。

旋轉方法：含 Kaiser 常態化的 Varimax 法。

[a]轉軸收斂於 3 個迭代。

四　因素個數的決定

　　因素個數的決定除須靠統計方法協助外，尚需靠理論基礎做後盾，並利用多重資訊方能做出較正確的決定。換言之，需結合資料與理論之導引才能較正確去詮釋隱藏在外顯變項中的潛在類型與意義。利用因素分析所決定的因素個數，猶如質化資料分類的結果，必須經得起實徵性的考驗。經驗告訴我們因素建構的發現雖然就統計上而言為真，但亦可能在真實世界中是不存在的，因而因素的存在仍需後續研究加以證實。另外，有時研究者亦可能發現有兩、三題很重要或獨特之題目，其因素負荷量亦很高，但因題目過少而將其所屬之因素刪除（一般認為每一因素應包含 3 至 5 個測量變項），這可能是一項錯誤的決定，因為因素保留過少比因素保留過多的問題更嚴重（Fabrigar, Wegener, MacCallum, & Strahan, 1999）。假如您再增加一些與之內容相關之題目，重新跑一次因素分析，這個因素當可雀屏中選。這反映出「You only get out what you put in」的因素分析限制，亦指出研究者在該研究領域專業素養之重要性。以下僅列出一些常用之判定方法，供研究者進行因素個數的決定。

保留特徵 λ 值大於 1 的主成分

　　保留特徵 λ 值大於 1 的成分或因素，是植基於每一因素至少應能解釋單一變項的變異量（Kaiser, 1959）。Hair、Anderson、Tatham 和 Black（1998）指出本法適用變項數介於 20～50 之間，變項數小於 20 時，會低估因素數目，變項數大於 50 時，則會高估因素數目。

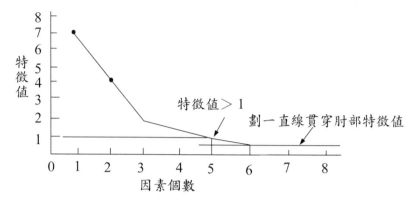

圖 3-4　陡坡圖判定因素個數法

🖱 陡坡圖考驗（scree test）

將特徵值排序後，以特徵值大小為 Y 軸，以主成分或因素數目為 X 軸，繪製 λ 值曲線，捨棄陡降後的主成分或因素，如無法明確區辨出來，可劃一條直線貫穿那些代表低特徵值的點，保留在此線之上的特徵值，參見圖 3-4（Cattell, 1966）。本法有時相當主觀，無法明確指出因素數目，此時可改以其他方法確定之。

🖱 抽取%法

當抽取之成分已能解釋 75%的變異量，若繼續抽取的主成分所能解釋的變異量少於 5%時，就不再抽取；在社會科學中，抽取之成分若已能解釋 60%以上的變異量，似乎已可視為滿意了。

🖱 根據相關理論或文獻決定抽取個數，以驗證一個理論或假設

🖱 抽取因素的χ^2考驗（適用於 ML、GLS）

主在檢查χ^2考驗未達顯著水準時最小之因素數目，本考驗須符合多變項常態性之基本假設。本法樣本太大時，可能導致抽取過多之因素。PCA 與 PAF 法雖無χ^2考驗可檢定其因素之適配性，但可檢查殘差

矩陣（再製相關矩陣與原始相關矩陣之差異）判斷是否已抽足因素了（例如，殘差是否大都小於.05）。

使用驗證性因素分析決定因素個數

研究者可以利用 χ^2、RMSEA 與 ECVI 判定哪一個因素個數的模式最適配（Fabrigar, Wegener, MacCallum, & Straham, 1999）。

Velicer 的最小淨相關考驗法（Minimum Average Partial Test，簡稱 MAP）

因素個數之決定乃是根據抽取更多因素之後，相關矩陣中殘存的系統與非系統變異量的相對值而定，當非系統變異量大於系統變異量，該因素即不再保留（O'Connor, 2000）。因 MAP 傾向於低估因素個數，平行分析傾向於高估因素個數，研究者如能同時考慮兩種方法之結果，當能獲得最佳之結論。研究者只要利用他所設計的 SPSS 與 SAS 程式，即可輕易決定所欲保留之因素個數。

平行分析法

平行分析法（parallel analysis criteria）原係利用模擬研究法，假定變項間相關純係隨機狀態之下，依特徵值排序之下，每一主成分之特徵值至少應在多大以上才不是隨機所致。因本法考慮隨機誤差，最適合於進行主成分分析時使用。Lautenschlager（1989）針對題數與樣本數的組合，建立不少之表格供研究者查考。由於查考不便，Enzmann（1997）設計了一套 RanEigen 程式，用來計算保留主成分數目的最低隨機特徵值標準。研究者只要依序比對實徵特徵值，假如發現您的實徵特徵值小於相對應之隨機特徵值，即表示該主成分不可保留下來了。RanEigen 係一免費程式，研究者可利用網路搜尋之，下載使用。使用時，需輸入題數與樣本人數，即可得到圖 3-5 之結果。

因平行分析法考慮及隨機誤差，最適合於進行主成分分析時使用；研究者如欲進行主軸因素分析，最好將相關矩陣的對角線值以共同性值取代之，再進行平行分析（O'Connor, 2000），O'Connor（2000）在其文章的附錄中，提供了 SPSS 與 SAS 的語法程式可供研究者使用。

讀者可以發現上述大部分方法都難免流於主觀，Fabrigar、Wegener、MacCallum 和 Strahan（1999）認為平行分析法與驗證性因素分析法最能客觀而有效判定正確之因素個數；O'Connor（2000）則認為平行分析法與 Velicer 的 MAP 分析法最能有效判定正確之因素個數，且兩者具有互補之功能。

```
■ D:\測統軟體\統計軟體\RANEIG~2\PARALLEL\RANEIGEN.EXE

Random Eigenvalues (Items = 50, N = 600):

 1 : 1.620
 2 : 1.560
 3 : 1.513
 4 : 1.471
 5 : 1.438
 6 : 1.407
 7 : 1.377
 8 : 1.346
 9 : 1.319
10 : 1.292
11 : 1.269
12 : 1.244
13 : 1.222
14 : 1.201
15 : 1.177
.. : .....
50 : 0.525

(random eigenvalues copied to clipboard)
```

圖 3-5　RanEigen 程式之報表

五　因素轉軸的方法

　　初始因素抽取主要在決定至少需要幾個因素才能詮釋實得相關矩陣。接著，透過轉軸以尋找容易解釋、更簡單的因素組型。注意，因為轉軸時需使用到共同性（comunalities）的資訊去計算轉軸的度數，因此研究者必須先決定抽取因素個數之後，才能進行轉軸之工作，千萬別讓統計軟體自動幫您內定抽取因素個數，以免獲得不正確之分析結果。通常第一次出現的因素結構或組型，其潛在之意義並不是很清楚，以致於造成解釋上的困難。此時，如欲達到 Thurstone（1947）的「簡單結構」與更有意義的因素解，以便於各個因素內容之解釋，則可進行因素轉軸。理想上，轉軸後每一題目僅在一個因素上具有較高或有意義的因素負荷量，且每一因素僅在某些題目上具有較高或有意義的因素負荷量，此即「簡單結構」的精髓。因素轉軸最常使用的方法是將題目之位置固定在幾何空間上，而將因素參照軸以原點為軸心旋轉某一角度，以獲得更簡單、更有意義的因素解，當然經過轉軸後各因素的變異量亦隨之改變。因素轉軸的類別有二：正交與斜交轉軸。正交轉軸係將旋轉的兩軸角度固定在 90 度，以原點為軸心兩軸維持 90度一起旋轉某一角度，以獲得更簡單、更有意義的因素組型。因此，轉軸後的兩個因素仍然保持獨立無關。不過，正交轉軸雖然常可以獲得更單純、更明確的因素解，但在教育、心理與社會科學上，獨立因素的假設可能太天真、不符實際現象。因此，Pett、Lackey 和 Sullivan（2003）建議使用斜交轉軸，旋轉的兩軸夾角不再維持 90 度，仍以原點為軸心旋轉某一角度，以獲得更明晰的因素解。Nunnally 和 Bernstein（1994）則建議當因素之間的相關大於 .30 時，採取斜交轉軸，否則使用正交轉軸。因為當因素之間的相關不大時，因素組型（factor pattern）

與因素結構（factor structure）內的簡單結構將趨於一致。因此，建議研究者使用正交轉軸，以簡化因素分析的解釋。Kieffer（1998）則建議使用正交與斜交轉軸法同時進行分析並比較結果，如果兩者之結果類似，則採用正交轉軸之結果，如果兩者之結果差異很大，則請採用斜交轉軸之結果去解釋（Finch, 2006）。

　　現以圖 3-6 說明為何轉軸可以簡化因素結構，圖中 F1 與 F2 為未轉軸前之 X 與 Y 軸，F1"與 F2'為斜交轉軸後之 X 與 Y 軸，F1'與 F2"為正交轉軸後之 X 與 Y 軸。在圖 3-6 中，有五個資料點，V1～V5。在未轉軸前，V1 與 V2 在 X 與 Y 軸上均有很高的因素負荷量，在轉軸後 V1 與 V2 的因素負荷量在 Y 軸上變得很大，而在 X 軸上變得很小。同樣地，V3～V5 的因素負荷量在 X 軸上變得很大，而在 Y 軸上變得很小。因此，不管是正交轉軸或斜交轉軸，其所屬之資料點之因素負荷量的組型都變為明確而單純。以下針對正交轉軸、斜交轉軸的方法進一步說明，以利研究者做正確之選擇。

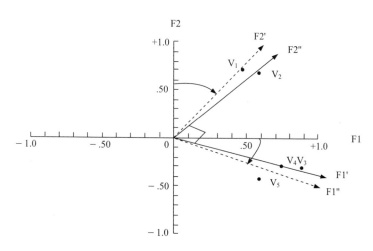

圖 3-6　正交轉軸與斜交轉軸（取自 Hair, Anderson, Tatham, & Balck, 1998, p. 108, 圖 3-8）

(一)正交轉軸

　　SPSS 中可用的轉軸方法有：最大變異法（Varimax）、四次方最大值轉軸法（Quartimax）、Equamax 轉軸法與 Orthomax 轉軸法（使用者可界定 gamma [Γ]參數，以取得 varimax [Γ=1] 與 quartimax [Γ=0]間之平衡點），參見圖 3-7。其中 Varimax 用得最普遍，目的在簡化因素，使得因素內變項之負荷量的變異量趨於最大。亦即在特定的因素下，使某些高負荷量的變項具有更高的負荷量，其他低負荷量的的變項，其負荷量則會更低，可用以決定哪些題目應保留在某一因素內，可用以決定分量表之內容，有利於因素之解釋與描述。Quartimax 目的在簡化變項，使得變項在因素間之負荷量的變異量趨於最大。亦即在特定的變項下，在某些因素上具有高的負荷量，其他因素上之負荷量則盡可能的低，可用以決定某一題目應落在哪一因素上。Equamax 係將Γ固定於 0.5，使負荷量在因素間及因素內均趨於最大，除非明確因素數目已知悉，盡量避免使用本法。

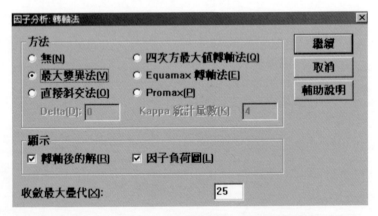

圖 3-7　SPSS 因素分析轉軸方法的設定視窗

㈡斜交轉軸

　　斜交轉軸的常用方法為直接斜交法（Direct oblimin）與 Promax（SPSS、SAS 均提供），當使用直接斜交法時，研究者可自行設定 delta（δ）值，控制轉軸度數，以界定變項間關係的程度，負的 δ 值會降低因素間之相關（δ 接近 − 4.0 時為正交），正的 δ 值會提高因素間之相關，當 δ ＝ 0 時即稱為直接斜交轉軸法，此為 SPSS 的內定值。因當 δ ＞ .80 以上時，會使因素間之相關過高以致於不能區分彼此，甚至於使得 Direct oblimin 解法產生無法聚斂問題，所以 SPSS 限制 δ 值的最大值為 .80。因素間的相關到底要多大最能達到簡單原則，Pett、Lackey 和 Sullivan（2003）認為是個嘗試錯誤的問題。研究者可將 δ 訂在 − .50、0 與 ＋ .50 三個值試看看，比較一下何組解最能符合簡單原則，而且其因素的可解釋性及實用性亦最佳。當使用 Promax 時，控制轉軸度數之指數稱為 Kappa（κ），大的指數會提高因素間之相關，SPSS 的內定值為 4。Promax 斜交轉軸時，係先採取正交轉軸後，將負荷量乘冪化，通常為 2、4 或 6 次方。Finch（2006）針對 Varimax 與 Promax 轉軸法的因素結構再製的模擬研究，發現因素間具有較高相關時，Promax 較能發現簡單結構；因素間相關不高時，兩者所發現的因素結構類似。Promax 旨在使因素負荷量小的趨近於 0 及因素間保有相關（雖然因素負荷量較大者亦會下降），以獲得「簡單結構」。Promax 之目的希望在因素之間相關最低（即指數最小）之狀況下，可以獲得最佳結構之解。研究者可先試試看 2、4 或 6 次方，選取最佳之一組解。Direct oblimin 與 Promax 均可用來選擇測驗之題目或進行因素之命名，惟後者計算速度較快。

　　利用 SPSS 斜交轉軸後，會產生 3 個相關矩陣：因素組型矩陣（factor pattern matrix）、因素結構矩陣（factor structure matrix）與因

素相關矩陣（factor correlation matrix）。因素組型矩陣與因素結構矩陣具有密切關係，只要將因素組型矩陣乘上因素相關矩陣就會等於因素結構矩陣，因此當因素間之相關皆為 0 時，這兩種矩陣內之係數就會完全相同。因素組型矩陣常用以計算因素分數，所含的因素負荷量相當於迴歸分析中的淨標準化迴歸係數（partial standardized regression coefficients）。因此，因素組型矩陣反應因素與變項間之半淨相關（semi-partial correlations），可用以了解某一題目在排除其他因素之影響力之後，該題目與某一因素的獨特貢獻量。因素結構矩陣所含的因素負荷量相當於題目與因素之相關係數，而且這些因素負荷量比較穩定，不易隨著因素間相關大小而激烈變動。因此 Pett、Lackey 和 Sullivan（2003）、Kline（1994）與 Nunnally 和 Bernstein（1994）等主張利用因素結構矩陣進行因素解釋，而因素組型矩陣則適合進行因素分數之計算。但 Hair 等人（1998）與 Tabachnick 和 Fidell（2001）則採反對意見，他們認為因素結構矩陣未排除因素間之相關，欲了解題目在某一因素的獨特貢獻量當然比因素組型矩陣來的困難，而且高、低因素負荷量間之差異量在因素組型矩陣上更趨明顯。

　　當因素間之相關愈大時，因素組型矩陣與因素結構矩陣間的差異會愈明顯，此時因素組型矩陣的元素雖會超過 1，但因素結構負荷量的解釋也愈形複雜。當因素間相關不大時，因素組型矩陣與因素結構矩陣的差異性亦縮小，勿需擔憂使用哪一矩陣。當因素間獨立無關時，因素組型矩陣與因素結構矩陣甚至會合而為一。因此，測驗編製者如欲了解題目在某一因素上的獨特貢獻量，或當因素間之相關很高時，就需查看因素組型矩陣（此時在因素結構矩陣中，常難於分辨哪一變項在哪一因素上具有較大之獨特貢獻），否則使用因素結構矩陣進行選題，所得結果會較穩定。

六　因素解釋度與有用性

研究者在判斷因素的個數時，除了前述的決定原則之外，尚需考慮因素之內容是什麼（Kline 1994）。例如，這些因素是難度相似的題目所造成（難度因素）嗎？還是這些因素是反向題目或是題目的格式所造成的？還是這些因素是社會期許效應所造成的？還是這些因素是灌水因素（bloated factors）？Schmitt 和 Stults（1985）的研究發現只要十分之一受試者不認真作答而忽視了題目之反向措辭，即會產生所謂的反向題目因素。研究者在抉擇一個因素時，必須注意這些人為因素所致的因素的可能性。另外，研究者亦需考慮這些新發現的因素是否有意義與價值，可以做為自己將來的研究或其他人所應用嗎？難怪，Kline（1994）一再指出，測驗編製者最容易犯錯的是：「光靠利用題目內涵、因素負荷量解釋因素」，這些充其量可能只不過是表面效度，是一種特殊因素（specific factor）而非共同因素（common factor）。測驗編製者應該利用外在效標或身分明確的指標因素（marker factor）去驗證這些新因素，以排除這些新因素不是難度因素、灌水因素、反向題目因素、社會期許效應因素等等人為因素。

七　因素命名

當研究者已確定因素個數與落在各因素上之最佳題目後，緊接著需針對這些因素加以命名與解釋。為因素加以命名與解釋，係一種歸納之歷程，有時亦需有相關領域之理論基礎或背景知識與想像力才得以順利命名。因素的解釋與命名可從以下幾個層面去考量：㈠當初編製題目時有無理論依據，假如有且與原先之分類相似，根據該理論加以命名，㈡假如並無成熟之理論基礎，可先在各因素上選取 3 至 4 題因素負荷量最高者（最好都能 > .60），仔細研究看看是否有共同的主題或成分貫穿其間，看看有無可以提供您命名之線索（Pett, Lackey, & Sullivan, 2003），㈢有時亦可以因素負荷量最高者的內容，進行暫時性的命名，或㈣根據一些因素負荷量較高的指標變項（marker variables），進行命名。所謂指標變項，是指與某一特定建構具有明確相關之變項，其屬性已在先前被確認的觀察變項。假如是進行斜交轉軸，建議先看因素組型矩陣內之因素負荷量，再比對因素結構矩陣之因素負荷量，因為這些共同主題的組型在因素組型矩陣中比較明顯，命名可能會容易些。另外，因素之命名有時亦需考慮因素負荷量的分布型態，其分布型態大致可分為五種（Nunnally & Bernstein, 1994）：

🖱 通用因素型

在該因素內之所有因素負荷量的值均甚大且符號相同，所有題目均涉及此種特質或能力。

🖱 單極因素型

有些因素負荷量的值甚大且符號相同，其餘則趨近於 0。

🖱 兩極因素型

因素負荷量的值甚大且符號呈現正、負兩極現象，命名可能需用到正反兩極之名詞，如內、外向。兩極因素型有時是人為因素所致，例如，正反向計分之題目未將反向題目回正。

🖱 單題因素型

只有單一題目（或量表）落在該因素上，因為該題目或量表與其他題目或量表相關不大或無關，例如，MMPI 上的男、女性量表即是一例。

微不足道因素型

所有因素負荷量的值均接近於 0，此種型態無法命名與解釋。

研究者亦可根據上述之因素型態，協助進行因素之命名與解釋。當因素型態不明確時，需進行轉軸，再行命名與解釋，例如，兩極因素型有時需要轉軸，將有助於因素結構之簡化及單極化。

八　因素負荷量的顯著臨界值

傳統上，不管是正交或斜交轉軸後，研究者均以負荷量大於.30 做為變項是否納入因素的標準。此種經驗法則做法事實上不是很精確。其實，因素負荷量的顯著性臨界值會受到樣本大小、變項數與因素個數而定。樣本、變項數愈多，因素負荷量愈低即可視為顯著，而因素個數愈多時，愈後面之因素其因素負荷量要愈大才可視為顯著（Hair, Anderson, Tatham, & Black, 1998）。Comrey 和 Lee（1992）建議使用下列準則以確定該題目是否納入某一因素中：因素負荷量在.45 至.55 為尚可，.55 至.63 為良好，.63 至.71 為非常好，.71 以上為特優。換言之，該題之變異量可由相關因素解釋的百分比，依序為 20%、30%、40%、50%。 Hair、Anderson、Tatham 和 Black（1998），根據 BMDP 的 POWER 分析之副程式計算，提出表 3-4 做為一個題目是否納入因素的標準，該表主要取決於樣本大小。由此表觀之，樣本要大於 350 才能以 .30 做為取決標準，認定其負荷量係非隨機所造成，並達到統計上.05 的顯著水準。在實際測驗編製上，如欲比較明確的界定一個因素，最好要有 3 至 4 題以上的因素負荷量能大於.60，其深度與廣度較能兼顧到。

表 3-4　負荷量顯著臨界值與樣本大小

負荷量	樣本大小（α=.05）
.30	350
.35	250
.40	200
.45	150
.50	120
.55	100
.60	85
.65	70
.70	60
.75	50

Power=.80，SEr 標準誤為傳統相關係數之兩倍

九　探索式因素分析在測驗編製上的用途

　　一個心理測驗理想上應只測量一個心理建構，進行探索式因素分析後，選擇落在第一個通用因素（general factor）上之題目，即可以有效達成此任務（Kline, 1994）。因此，探索式因素分析似乎已變成測驗編製最常用到的統計方法。在測驗編製上，從過去的文獻知探索式因素分析最常用來進行項目分析（篩選題目）、發展分量表、檢驗測驗建構與測驗理論。依筆者過去之因素分析經驗，因素分析是否能成功的關鍵，在於所求得相關矩陣或共變數矩陣能否真正反應現象界的真正關聯性。這個關鍵因素如未能確保，其後的項目分析、發展分量表、檢驗測驗因素結構的工作，可能都無法正確反應真相，導致錯誤的結論。

① 項目分析

教育與心理研究者於進行因素分析之後，可用以下之特質刪題：

⑴該題在任何一因素上均未出現較高的負荷量；

⑵該題在適當的因素上出現低的負荷量；

⑶該題在錯誤的因素上出現很高的負荷量；

⑷該題在許多因素上出現都很高（如 > .30）的負荷量。

利用項目分析（item analysis）選擇最佳題目，需同時兼顧統計考驗結果與領域專業考量。經考慮前述 4 個題目特質後，仍需委請專家共同商議最後的刪題結果。刪除具有第 1 及第 2 項特質的題目，可以提高測驗的內部一致性（可以提高 Cronbach α 係數），刪除具有第 3 項特質的題目，可以提高測驗的區辨效度（discriminant validity），刪除具有第 4 項特質的題目，可以驅使因素結構簡單，解釋容易，但是假如該題在各因素上之負荷量均不小且專家認為不可或缺之題目，當然必須保留下來，暫時放在概念上最適切的因素上，或放在因素負荷量最大的因素上。不過，偶而研究者亦會意外地發現有些對某一建構非常重要的題目，其因素負荷量並不高的現象，讓研究者面臨難捨的痛苦。此時，需先檢查題目內容有無被受試者誤解之可能，如果沒有，筆者建議您保留此題目，使用另一具有代表性之樣本進行效度複核，假如情形改觀可以保留它們，那就可能您原先的樣本偏差所致，如果因素負荷量仍然不高，那您就必須考慮把他們給割捨掉了。

另外，研究者在選題的過程當中，亦不可一味追求高信度，同質性過高的題目易導致題目容重疊過高與效度的下降（Cattell, 1965），因為題目內含的深度與廣度均需兼顧。Epstein（1983）亦有相似之主張：「相對性而言，一個測驗中的理想題目……應與測驗總分具有較高的相關，但要與其他的題目具有低的相關」（引自 Bollen & Lennox, 1991）。

研究者如欲保留前述此種在多個因素上具有高負荷量的題目（multiple loadings），在歸類時如發現因素負荷量最大的因素與原先該題的歸類不同（Pett, Lackey, & Sullivan, 2003），可將它歸類到概念或內容上相關的因素上（考慮及抽樣誤差），以單純化解釋，當然如不會破壞原先的測驗內容架構與信度的話，亦可將它刪除。如為避免上述之窘境，建議先以分量表為分析單位進行因素分析選題。

② 發展分量表

因素分析亦常用來編製一個測驗的分量表（subscales of items in a test）。例如，在數常識量表（number sense scale）中，就包涵著數個與數常識有關的因子：了解數與運算的基本意義、數與運算的多重表徵、數字的分解與合成、運算結果之合理性與比較數字相對大小。利用因素分析來發展分量表有兩種常見的途徑：(1)以分量表為分析單位；(2)以總量表為分析單位。利用分量表為分析單位進行因素分析，可以避免因素身分改變及因素負荷量橫跨之困境，但卻無法了解因素間之結構關係或各題目間之關聯性。兩全其美的做法，筆者建議先以分量表為項目分析單位，以了解這些題目是否在測同一特質的單向度測驗（unidimentional test），再以各題、各題組或各分量表為因素分析單位，進行因素分析。過去在項目反應理論（item response theory，簡稱 IRT）上，亦經常使用因素分析來檢驗一個測驗是否為測同一特質的單向度測驗，以符合 IRT 的基本假設。

③ 因素結構之考驗

測驗因素結構之考驗，事實上乃是理論檢驗（theory testing），研究者旨在了解測驗之效度（validity）。在心理或教育測驗上，效度是多面向的，是永無止境的求證歷程。測驗編製者通常可從內容效度（含教學內容及課程內容）、效標關聯效度（同時效度與預測效度）、建構效度（construct validity）等多方證據，加以檢驗一個新編之測驗能否測到所欲測的特質或能力。效度考驗之歷程有時需費時多年方能完成，例如預測效度的建立。根據郭生玉（2004）與Gregory（1996）的看法，建構效度可以利用以下之途徑建立之：

(1)進行調查研究，確定組間測驗分數之差異，是否與理論一致？

(2)進行實驗研究，確定處理效果，是否與理論一致？

(3)利用高、低分組法或相關法，分析測驗題目是否僅在測量一種特質或一個能力？

(4)針對相關與無關之其他構念，進行構念之聚斂性與區辨性之考驗。

(5)利用因素分析探索測驗內容之因素結構或向度。

其中以探索式因素分析來研究測驗之建構效度使用的最普遍。當研究者對於待測量之建構，其相關之理論尚未明朗化前，探索式因素分析是最佳之工具，可以用來探索該建構之因素結構。一測驗編製者有時為了檢驗新編量表之建構效度，可使用因素分析考驗一系列與其建構相似或（及）不相似的測驗，這些測驗需為內容已經證實之單一建構的指標測驗（marker tests），看看他們是否會呈現預期的關係與型態，以分析該測驗內容的意義是什麼。例如，測量相同建構的測驗會落在同一因素上（loading on the same factor），此即具有聚斂效度（convergent validity），而測量不同建構的測驗會落在不同因素上，此為區辨效度（discriminant validity）。Campbell 和 Fiske（1959）的MTMM矩陣（多項特質與多項方法）分析，即是一經典實例，用以檢驗測驗之區辨效度與聚斂效度。同質性測驗應落在同一因素上，不同質測驗應落在不同因素上。有時，研究者如為了解新編之人格或態度量表，受試者是否會產生社會期許效應，可將 Crowne-Marlow 社會期許量表加入因素分析中作為指標變項（marker variable），假如該測驗無法與之區辨開來，即是該量表會產生社會期許反應。將指標變項或指標測驗一起放入因素分析中，可以檢驗該新測驗的因素效度，明確地界定出新抽出來的因素在測什麼。因此，研究者如能善用指標變項或指標測驗在因素結構的空間中標定所測到的特質是什麼，對於新編測驗的建構效度當能獲得強而有力的證據。

　　以下以 Pett、Lackey 和 Sullivan（2003）的工具發展流程圖為藍圖，並根據前述之因素分析重點，將因素分析用在測驗編製上的步驟分成三個階段：(1)因素結構之確立，(2)各因素題目之篩選，(3)各因素之解釋與命名。這三個階段的主要工作流程，具體摘要如圖 3-8、圖 3-9 與圖 3-12，以方便研究者參考運用。圖 3-8 旨在規劃因素轉軸前的工作流程，圖 3-9 旨在說明如何利用因素轉軸後的結果進行項目分析，以選擇最佳的題目組成分量表，圖 3-12 旨在說明因素的解釋、命名步驟與方法。

㊀因素結構之確立

　　圖 3-8 中所謂的轉軸是否成功，指的是轉軸後的因素組型是否達到簡單結構原則。如果尚不滿意轉軸後的因素組型結構，可試著再使用其他轉軸法看看能否獲得理想的因素組型結構。注意當轉軸後的因素間如具有高度相關（如 > .80），可能會造成多元共線性的問題而導致標準化廻歸係數大於 1 或結構不良矩陣等結果，因此必須刪除較不重要的因素。

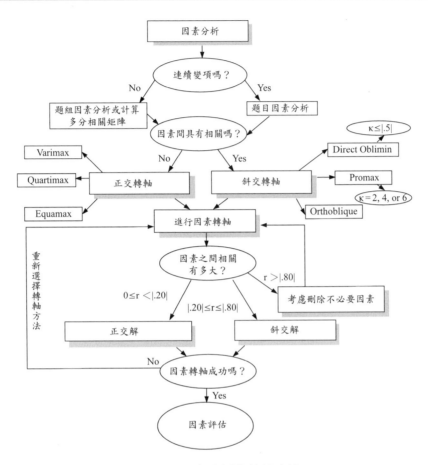

圖 3-8　因素分析的轉軸方法

(二)各因素題目之篩選

　　圖 3-9 中指出所有的題目之因素負荷量最好大於 .30，是一經驗法則，研究者請參閱表 3-4 找出最適的臨界值。另外，圖 3-9 提及 if item deleted Alpha 係指利用 SPSS 的 Reliability 副程式內之設定：「刪除項目後之量尺摘要」所跑出來的結果，請參閱圖 3-10 中的操作步驟。值

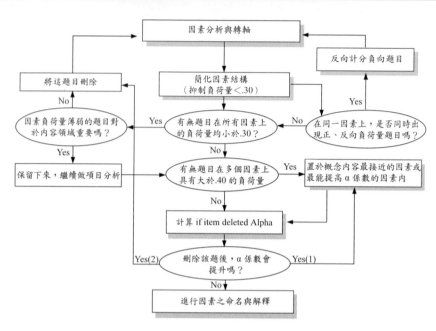

圖 3-9　因素分析的題目篩選方法

得一提的是，當發現某一題目雖然因素負荷量不高，但是對某一內容領域或建構很重要時，筆者還是建議您把它留下來，因為質與量的分析是同等的重要。注意，利用 α 係數進行選題只能確保測驗內容之一致性（internal consistency），並無法確知其內容是否為單向性（homogeneity or unidimensionality）。

利用 SPSS 的信度分析進行項目分析時，首先把待分析的題目點選入分析項目視窗內，再點選模式內的「Alpha值」，接著按下「統計量」以點選待輸出之統計量，例如，「刪除項目後之量尺摘要」務必點選之，才能跑出 if item deleted Alpha 的項目分析摘要表，參見表 3-5。該項目分析摘要表包含刪除某題後的量表平均數（scale mean if item deleted），刪除某題後的量表變異數（scale variance if item deleted），刪除某題後的題目與總分的校正相關（corrected item-total correlation，相當於該題的鑑別度），刪除某題後的量表總分（scale mean if item deleted），以某題為依變項而其他題目為預測變項的 R^2（squared multiple correlation），刪除某題後的 α 係數（alpha if item deleted）。這些資訊正是測驗編製者最需要的選題或刪題的依據。例如，表 3-5 中的 Q6 刪除後，α 係數下降了（α=.5502），而 Q8 刪除後，α 係數卻上升了（α=.6113）。因此，Q6 這一題不可以刪，而 Q8 這一題似乎可以刪除。

圖 3-10　SPSS 信度分析副程式的操作方法

表 3-5　SPSS 副程式信度分析的「刪除項目後之量尺摘要」

	Scale Mean if Item Deleted	Scale Variance if Item Deleted	Corrected Item Total Correlation	Squared Multiple Correlation	Alpha if Item Deleted
Q1	13.2195	48.2904	.2853	.0917	.5866
Q2	12.2508	48.4358	.2518	.0655	.5966
Q3	12.3168	47.2720	.3098	.1055	.5797
Q4	12.2946	46.3186	.3451	.1246	.5693
Q5	12.9332	44.9493	.3801	.1629	.5581
Q6	13.2112	44.4525	.4053	.1773	.5502
Q7	13.4876	47.5333	.3025	.0928	.5818
Q8	13.6172	50.5589	.1928	.0447	.6113

Raliability Coefficients　8 items

Alpha = .6121　　Standardized item alpha = .6096

　　SPSS 的信度分析副程式會計算您所分析題目的 Cronbach α 係數與標準化的 Cronbach α 係數（Standardized item Alpha）。α 係數之全距為：$-\infty \sim 1$。當題目並非完全在測單一特質時，α 係數為信度的下限估計值，且可能為負值（例如當題目間之負相關的題目太多，或反向題目未更正回來時，或樣本太小與題目太少）。當題目的計分為二分計分時（dichotomously scored），α = KR20。因此，KR20 事實上是 α 係數的一個特例。表 3-5 中的 α =.6121 係 SPSS 利用共變數矩陣計算而來，參見下列公式，適用於當各題目的變異量差異很大時。

$$\rho_\alpha = \left[\frac{k}{k-1}\right]\left[1 - \frac{\sum s_i^2}{S_x^2}\right] = \left[\frac{k}{k-1}\right]\left[1 - \frac{\sum\limits_{i=1}^{n} s_i^2}{\sum\limits_{i=1}^{n} s_i^2 + 2\sum\limits_{i=1}^{n}\sum\limits_{j\neq i}^{n} r_{ij}s_is_j}\right]$$

$$= \left[\frac{k}{k-1}\right]\left[\frac{\sum\limits_{i=1}^{n} s_i^2 + 2\sum\limits_{i=1}^{n}\sum\limits_{j\neq 1}^{n} r_{ij}s_is_j}{\sum\limits_{i=1}^{n} s_i^2 + 2\sum\limits_{i=1}^{n}\sum\limits_{j\neq i}^{n} r_{ij}s_is_j} - \frac{\sum\limits_{i=1}^{n} s_i^2}{\sum\limits_{i=1}^{n} s_i^2 + 2\sum\limits_{i=1}^{n}\sum\limits_{j\neq i}^{n} r_{ij}s_is_j}\right]$$

$$= \left[\frac{k}{k-1}\right]\left[\frac{2\sum\limits_{i=1}^{n}\sum\limits_{j\neq i}^{n} r_{ij}s_is_j}{\sum\limits_{i=1}^{n} s_i^2 + 2\sum\limits_{i=1}^{n}\sum\limits_{j\neq i}^{n} r_{ij}s_is_j}\right]$$

$$= \left[\frac{k}{k-1}\right]\frac{共變量}{S_x^2}$$

表 3-5 中的 Standardized item Alpha=.6096 係 SPSS 利用相關矩陣計算而來，係假設所有題目均有相同的標準差，參見下列公式。標準化的 α 係數適用於當各題目的變異量差異不大時。

$$\rho_\alpha = \left[\frac{k}{k-1}\right]\left[\frac{2\sum\limits_{i=1}^{n}\sum\limits_{j\neq i}^{n} r_{ij}}{\sum\limits_{i=1}^{n}\sum\limits_{j=i}^{n} r_{ij} + 2\sum\limits_{i=1}^{n}\sum\limits_{j\neq i}^{n} r_{ij}}\right]$$

$$= \left[\frac{k\bar{r}}{1+(k-1)\bar{r}}\right]$$

研究者如欲考驗 α 係數及建立其信賴區間，請點選圖 3-11 之 SPSS 信度分析視窗內容（圈選內之設定）或撰寫表 3-6 的 SPSS 語法程式計算之（Fan & Thompson, 2001）。表 3-6 的程式中「testval」，係緊接著待考驗的虛無假設（本例，$H_0：α= .60$），cin=95 代表信賴區間為.95 信賴區間，而 v1 to v3 代表待分析的題目。

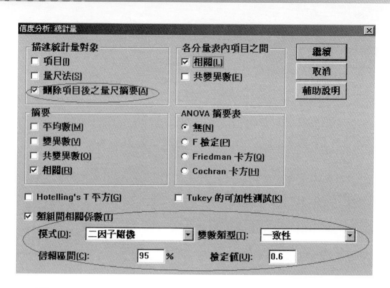

圖 3-11　Intraclass correlation 係數考驗的視窗內容設定

　　圖 3-11 中之類組間相關係數（Intraclass correlation，簡稱 ICC），本質上是組間變異量與總變異量之比值。假如組間變異量來自於評分者的話，ICC 即可視為評分者間信度的指標。假如組間變異量來自於題目的話，ICC 即可視為題目間之信度指標。ICC 的計算得視您的模式是固定效果或隨機效果，及研究者視評分者的分數是絕對分數或相對分數而定。當研究者只關切評分者的分數的相對位置時，請點選圖 3-11 視窗中變數類型下之一致性（consistency），當研究者只關切評分者的分數的絕對分數時，請點選圖 3-11 視窗中變數類型下之絕對性（absolute agreement）。一般之教育與心理研究而言，有時會視評分者或題目為固定效果而受試者被視為隨機抽樣而來。此時 ICC 的結果只適用於推論到特定之評分者或題目上，這種模式稱之為二因子混合（two-way fixed）模式；但有時會視評分者（或題目）及受試者皆為隨機效果。此時 ICC 的結果可推論到所有評分者或所有題目上，這種

表 3-6 Intraclass correlation 係數計算之 SPSS 語法程式

reliability variables = v1 to v3/
scale (TOTAL) = v1 to v3/
statistics = corr cov/summary = means Var total/
icc = model (random) type (consistency) cin = 95 testval = .60/
model = alpha.

模式稱之為二因子隨機（two-way random）模式。不過這兩種二因子隨機或混合模式的 ICC 值皆相同，ICC 到底要作如何解釋得視研究者的詮釋取向了。

　　根據 Fan 和 Thompson（2001）的表 1 資料，利用圖 3-11 之內容設定或使用表 3-6 之程式，SPSS 可跑出表 3-7 的結果。

　　由表 3-7 知，這三個題目的 α 係數為.8987，等於 ICC 相關的平均值，但當分析單位為單題時，其 ICC 信度只有.7473。α 係數的.95 信賴區間為.7033～.9726。假如研究者欲檢驗其獲得之信度是否大於.60 可以將檢定值（testval）設定為.60。在本例中，不管檢驗之 p 值為雙側檢定（.0064），或為單側檢定（.0032），均顯示所求得的 α 係數大於.60（α=.05），已達態度量表信度的最低標準。測驗編製者可用它來檢驗一個測量工具是否達到預期的信度水準。此外，因為 α 係數會受到測驗長度與內容向度之影響，解釋 α 係數時宜注意高的 α 係數是否因題目過長所致，低的 α 係數是否因測驗內容之多元性所致（Miller, 1995）。檢驗測驗之向度可使用因素分析或 α 係數的標準誤公式檢驗之（Cortina, 1993）。α 係數的標準誤計算公式為：$\dfrac{SD_r}{\sqrt{\dfrac{k(k-1)}{2}-1}}$，$SD_r$ 表示各題目間交互相關之標準差，k 為題數。此 α 係數的標準誤大小，可作為多向度（mulitidimensionality）的徵兆指標。

表 3-7　Intraclass correlation 係數計算結果之 SPSS 報表

Intraclass correlation Coefficient

Two-Way Random Effect Model (Consistency Definition):

People and Measure Effect Random

Single Measure Intraclass Correlation = .7473*

95.00% C. I.:　Lower = .4414　Upper = .9222

F = 1.7950　DF = (　9,　18.0)　Sig = .1390　(Test Value =　.6000)

Average Measure Intraclass Correlation =　.8987

95.00% C. I.:　Lower = .7033　Upper = .9726

F = 3.9489　DF = (　9,　18.0)　Sig = .0064　(Test Value =　.6000)

*: Notice that the same estimator is used whether the interaction effect is
　present or not.

Reliability Coefficients

N of Cases =　　10.0　　　　　　　　N of Item = 3

Alpha =　　.8987

㈢各因素之解釋與命名

　　由圖 3-12 知，因素的命名研究者首先需檢視因素組型矩陣或因素結構矩陣，再視有無重要主題可以貫穿相關之題目或分測驗，如有主題可以貫穿相關之題目或分測驗，研究者即可根據該主題加以命名。

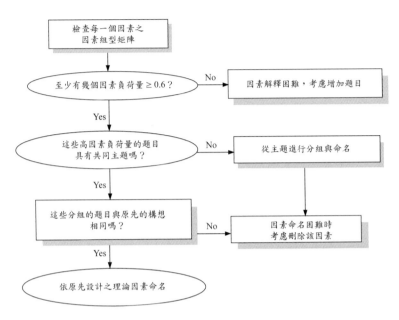

圖 3-12 因素分析的命名方法

　　因素的命名其實是非常主觀，因此需要重複驗證，並獲得同行之專業認同，才能做最後之確定。尤其當因素內的題目之負荷量都不高時，這個因素的存在就有問題，更遑論加以命名了。

測驗編製實例解說：數常識量表的編製

::: 重 點 提 示

一、測驗編製流程。

二、研究動機。

三、研究目的。

四、線上電腦化評量工具編製之流程。

五、第一階段──建立理論基礎、擬題與預試。

六、第二階段──試題的項目分析。

七、第三階段──全量表之探索式因素分析。

一 測驗編製流程

　　進行實例解說數常識量表編製前，首先簡單談談我們對於測驗編製基本流程的看法與相關之編製技術，以利研究者掌握測驗編製之基本精神與步驟。欲知更深入的測驗編製之細節與新知，請讀者參閱 Clark 和 Watson（1995）、Hinkin（1995）與 Smith、Fischer 和 Fister（2003）等人針對測驗工具發展過程及其信效度檢驗的文章。Hinkin（1995）認為測驗編製的流程主要包含題目之編撰、量表之發展與量表之評鑑等三個階段。一般而言，以下幾個測驗編製的步驟，可作為量表發展之指針：

① 決定測量之目的與施測對象

本項決定關係到抽樣及測驗內容之適切性。

② 決定待測量之心理建構層面或成就測驗之領域

測量之心理建構層面的分析，可以透過文獻分析、邏輯內容分析、專家意見、臨床經驗、焦點團體、實地觀察或晤談、既有理論加以探索與確認。成就測驗之領域可以透過該領域之教學目標、專家學者或課程內容分析（如雙向細目表）加以確認。確認之後，需進行概念型及操作型定義。一般而言，當待測量之建構沒有任何理論基礎時，確認心理建構內含的工作必然艱辛與費時，常需經過一連串的質化探索或晤談才能一窺其中奧妙，Hinkin（1995）稱此量表發展過程為歸納法；如已有理論基礎，根據它發展題目則稱為演譯法。此項工作涉及測驗之主要向度與內涵，是測驗內容效度之核心任務（注意一個心理建構的層面與您預定要納入的題目具有密切關係）。以人格測驗理論為例，Eysenck（1991）的三因素論（Extraversion, Psychoticism, Neuroticism）與 McCrae 和 Costa（1997）的五因素論（Extraversion, Agreeableness, Conscientiousness, Neuroticism, Openness）都是利用因素分析後之結論，到底人格含有幾個因素至今仍無定論，而因素間是否具有高層次因素亦未有明確答案。換言之，研究者需釐清待測量建構之因素結構關係或待測量能力內涵，否則易產生垃圾進、垃圾出的窘境，統計方法再精良亦枉然。Cattell（1978）指出人格測驗的不同研究結果之主因是因素分析未獲致簡單結構所致。他認為下列幾個技術原則當可獲致簡單結構：1.代表性的變項抽樣；2.代表性的樣本抽樣，同質性的樣本亦導致變異量下降，及產生過多小因素的後果；3.使用 100 以上之大樣本，或樣本與變項之比率最好在 10：1 以上；4.利用不同方法決定因素個數； 5. 適當的轉軸方法，以獲致簡單結構原則； 6. 利用外在效標再驗證新因素或利用指標因素（Marker factor）鑑定其在相關因素空間之位置。

③ 找出能真正代表心理建構層面的外顯特質、行為樣本，或找出代表待測能力的代表性題目

此項工作涉及辨識測驗之各向度或內涵與其相關外顯特質及行為樣本間之關係，需透過理論基礎之分析與探討，或焦點團體之觀察與面談。盡可能的包含相關之代表性行為樣本，不相關之行為樣本盡可能先排除掉。

④ 擬題與審核題目

每一建構至少草擬 6 題以上之題目，每一因素最後至少要有三個指標以維持較佳的信度與內容效度，不能使用連續量尺時最好能使用 5 至 7 點的量尺。撰寫出來的題目重新以隨機排列後，委請若干專家或臨床實務者加以分類，只保留與預先設定的歸類較能相符的題目。

⑤ 進行預試與項目分析，預試樣本的大小最好為題數的五倍以上

量表發展階段中之選題的方法可為效標導向（criterion keying），以選擇與效標相關最高的題目；可為歸納導向（inductive），常利用晤談或焦點團體發展題庫，選擇僅在測單一建構的題目；可為演譯導向（deductive），常根據理論建構發展題庫，因此常利用因素分析選擇因素負荷量較高的題目。研究者如欲採用因素分析進行多因素測驗的選題，且欲盡量保留原先之測驗架構，最好先以分量表為單位進行因素分析，以便正確選出真正同質性的題目，再進行全量表之因素分析。預試樣本的大小需選擇具有代表性之樣本 150 人以上，題目之間的相

關愈小或題數愈多，施測樣本就需愈大。

⑥ 進行信、效度考驗

　　這是量表的評鑑階段。信度的報告應包含內部一致性信度與重測信度；效度的報告應包含內容效度與因素結構效度。信、效度考驗的樣本大小最好為題數的 10 倍以上，以利於因素分析與因素結構之穩定。可能的話，進行項目分析的樣本與信、效度考驗之樣本盡可能不同，以確保推論性。假如樣本過大，可將樣本隨機分割成兩部分，以進行信、效度之複核。嚴格來說，進行建構之確認與信、效度考驗是持續之歷程，並非一次信、效考驗即能確定。例如，量化的研究者常會遇到進行因素分析時，出現不該有的因素，或預期的因素不見了，或預期出現在某一因素的題目跑到別的因素等等徵兆時，即在提示測驗編製者需再確認心理建構層面或內涵，並注意外顯指標或題目是否真正代表待測量的因素（建構）或能力。此外，Kline（1994）建議研究者使用以下兩種策略檢驗新編測驗之效度：1. 利用已知的指標因素或變項，同時進行因素分析以標定新因素在因素空間之位置，2. 研究因素結構，再標定新因素在因素空間之位置。

　　由此觀之，測驗之編製乃是費時費力之歷程。難怪不少研究者均避重就輕，在研究中只報告信度而忽略效度的資訊。以下以林姿飴（2005）的數常識量表的編製為例，說明該量表編製的流程及如何利用因素分析進行項目分析、選題、因素分析個數決定與命名的工作。期盼本實例能提供測驗編製者實務上的參考，由於不同研究領域有不同考量，不同門派學者有不同看法，實際運用時還是應以專業領域之專家意見為主導，謹記統計方法分析結果僅具參考價值，專業領航才是歸岸。

二　研究動機

　　《數字為成功之本》一書指出「數字」與我們的日常生活緊密而不可分，了解數字的基本意義、能以數學式進行思考者，是能否自競爭激烈的社會中，脫穎而出之關鍵所在（和田秀樹，2003）。不可諱言，小至日常買賣、投資理財，大至經濟建設、國家選舉，我們的生活都離不開數字。

　　誠如上述，數字既與我們的生活息息相關，了解數字意義，發展數常識當有其重要性。日前，許多國家更將數常識視為數學教育中重要的教學主題，而設計數常識教學活動亦為數學課程之主軸與中心（楊德清，2001）。以美國數學課程標準 NCTM（2000）為例，更具體指出建立學生數常識乃為數學課程標準之核心議題。由此可彰顯出發展數常識為時勢之所趨。

　　數常識在國外已非一新興議題，Brownell（1935）便已提出「有意義的學習」，強調數學的學習不僅只是能從事計算，更重要的是能對數字關係及算則內涵加以理解，這樣的學習才具有意義的，此為研究數常識之開端。至今，國外對於數常識的研究已有多年的基礎，發展已臻完備。相較於國外，國內數常識的研究仍僅是啟蒙階段，一覽國內數學課程標準，1975 年的課程標準強調機械式計算之準確性，尚未融入數常識的概念；1993 年的新課程中，受西方建構主義思潮的影響，強調學童的知識是由學童本身的了解主動建構而來的，雖未有數常識的實質內涵，卻已乍現端倪。當下所推動的九年一貫課程中，強調課程發展應以生活為中心，教學是具有生活化及意義化，學習對學生而言是具意義的，與數常識的精神不謀而合（徐俊仁、楊德清，

2000）；2005 年版之九年一貫課程標準更具體指出學生學習數學時，除了觀念與演算的能力培養外，數學經驗（或數學感覺）的建立亦同等重要（教育部，2004）。由此觀之，數常識對於國內當前教育，已日漸受到矚目。

　　然而，環顧國內教育，在教師甄試中，當問及 0.4975 × 9428.8＝4690828 中，以估算方式找出小數點的位置，許多即將為投入教育職場的新進教師竟選擇 46.90828。而楊德清（2000）的研究中，針對 21 位六年級學生進行訪談，問及以估算方式針對 534.6 × 0.545＝291357 找出小數點的位置，竟有 6/7 的學生選擇 29.1357，顯示數常識雖日漸受到矚目，國內從學童到一般成人普遍都受標準運算規則束縛，而缺乏對數字作有意義的思考及有效的運用。

　　有鑒於此，國內投入數常識研究者日益萌芽，雖不及歐美先進國家，但日前國內已有數位研究者積極投入此一領域。例如，許清陽（2001，2006）發展之國小高年級數常識評定量表及電腦化數感診斷測驗系統，以幫助教師了解學生數常識發展，以改善相關之教學活動及學習。在九年一貫如火如荼推展的今日，為迎向教育潮流，又有李威進（2004）發展九年一貫數學領域第一階段（一到三年級）數常識評定量表設計與編製，為數常識研究之領域注入心力。承接先前九年一貫數學領域數常識評定量表設計與編製，第二階段（四到五年級）尚乏人問津，本研究欲開拓此一階段之線上電腦化評量工具，以協助在職教師了解學生數常識，進而改進教學活動之參考。

三　研究目的

　　針對本研究之動機，提出研究目的如下：

㈠發展國小第二階段（四到五年級）學生數常識之線上電腦化評量工具。

㈡探討國小第二階段學生數常識的五因素結構模式與實徵資料之適配程度。

㈢分析國小第二階段（四到五年級）學生數常識的學習狀況與困難。

㈣比較不同性別男、女學生數常識的表現。

四　線上電腦化評量工具編製之流程

本評量工具的編製共分為五個階段：

第一階段是先大量的閱讀數常識相關之研究文獻，以建構良好之理論基礎，進而著手進行擬題與試題的初步預試。其次，研究者將線上評量的網站及資料庫架設好之後，請學生先行預試，測驗結束後與學者專家、任教該班的數學教師、受測學生進行討論，以修正試題內容與遣辭用字。

第二階段則進行全台各地區的學生施測，經由資料庫所得結果，進行試題難度、鑑別度與內部一致性之分析，作為試題良窳的初步分析。

第三階段利用探索式因素分析，針對全量表之試題進行因素分析，以確定因素組型及因素間之關係。

第四階段以驗證性因素分析，驗證數常識五因素結構模式與所蒐集資料之適配性。

最後第五階段利用二階驗證性因素分析，以檢驗數常識更高階之綜合性因素。

本章將只談前三階段之測驗編製過程與統計分析，最後兩階段將

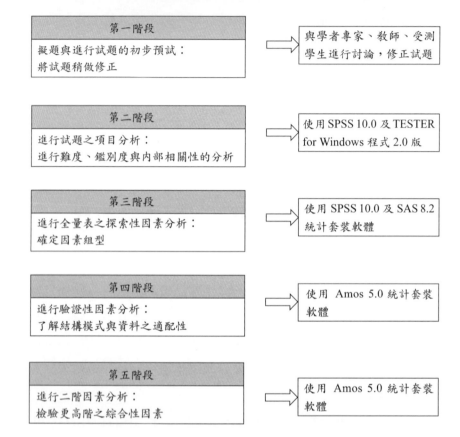

第一階段
擬題與進行試題的初步預試： 將試題稍做修正

與學者專家、教師、受測學生進行討論，修正試題

第二階段
進行試題之項目分析： 進行難度、鑑別度與內部相關性的分析

使用 SPSS 10.0 及 TESTER for Windows 程式 2.0 版

第三階段
進行全量表之探索性因素分析： 確定因素組型

使用 SPSS 10.0 及 SAS 8.2 統計套裝軟體

第四階段
進行驗證性因素分析： 了解結構模式與資料之適配性

使用 Amos 5.0 統計套裝軟體

第五階段
進行二階因素分析： 檢驗更高階之綜合性因素

使用 Amos 5.0 統計套裝軟體

圖 4-1　線上評量工具編製流程與分析工具

在後面章節繼續討論之。線上電腦化評量工具的編製過程摘要如圖 4-1 所示，緊接著係前三階段的細部說明。

五　第一階段──建立理論基礎、擬題與預試

　　一份良好的評量工具需滿足許多條件，其中最值得關注的即是信、效度的建立。因此，研究者需針對試題內容進行初步分析，以確定測

驗工具之內容效度。研究初期，根據國內外數常識之相關文獻（McIntosh, Reys, Reys, Bana, & Farrell, 1997; Sowder, 1992; Yang, 2003），及九年一貫第二階段數學領域之能力指標，研究者歸納出數常識之五因素理論：了解數字的基本意義、能比較數字的相對大小、了解運算對數字的影響、運算結果之合理性的判斷以及數與運算的多重表徵等五個因素，以此做為編製試題之理論依據。研究初期設計了102 題測驗試題，並請任教數學科五年級的教師及對數常識學有專精的學者進行審題，將不適當的題目先行刪除，最後決定保留 60 題，以此進行第一階段試題之預試。第一階段預試部分主要在蒐集各問題之原因選項及常犯錯誤之答案選項（共同迷思）。再根據所設計的題目對 140 名五年級學生進行施測，為蒐集題目之共同迷思及原因選項，題目類型採用開放式、半開放式、封閉式三種類型。審題時先將答題狀況不佳的題目（例如：絕大多數學生皆答對或絕大多數學生皆答錯的題目）予以刪除，最後保留 55 題，做為預試用試題（參閱表 4-1）。其次，為考量國小課程每一節課僅四十分鐘的限制下，將 55 題分為兩部分，第一部分為共 28 題，第二部分共 27 題，分為兩節課進行施測，以便讓學童有足夠時間完成所有試題。

　　研究者藉由統計分析後選取 55 題數常識試題後，與資工所研究生共同合作開發線上施測之使用者界面及資料庫管理系統 MySQL，做為蒐集學童施測與作答資料的蒐集工具。

　　為了了解所架設之線上評量系統是否完善、線上作答是否順遂、蒐集資料的過程中是否順暢，及受測學童能否了解題意，研究者針對任教學校的兩班六年級學生，利用兩週的電腦課進行線上評量。由於擔心題目過多學生會有彈性疲乏的現象，乃將第一階段與第二階段施測時間相隔一週。施測的過程中，首先請一班六年級學生進行施測，

表 4-1　數常識量表之組成分及題數分配表

預設因素	題　　號	題數
一、了解數字的基本意義	Q1、Q2、Q3、Q4、Q5、Q6、Q7、Q8	8
二、能比較數字的相對大小	Q9、Q10、Q11、Q12、Q13、Q14、Q15、Q16、Q17、Q18、Q19	11
三、了解運算對數字的影響	Q20、Q21、Q22、Q23、Q24、Q25、Q26、Q27	8
四、運算結果之合理性的判斷	Q28、Q29、Q30、Q31、Q32、Q33、Q34、Q35、Q36、Q37、Q38、Q39、Q40、Q41	14
五、數與運算的多重表徵	Q42、Q43、Q44、Q45、Q46、Q47、Q48、Q49、Q50、Q51、Q52、Q53、Q54、Q55	14
	合計	55

　　將施測結果與該班導師及兩位學者進行研討，經過修正後，再請另一班六年級學生進行施測，確定無虞後，將 55 題試題內容底定，以此做為進行全台施測之工具。

　　初步施測的過程及結果發現，兩班學生的作答狀況良好，整體而論，施測過程大致順暢。根據學生作答情形及施測完成後資料庫所蒐集的資料，與班級導師及兩位學者分別討論，乃將部分題目的題意、答案選項及原因選項稍做修正，所修正內容如下所示：

㈠試題題目修正部分

　　最初在蒐集答案選項及原因選項的過程中，學生有較充裕的時間進行思考，而在線上評量的施測情形下，每一題的思考時間僅有一分三十秒時間。由於任教該班數學的導師認為部分題目過於複雜，需經過兩個環節才能解題成功。因此，向研究者建議此類題目應予以簡化。研究者與兩位學者研商後，認為在能測到所要測的數常識的條件下，簡化題目，有助於提高試題的內容效度。以下乃是原題目與經過修正的題目的對照分析：

1. 原題目：使用 3，0，2，8，9 排成最小的五位數，如果這個五位數是偶數，請問哪個數字應該放在個位上？

    (1) 0　　(2) 2　　(3) 8　　(4) 9

    任教數學科的導師表示此題學生需了解位值概念，了解最小的五位數的意涵為何。除此之外，也必須了解偶數的意涵，經過此兩個環節才能解題成功，對於線上評量有時間的限制下，學生會來不及反應。因此，建議將題目做簡化，經由研究者與兩位學者及任教數學科的導師討論後，決定將題目做修正。

    修改後：使用 3，0，2，8，9 排成最小的五位數，請問哪個數字應該放在個位？

    (1) 0　　(2) 2　　(3) 8　　(4) 9

2. 原題目：請選出陰影部分所代表的分數，在數線上代表的位置

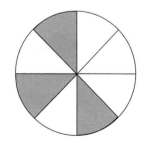
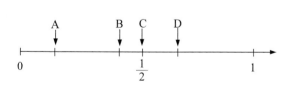

　　理解此題，學生必須先了解圖象表徵與抽象符號的表徵意涵，進行轉換。知道陰影部分代表 $\frac{3}{8}$，再將 $\frac{3}{8}$ 與數線的圖象表徵進行轉換。除此之外，還必須了解 $\frac{3}{8}$ 這個數值的意涵，知道 $\frac{3}{8}$ 這個數值接近一半，卻不到一半，即是接近 $\frac{1}{2}$，且不到 $\frac{1}{2}$。因此，答案是 B，經由多個環節才能成功解題，在時間的考量下，決定將題目簡化，題目修正如下所示：

　　修改後：請選出 $\frac{3}{8}$ 在數線上代表的位置

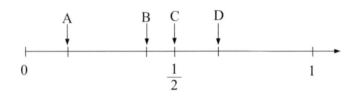

(二)試題之答案選項修正部分

　　原題目：東帝士大樓有 85 層樓高，約與以下哪一個選項之長度最相近？

　　⑴ 2.4 公里高的阿里山　⑵ 50 公尺高的神木　⑶一周長 300 公尺的小操場　⑷ 85 個大人疊起來的高度

　　施測的過程中，部分學生認為 85 個大人疊起來的高度，如果是很高的大人，疊起來的高度就有可能接近 85 層樓高。經過與學校老師及數常識學有專精的學者討論後，為了與正確的選項，也就是一周長 300 公尺的小操場作區隔。因此，決議將題目修改如下：

　　修改後：東帝士大樓有 85 層樓高，約與以下哪一個選項高度最相近？

(1) 2.4 公里高的阿里山　(2) 50 公尺高的神木　(3) 一周長 300 公尺的小操場　(4) 85 個小朋友疊起來的高度

㈢試題之原因選項修正部分

原題目：冰箱裡有兩瓶各 600 cc 的礦泉水，小熊維尼喝了其中一瓶礦泉水的 $\frac{4}{5}$，跳跳虎喝了另一瓶礦泉水的 $\frac{11}{12}$，請問誰喝的比較多？

(1) 小熊維尼　(2) 跳跳虎　(3) 一樣多　(4) 無法比較

原因為何？

(1) 分母比較小的分數比較大，所以 $\frac{4}{5}$ 比較大。

(2) $\frac{4}{5}$ 差 $\frac{1}{5}$ 到 1，而 $\frac{11}{12}$ 只差 $\frac{1}{12}$ 就到 1，$\frac{1}{12}$ 比 $\frac{1}{5}$ 小，所以 $\frac{11}{12}$ 比較大。

(3) 無法用看的來比較，一定要經過通分才可以比較大小。

(4) 4 和 5 差 1，11 和 12 也差 1，所以一樣大。

(5) 不知道原因為何，是用猜的。

　　針對此一試題之原因選項，學者表示學生選擇 $\frac{11}{12}$ 比較大的原因，未必是贊成 $\frac{4}{5}$ 差 $\frac{1}{5}$ 到 1，而 $\frac{11}{12}$ 只差 $\frac{1}{12}$ 就到 1，由於 $\frac{1}{12}$ 比 $\frac{1}{5}$ 小，因而 $\frac{11}{12}$ 比 $\frac{4}{5}$ 大之緣由。部分學生選擇 $\frac{11}{12}$ 比較大的原因是沿用整數原則，12 與 11 皆比 5 與 4 大，所以 $\frac{11}{12}$ 比較大，為了進一步了解學生是否存有此一迷思概念，於是與第一線從事教學的數學科教師討論，並查閱相關文獻（楊德清，2002；洪素敏、楊德清，2002；林姿飴，2005），發現學生確實存在此一迷思概念。為了將選擇正確答案選項，但卻存有迷思概念的學生區別出來，將試題原因選項修正如下：

　　修改後：冰箱裡有兩瓶各 600 cc 的礦泉水，小熊維尼喝了其中一

瓶礦泉水的 $\frac{4}{5}$，跳跳虎喝了另一瓶礦泉水的 $\frac{11}{12}$，請問誰喝的比較多？原因為何？

(1)分母比較小的分數比較大，所以 $\frac{4}{5}$ 比較大。

(2) $\frac{4}{5}$ 差 $\frac{1}{5}$ 到 1，而 $\frac{11}{12}$ 只差 $\frac{1}{12}$ 就到 1， $\frac{1}{12}$ 比 $\frac{1}{5}$ 小，所以 $\frac{11}{12}$ 比較大。

(3) $\frac{11}{12}$ 的 11 和 12 都比 $\frac{4}{5}$ 的 4 和 5 大，所以 $\frac{11}{12}$ 比較大。

(4) 4 和 5 差 1，11 和 12 也差 1，所以一樣大。

(5)不知道原因為何，是用猜的。

六 第二階段──試題的項目分析

項目分析的目的在於了解每一個試題的「難度」（difficulty）與「鑑別度」（discriminability），以做為選取試題的依據（王文科，1999；吳明清，2000；余民寧，2002）。此外試題錯誤選項的誘答力亦是考慮的重點，沒有誘答力的選目通常皆非常犯錯誤之迷思，必然無診斷價值。

本測驗所進行的項目分析，樣本選取來自全台各個縣市共 1,212 人，係由研究者委託各個樣本學校的資訊組長、班級導師或電腦教師透過網際網路進行「九年一貫第二階段數常識線上評量」。

針對全台北、中、南、東四區 1,212 個樣本所施測的結果，進行試題的項目分析，利用余民寧（2002）所設計的 TESTER for Windows 程式 2.0，以及 SPSS 的 t 考驗分析測驗題目的難度、鑑別度、CR（決斷）值等統計數值，做為進行刪題的參考依據，參見表 4-2 中的分析結果。

表 4-2 數常識量表各題目之難度、鑑別度、CR 值及 p 值

試題編號	難度	鑑別度	CR 值 （決斷值）	p 值 （顯著性）
Q1	.5116	.2772	12.405	.000
Q2	.6749	.3927	14.346	.000
Q3	.6782	.3663	13.501	.000
Q4	.6518	.3663	17.237	.000
Q5	.4851	.6139	18.780	.000
Q6	.4356	.5677	18.068	.000
Q7	.3317	.3729	11.547	.000
Q8	.3020	.3531	10.780	.000
Q9	.7129	.4290	17.774	.000
Q10	.6881	.4059	19.800	.000
Q11	.6551	.3333	16.375	.000
Q12	.7459	.4554	19.189	.000
Q13	.7195	.4950	24.270	.000
Q14	.8003	.3729	20.849	.000
Q15	.6106	.5083	20.830	.000
Q16	.3779	.3531	12.636	.000
Q17	.4422	.3234	12.477	.000
Q18	.6700	.4554	18.091	.000
Q19	.3977	.1683	10.434	.000
Q20	.4868	.6040	18.122	.000
Q21	.4422	.5017	18.684	.000
Q22	.5561	.3927	16.435	.000
Q23	.5314	.2970	13.327	.000
Q24	.4307	.3795	11.565	.000
Q25	.6386	.4587	20.326	.000
Q26	.4587	.3102	10.906	.000

（接下頁）

Q27	.1518	.0462	3.316	.001
Q28	.3911	.2871	12.797	.000
Q29	.4785	.4884	15.915	.000
Q30	.4917	.4290	14.555	.000
Q31	.4802	.3927	14.231	.000
Q32	.4175	.6766	19.668	.000
Q33	.5380	.3762	18.584	.000
Q34	.3696	.5479	17.278	.000
Q35	.4175	.6634	21.635	.000
Q36	.4224	.4158	13.120	.000
Q37	.5132	.4587	19.357	.000
Q38	.5099	.3861	14.145	.000
Q39	.3300	.3432	12.769	.000
Q40	.3647	.5050	16.538	.000
Q41	.4241	.3861	14.912	.000
Q42	.3317	.2739	10.109	.000
Q43	.3449	.4125	15.138	.000
Q44	.4818	.6073	16.515	.000
Q45	.4571	.4719	16.226	.000
Q46	.5281	.7921	32.490	.000
Q47	.4884	.4290	15.467	.000
Q48	.4439	.3729	14.707	.000
Q49	.5281	.4422	15.297	.000
Q50	.5215	.3828	15.218	.000
Q51	.5677	.4752	19.606	.000
Q52	.4884	.5677	21.001	.000
Q53	.5875	.6073	31.425	.000
Q54	.5363	.6502	25.370	.000
Q55	.5429	.4125	16.360	.000

$\alpha = .01$

　　初編的 55 個題目的難度值介於.1518～.8003，鑑別度值介於.0462～.7921，其中Q27 的難度、鑑別度指數及CR 值均不佳，予以刪除。除此之外，吳明清（2000）主張進行項目分析時，題目之鑑別度大於.30 以上較佳。附錄三中可看出鑑別度未達.30 的題目，除了 Q27 題外，其餘有Q1、Q19、Q23、Q28、Q42 等五題，在與學者討論後，決定將Q1、Q19、Q23、Q27、Q28、Q42 等六題刪除。

　　經由上述之項目分析後，將難度、鑑別度及 CR 值不佳的試題刪除，55 題數常識量表刪除 Q1、Q19、Q23、Q27、Q28、Q42 等六題後，剩餘 49 題，緊接著以統計軟體 SPSS 副程式 Reliability 分析各試題與總測驗之間的相關及刪除後之 α 係數分析，請參見表 4-3 的分析結果。

表 4-3　49 題試題與整份測驗內部相關統計分析表

試題編號	刪除該題後之平均數	刪除該題後之變異數	試題與總分之相關	刪除該題後之α係數
Q2	83.3020	1541.9616	.3151	.9198
Q3	83.3680	1541.9768	.3211	.9198
Q4	83.3457	1534.3948	.3705	.9193
Q5	83.9843	1523.6934	.4276	.9188
Q6	84.2624	1521.4389	.4456	.9186
Q7	84.5388	1547.2380	.2864	.9201
Q8	84.6683	1549.6372	.2814	.9201
Q9	83.1832	1532.3611	.4108	.9189
Q10	83.4587	1528.2568	.4338	.9187

（接下頁）

Q11	83.9818	1535.0781	.3952	.9191
Q12	82.9241	1533.2329	.4281	.9188
Q13	83.0817	1523.6374	.4867	.9182
Q14	82.5751	1534.6475	.4816	.9184
Q15	83.5198	1525.0277	.4676	.9184
Q16	84.5734	1541.5429	.3704	.9193
Q17	84.3366	1542.9155	.3158	.9198
Q18	83.2838	1531.2010	.4099	.9189
Q20	84.0908	1525.6978	.4349	.9187
Q21	84.2376	1523.8411	.4497	.9186
Q22	84.0578	1532.7200	.4024	.9190
Q24	84.1865	1542.2129	.3067	.9199
Q25	83.5809	1524.0636	.4470	.9186
Q26	84.5569	1549.7746	.3187	.9197
Q29	84.3036	1527.2157	.4219	.9188
Q30	84.4992	1535.5004	.4029	.9190
Q31	84.1056	1535.2341	.3552	.9195
Q32	84.3754	1518.5171	.5027	.9181
Q33	84.3705	1524.3094	.4609	.9185
Q34	84.5223	1523.3579	.4682	.9184
Q35	84.4587	1513.2956	.5396	.9177
Q36	84.5536	1536.7857	.3855	.9191
Q37	84.3573	1523.3562	.4767	.9183
Q38	83.8993	1534.7363	.3517	.9195

（接下頁）

Q39	84.8919	1538.6151	.4079	.9190
Q40	84.5429	1530.8528	.4078	.9189
Q41	84.3226	1535.2361	.3657	.9193
Q43	84.8053	1533.5789	.4207	.9188
Q44	84.2649	1531.7258	.4164	.9189
Q45	84.2376	1526.9790	.4248	.9188
Q46	83.7649	1499.2783	.5892	.9171
Q47	84.3515	1533.6204	.4036	.9190
Q48	84.6106	1531.8664	.4308	.9187
Q49	84.3540	1533.5550	.4149	.9189
Q50	83.8713	1532.3269	.3674	.9194
Q51	83.9843	1520.0931	.4653	.9184
Q52	84.3449	1517.6547	.5013	.9181
Q53	84.0363	1497.9756	.6103	.9170
Q54	84.1675	1508.7473	.5459	.9176
Q55	83.9158	1529.5833	.4109	.9189

註：樣本人數＝1,212　　　　　　題數＝49

　　各試題與整份測驗內部相關統計亦可作為選題之依據。由表 4-3 中各試題與整份測驗內部相關統計分析表得知，試題與總分的相關係數除 Q7 及 Q8 兩題小於.30 外，其餘各試題的相關係數皆大於.30。Q7 與總分的相關係數為.2864，如果刪除 Q7 後，整份試題之 α 係數將提高至.9201，Q8 與總分的相關係數為.2814，如果刪除 Q8 後，整份試題之 α 係數亦將提高至.9201。全量表的內部一致性 α 係數為.9204。邱皓政（2002）指出相關係數低於.30 以下，顯示試題與全量表同質性不

表 4-4　數常識量表之組成成分及 47 題試題分佈表

預設因素	題　號	題數
一、了解數字的基本意義	Q2、Q3、Q4、Q5、Q6	5
二、能比較數字的相對大小	Q9、Q10、Q11、Q12、Q13、Q14、Q15、Q16、Q17、Q18	10
三、了解運算對數字的影響	Q20、Q21、Q22、Q24、Q25、Q26	6
四、運算結果之合理性的判斷	Q29、Q30、Q31、Q32、Q33、Q34、Q35、Q36、Q37、Q38、Q39、Q40、Q41	13
五、數與運算的多重表徵	Q43、Q44、Q45、Q46、Q47、Q48、Q49、Q50、Q51、Q52、Q53、Q54、Q55	13
	合計	47

高，可考慮刪除。因此，刪除 Q7 及 Q8 兩題，暫保留 47 題做進一步的全量表之因素分析。這些數常識量表試題在各組成分的分佈，整理如表 4-4。

七　第三階段——全量表之探索式因素分析

為連續進行第三階段之探索式因素分析及其後第四階段之驗證因素模式，本研究乃將樣本（N = 1,212）分為兩部分。一半受試者資料做為探索式因素分析組型之確認，另一半受試者資料用以進行驗證性因素分析，了解因素組型與資料的適配性。經由 SPSS 統計軟體觀察值隨機取樣的功能，將樣本隨機分為 591 名與 621 名兩部分，並以隨機選取的 591 名樣本進行第三階段之探索式因素分析，以另 621 名樣本進行第四階段驗證性因素分析。

　　為了解所選定之 47 題試題是否適合進行因素分析。首先，在進行因素分析時，樣本數最好大於題數之 10 倍，所得相關矩陣才會趨於穩定，本研究之樣本數為 591 符合此一條件。其次，因為本測驗使用多點計分，乃利用 SAS 公司所設計的多分相關係數（polychoric correlation）計算程式（POLYCHOR macro version 1.3）建立多分相關矩陣。再以 SAS 統計軟體撰寫語法程式，讀取多分相關矩陣進行主因素分析。因各組成分間並非完全無關、相互獨立，本研究乃採用 Promax（power=3）進行斜交轉軸，以釐清及簡化因素結構，以便選題。本因素分析之過程簡述如下：

(一)因素保留個數之探討

　　承上述因素分析，應保留多少個因素，根據Kaiser弱下限法（Weakest lower bound），應保留特徵值大於 1 的因素。47 題試題因素分析數常識線上測驗各因素之特徵值及變異解釋量列於表 4-5，特徵值大於 1 的因素共有四個，此四個因素能解釋總變異量的 72.13%，因素五後的各因素特徵值皆小於 1，表中特徵值係轉軸前之初始特徵值。

表 4-5　47 題試題因素分析數常識量表各因素之特徵值及變異解釋量分析表

因素順序	特徵值	變異量	累積變異量
因素一	11.4137199	.5426	.5426
因素二	1.6420810	.0781	.6207

（接下頁）

因素三	1.1004857	.0523	.6730
因素四	1.0154524	.0483	.7213
因素五	.8010824	.0381	.7594

題數：47

　　由表 4-5 可以得知特徵值大於 1 的因素個數為 4，因素五的特徵值亦高達.80 以上，檢閱國內從事數常識量表編製的相關文獻（許清陽，2001；李威進，2004），亦發現數常識量表架構為五因素模式。因此，本階段暫保留五個因素進行斜交轉軸，至於五因素模式與四因素模式何者較佳，留待往後章節繼續探討。

㈡全量表試題之因素分析

　　進行因素分析前，必須先探討相關係數是否適當，因為因素分析需由相關係數做為因素抽取的基礎，為了解因素分析之適當性，先以 Bartlett 球形檢定進行檢驗，顯著的球形考驗表示相關係數足以做為因素分析抽取因素之用（邱皓政，2002）。以 SPSS 統計軟體進行 KMO 係數的計算。其結果如表 4-6 所示。

表 4-6　47 題試題之 KMO 與 Bartlett 檢定

Kaiser-Meyer-Olkin 取樣適切性係數		.926
Bartlett 球形檢定	近似卡方分配	5943.833
	自由度	1081
	顯著性	.000

α＝.01

　　Kaiser（1974）提出因素分析的判準，其 KMO 統計量大於.90 以上為極佳（marvelous），由表 4-6 可以得知 KMO 係數為.926，且 Bartlett 球形檢定也達顯著水準（p =.000），表示可以繼續進行因素分析。

　　根據 Hair 等人（1998）的主張，因素組型矩陣比較能判斷哪些題目在某一因素上之獨特貢獻。因此，本研究使用因素組型矩陣，而非因素結構矩陣，用以分析題目的落腳處。經斜交轉軸後，第一次因素分析之因素組型矩陣整理如表 4-7。

　　為便於讀者閱讀，表 4-7 中僅列出因素負荷量大於.20 者。由表 4-7 可 以 得 知　Q54、Q29、Q47、Q36、Q53、Q39、Q33、Q35、Q30、Q32、Q49、Q40 在因素一上的負荷量較高；Q50、Q55、Q43、Q52、Q45、Q41、Q48、Q34、Q38、Q44、Q22 在因素二上的負荷量較高；Q13、Q9、Q10、Q12、Q14、Q18、Q15 在因素三的負荷量較高；Q6、Q21、Q4、Q46、Q5、Q20、Q51、Q2　在因素四上的負荷量較高；Q16、Q24、Q11 在因素五上的負荷量較高。

表 4-7　數常識量表試題斜交轉軸後之因素組型矩陣（items=47，power=3 N=591）

試題	因		素		
編號	1	2	3	4	5
Q54	.66386				
Q29	.60721				
Q47	.57254				
Q36	.46207				
Q53	.43068			.32192	−.28866

（接下頁）

Q39	.41165				
Q33	.38976				
Q35	.38005	.25072			
Q30	.37769				
Q32	.35279				
Q49	.29416	.25560			
Q40	.27193				
Q50		.62141			
Q55		.55827			
Q43		.48706			
Q52		.47964			
Q45	.25008	.460504			
Q41		.44451			
Q48	.32283	.43080			
Q34		.40953			
Q38		.29448			
Q44		.26914			
Q22		.26583			
Q31	—	—	—	—	—
Q13			.76853		
Q9			.71155		
Q10			.70915		
Q12			.55740		
Q14			.55716		
Q18			.40926		
Q15			.30807		

（接下頁）

Q6	.26628			.48394	
Q21				.48080	
Q4				.42581	
Q46		.39873		.41605	
Q5	.32240			.39291	
Q20				.38110	1.26052
Q51	.26752			.37575	
Q2				.34214	
Q3	–	–	–	–	–
Q26	–	–	–	–	–
Q16					.51716
Q24					.40633
Q11					.31377
Q37		.25550			
Q25	–	–	–	–	–
Q17	–	–	–	–	–

註：上表僅列出大於.20 之因素負荷量　　　　　　　　　試題題數 = 47

　　根據 Hair、Anderson、Tatham 和 Balck（1998）因素負荷量的統計顯著臨界值，當樣本數為 350 時，因素負荷量必須大於.30。由表 4-7可得知 Q49、Q40、Q38、Q44、Q22、Q31、Q3、Q26、Q37、Q25、Q17 等題因素負荷量皆小於.30，因此將之刪除，保留其餘各試題。

　　經第一次因素分析將不良的試題刪除之後，因素組型亦會跟著改變，因此需要再進行因素分析，以檢驗測驗的建構效度（吳明隆，2000），並進一步的確立測驗的因素結構，且為了保留更優質的試題，使量表試題更臻精簡，陸續以相同的方式進行多次因素分析選題，將因素負荷量不佳（<.30）的試題，或因素負荷量同時橫跨兩個因素的

試題予以刪除，相關過程在此省略，不再贅述。表 4-8 係最後 20 題的因素組型矩陣。經由多次因素分析選題析後，最後若取決五因素模式，每一因素 4 題，則試題數為 20 題（參照表 4-9），若取決四因素模式，則試題數為 16 題（刪除第五因素）。在後面章節我們將以此兩模式為競爭模式（competing models），利用驗證性因素分析選擇適配度較佳之模式。

表 4-8　數常識量表試題斜交轉軸後之五因素組型矩陣（items=20，power=3 N=591）

試題	因		素		
編號	1	2	3	4	5
Q13	.80105				
Q10	.71273				
Q9	.71204				
Q14	.49568				
Q6		.56313			
Q5		.50897			
Q21		.44155			
Q4		.34431			
Q29			.60206		
Q30			.49130		
Q33			.44581		
Q32			.35905		
Q55				.60197	
Q50				.58016	
Q43				.41195	
Q45				.40791	

（接下頁）

Q16		.65231
Q24		.58016
Q15	.36086	.37486
Q11		.32715

註：上表僅列出大於.30因素負荷量試題　　　　　　　　　　試題題數＝20

表4-9　五因素分析之試題分佈表

因素順序	題　　　號	題　　數
因素一	Q13、Q9、Q10、Q14	4
因素二	Q6、Q5、Q21、Q4	4
因素三	Q29、Q30、Q32、Q33	4
因素四	Q55、Q50、Q43、Q45	4
因素五	Q16、Q24、Q15、Q11	4
	合計　20題	

以上這五個因素的解釋變異量，如果忽視其他因素的相關性，各個因素之解釋變異量（Variance Explained by Each Factor Ignoring Other Factors）分別為3.8938、3.2232、2.9678、2.6994、2.6018；如果排除與其他因素的相關性，各個因素之解釋變異量（Variance Explained by Each Factor Eliminating Other Factors）分別為1.1979、.6076、.6857、.7748、.6876。

（三）因素命名

經由探索式因素分析，研究者針對整份量表抽離出其背後的重要潛在特質，數常識之因素結構似乎以四因素或五因素模式最為可能。

本節的重點主要即探討每一個因素的意涵為何，因素之命名係以因素負荷量最高的題目為線索進行因素之命名。

① 因素一：比較數字的相對大小

因素一中的題目分別為 Q9、Q10、Q13、Q14，此 4 題先前預設因素為能比較數字的相對大小。因此，因素一命名為能比較數字的相對大小是無庸置疑。

② 因素二：了解數字的基本意義

因素負荷量落於因素四的有 4 題，分別為 Q4、Q5、Q6、Q21。其中 Q4、Q5、Q6 在先前預設因素為了解數字的基本意義。至於 Q21 在先前預設因素為了解運算對數字的影響，造成此現象，應是在研究初期，各試題的分類受研究者主觀的認知作歸類，學生使用的解題策略未必與研究者所歸類相同（許清陽，2001；李威進，2004）。因此，部分試題落在其他因素的結果是可以預期，經討論此試題後，將因素四命名為了解數字的基本意義。

③ 因素三：運算結果之合理性的判斷

因素三中的題目有 4 題，分別為 Q29、Q30、Q32、Q33。此 4 題在先前預設因素中為運算結果之合理性的判斷。因此，因素三命名運算結果之合理性的判斷。

④ 因素四：數與運算的多重表徵

因素負荷量落於因素二的有 4 題，分別為 Q43、Q45、Q50、Q55。此 4 題在先前預設因素中為數與運算的多重表徵。因此，因素二命名為數與運算的多重表徵。

⑤ 因素五：參考點之運用

因素負荷量落於因素五的有 4 題，分別為 Q11、Q15、Q16、Q24。研究者與學者專家討論此四題內容，將因素五命名為參考點之運用。在仔細簡檢視這些題目的內容後可以發現，Q11、Q15 和 Q16 原本是歸於因素一：比較數字的相對大小；但經詳細探究這些題目的內容可以發現，學生欲解決這些問題（比較分數或小數之大小）時需運用到參考點（如 1 或 $\frac{1}{2}$）的能力，以方便於答案的求出與原因的選取。另外 Q24〔下列哪一個減出來的結果最大？ (1) $1 - \frac{1}{3}$ (2) $1 - \frac{1}{4}$ (3) $1 - \frac{1}{5}$ (4) $1 - \frac{1}{6}$〕雖然原先歸類於了解運算對數字的影響，但細究其內容，亦可發現，學生欲選出答案時，亦應考慮 1 與 $\frac{1}{3}$、$\frac{1}{4}$、$\frac{1}{5}$ 或 $\frac{1}{6}$ 之相對關係，以進而比較其大小，因此本題歸於本因素內亦屬合理。

以上這五個因素間之相關介於.34766～.55688，其中以第一因素與第二因素相關最高，以第四因素與第二因素相關最低。這意味著這五個數常識因素之間具有中、高度相關，反映出尚具有二階因素存在。

驗證性因素分析與測驗效度之考驗

∵ 重 點 提 示

一、驗證性因素分析的理論基礎。

二、驗證性因素分析模式之基本假設。

三、驗證性因素分析模式之兩個主要矩陣 Φ 與 Θ。

四、驗證性因素分析之量尺未確定性的處理方法。

五、建構信度與抽取變異比。

六、測量模式之修正。

七、驗證性因素分析的主要用途。

　　驗證性因素分析（CFA）用於測驗效度，主要在考驗潛在變項之意義與結構，通常以下列方式之一進行測驗工具之因素結構的考驗與發展：(1)單一模式的驗證性因素分析，旨在驗證單一理論模式之適配性；(2)多元模式的驗證性因素分析，旨在選擇較適配之理論模式；(3)模式發展的驗證性因素分析，旨在發展適配較佳之理論模式。

一　驗證性因素分析的理論基礎

　　驗證性因素分析傳統上均以單一層次進行因素分析（unilevel factor analysis），近年來統計測驗學者為了解決觀察值不獨立與等分散性之問題，發展出多層次之驗證性因素分析（multilevel factor analysis）。多層次之驗證性因素分析特別適合於抽樣的資料係來自具有階層結構的母群，其優點在於可以探究因素結構在不同層次上的變異性及降低過度膨脹的第一類型錯誤（違反資料之獨立性易導致過小的標準誤）。可惜，Amos 尚無法直接處理多層次之驗證性因素分析，目前 LISREL 與 MPLUS 已提供此功能。以下將僅就單一層次驗證性因素分析進行簡單說明。一般來說，未包含平均數結構的單因素驗證性因素分析可以下列模式表示之：

$$x = \Lambda \xi + \delta$$

式中

$x_{q \times 1}$ ＝指標變項向量

$\xi_{n \times 1}$ ＝潛在因素向量

$\delta_{q \times 1}$ ＝測量誤差向量

$\Lambda_{q \times n}$ ＝因素負荷量矩陣

這一測量模式本質上似乎與傳統測驗理論模式：$X = T + E$ 相似，T 代表真分數，E 代表隨機之測量誤差。式中 $\Lambda_{q \times n}$ 係因素負荷量矩陣，相當於 EFA 分析中的因素組型係數矩陣（factor pattern coefficient matrix）。測量誤差涉及兩類獨特變異量：㈠隨機誤差、㈡模式外之系統變異量（unmodeled shared sources of variance）。Kline（1998, 2004）說明了兩種模式外之系統變異量，此種系統變異量會造成測量誤差之相關（correlated errors）。第一種模式外之系統變異量，稱之為因素內測量誤差相關；第二種模式外之系統變異量，稱之為因素間測量誤差相關。因素內測量誤差相關，可能係測量方法相似所致，例如，x1、x2、x3 係自陳式指標，而 x4、x5、x6 係父母評定指標。因素間測量誤差相關，可能係測量內容相似所致（參見圖 5-1），例如，x1 與 x4，x2 與 x5，x3 與 x6 係平行測驗，x1、x2、x3 係前測而 x4、x5、x6 係後測（參見圖 5-1）。因此，指標之測量誤差產生相關意謂著這些指標所測的建構與原先的規劃不同，或測到其他的東西。

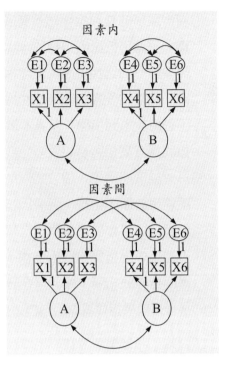

圖 5-1　測量誤差相關之兩種模型

現假設有一正向情緒的測量ξ_1，而 x1=快樂，x2=得意均為ξ_1 之效果指標（effect indicators，參見本書第 13 章中相關之定義）；另有一負向情緒的測量ξ_2，而 x3=悲傷，x4=恐懼均為ξ_2 之效果指標。傳統的測驗理論或因素分析均是假設潛在變項為因，而指標變項為果。緣此，產生以下五個測驗編製的基本原則：

㈠同一建構的外顯指標應具高度內部一致性。

㈡同一建構的外顯指標間之相關愈高愈好。

㈢單一維度建構中，信度相同的外顯指標，本質上是可以替換的。

㈣同一建構內的相關應高於建構間的相關。

㈤指標的線性組合可以取代潛在變項。

不過，Bollen 和 Lennox（1991）撰文指出這五個測驗編製原則常導致錯誤迷思與爭論性。他們提議修正上述這五個測驗編製的基本原則如下：

㈠同一建構的外顯指標應具高度內部一致性的原則只適用於效果指
　標，不適用於原因指標（cause indicators），各原因指標間不一定
　需要具有同質性（因為該建構可能為多維度的構念）。

㈡同一建構的外顯指標間之相關愈高愈好原則只適用於效果指標，
　不適用於原因指標（參見本書第 13 章之相關定義），因為原因指
　標間具有高相關易導致多元共線性的問題。

㈢單一維度建構中，信度相同的外顯指標，本質上是可以替換的，
　不適用於原因指標，各原因指標本質上可能不同，刪去任何一個
　原因指標都會破壞該建構之架構。

㈣不管是效果指標或原因指標，建構內指標的相關不一定會高於建
　構間指標的相關（除非潛在變項間之相關為 0）。

㈤不管是效果指標或原因指標，指標的線性組合都不等於潛在變項。

　　因此，測驗編製者在界定測驗之建構時，首先需釐清該建構是致
因建構（causal construct），還是效果建構（effect construct）。當建構
是致因建構時，其指標必然為效果指標；當建構是效果建構時，其指
標必然為原因指標。這兩種測量模式，測驗編製的方法可能完全不同。
由此觀之，傳統之信、效度理論較適合於單一維度建構且該建構又是
致因建構之測量上。

　　以前述四個指標變項為例，建立四個迴歸方程式如下：

$$x_1 = \lambda_{11}\xi_1 + \delta_1$$
$$x_2 = \lambda_{21}\xi_1 + \delta_2$$
$$x_3 = \lambda_{32}\xi_2 + \delta_3$$
$$x_4 = \lambda_{42}\xi_2 + \delta_4$$

　　由此模式知，四個指標變項的測量誤差之迴歸係數均設定為 1（等
於限制測量誤差與潛在因素具有相同測量量尺），只估計潛在因素之

廻歸係數，現以矩陣方式陳述如下：

$$\begin{bmatrix} x_1 \\ x_2 \\ x_3 \\ x_4 \end{bmatrix} = \begin{bmatrix} \lambda_{11} & 0 \\ \lambda_{21} & 0 \\ 0 & \lambda_{32} \\ 0 & \lambda_{42} \end{bmatrix} \begin{bmatrix} \xi_1 \\ \xi_2 \end{bmatrix} + \begin{bmatrix} \delta_1 \\ \delta_2 \\ \delta_3 \\ \delta_4 \end{bmatrix}$$

再以徑路圖 5-2 示之，注意四個測量誤差的徑路係數均設定為 1（建立該指標變項的獨特變異量之量尺），只估計其誤差變異量，兩個潛在變項的相關以 ϕ 表示之，四個誤差變項間之關係假定為獨立無關。測量誤差的徑路係數與其誤差變異量互為函數，因此這兩個參數無法同時估計之。

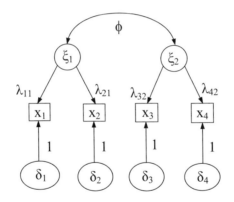

圖 5-2　四個測量變項的徑路圖

二　驗證性因素分析模式之基本假設

驗證性因素分析的基本假設為：

$$\begin{matrix} E(\delta)=0 \\ E(\xi)=0 \end{matrix} \quad \text{可知} \quad \Rightarrow \quad \underset{\text{隱含平均數矩陣}}{E(x)=0}$$

$$\mathrm{Var}(\delta) = \quad \Theta$$

$$\mathrm{Var}(\xi) = \quad \Phi \quad \Rightarrow \mathrm{Var}(x) = \Lambda \Phi \Lambda' + \Theta$$

隱含共變數矩陣

$$\mathrm{Cov}(\delta, \xi) = 0$$

由這些基本假設可以得知，誤差項的期望值為 0，誤差項的變異數等於測量誤差，潛在因素的期望值為 0，且潛在因素與測量誤差無關。由前面基本假設知：$\mathrm{Var}(x) = \Lambda^2 \mathrm{Var}(\xi) + \mathrm{Var}(\delta)$，變項 x 的信度可由下式估計之：$\hat{\rho}_{xx} = \dfrac{\lambda^2 \phi}{\mathrm{Var}(x)} = \dfrac{\lambda \phi \lambda'}{\mathrm{Var}(x)}$。當完全標準化時，$\mathrm{Var}(x) = \phi = 1$，因此，$\hat{\rho}_{xx} = \dfrac{\lambda^2 \phi}{\mathrm{Var}(x)} = \lambda^2 = R_x^2$。

三　驗證性因素分析模式之兩個主要矩陣 Φ 與 Θ

我們仍以前例說明驗證性因素分析模式之兩個主要矩陣 Φ 與 Θ。

$$\Phi = \begin{bmatrix} \phi_{11} & \phi_{12} \\ \phi_{12} & \phi_{22} \end{bmatrix} \quad \text{外衍因素間之共變數矩陣}$$

$$\Theta = \begin{bmatrix} \mathrm{Var}(\delta_1) & 0 & 0 & 0 \\ 0 & \mathrm{Var}(\delta_2) & 0 & 0 \\ 0 & 0 & \mathrm{Var}(\delta_3) & 0 \\ 0 & 0 & 0 & \mathrm{Var}(\delta_4) \end{bmatrix} \quad \text{測量誤差之共變數矩陣}$$

$$\Lambda = \begin{bmatrix} \lambda_{11} & 0 \\ \lambda_{21} & 0 \\ 0 & \lambda_{32} \\ 0 & \lambda_{42} \end{bmatrix}$$

據此，隱含之共變數矩陣可以下式計算之：

$$\Lambda\Phi\Lambda' + \Theta = \begin{bmatrix} \lambda_{11}^2\phi_{11} + \theta_{11} \\ \lambda_{21}\lambda_{11}\phi_{11} & \lambda_{21}^2\phi_{11} + \theta_{22} \\ \lambda_{32}\lambda_{11}\phi_{12} & \lambda_{32}\lambda_{21}\phi_{12} & \lambda_{32}^2\phi_{22} + \theta_{33} \\ \lambda_{42}\lambda_{11}\phi_{12} & \lambda_{42}\lambda_{21}\phi_{12} & \lambda_{42}\lambda_{32}\phi_{22} & \lambda_{42}^2\phi_{22} + \theta_{44} \end{bmatrix}$$

上式對角線中 θ_{ii} 為 δ_i 的變異數，這些對角線之元素相當於樣本共變數矩陣中的變異數，而其餘非對角線之元素相當於樣本共變數矩陣中的共變數。CFA 分析即在考驗隱含共變數矩陣與樣本共變數矩陣間的適配程度。在極小化的過程當中，能使隱含共變數矩陣與樣本共變數矩陣間的差異極小化的參數估計值，即是最佳參數估計值。研究者亦可直接透過樣本共變數矩陣與隱含共變數矩陣間之殘差量，分析模式與資料間之適配情形。

四　驗證性因素分析之量尺未確定性的處理方法

因為因素分數無法直接測量，其分數可為任何值，因此無法決定其變異量。為了解決量尺未確定性（scale indeterminacy），在量尺原點的處理上，通常將潛在變項之平均數設定為 0，至於其量尺的測量單位可將信度最佳的指標之因素負荷量設定為 1（做為參照指標，此時該因素的平均數等於指定指標的平均數），或將相關潛在變項的變異量設定為 1 以估計所有因素負荷量。因為因素負荷量是潛在因素變異量之函數，而潛在因素之變異量為因素負荷量之函數，所以我們無法同時估計這兩個參數值。茲以平均數結構的 SEM 模式為例，說明量尺不確定性的兩種解決方法如下：

$$x_1 = v_1 + \lambda_{11}\xi + \delta_1$$
$$x_2 = v_2 + \lambda_{21}\xi + \delta_2$$

原點未定性　⇒E(ξ)＝0

量尺未確定性　⇒λ₁₁＝1 或 Var(ξ)＝1

五　建構信度與抽取變異比

　　除了需考量模式之合理性與實用性之外，一個測量模式的優劣可利用 Fornell 和 Larker（1981）的兩個指標：建構信度（construct reliability）與抽取變異比（variance extracted）加以評鑑之。第一個指標建構信度乃是測驗總分的信度係數（reliability of composites），為傳統信度係數〔 $= \dfrac{\text{Var(x)} - \text{Var(E)}}{\text{Var(x)}} = \dfrac{\text{Var(T)}}{\text{Var(X)}}$ 〕之延伸。設有一潛在因素 T，其觀察變項為 X_i，未標準化迴歸係數為 b_i，則其觀察變項 X_i 的變異數為 $\text{Var}(X_i) = b_i * \text{Var(T)} * b_i + \text{Var}(\varepsilon_i)$。建構信度經由此關係可搭起與傳統信度係數的橋樑。Reuterberg 和 Gustafsson（1992）指出建構信度可利用未標準化的徑路係數與潛在變異數、測量誤差變異數求得。公式如下：

$$r_{TX} = \frac{\text{Var(T)}\left(\sum_i^m b_i\right)^2}{\text{Var(T)}\left(\sum_i^m b_i\right)^2 + \sum_i^m \text{Var}(\varepsilon_i)}$$

　　請仔細觀察這一公式與傳統信度係數間的平行關係。假如使用標準化的係數，則研究者需利用下式計算建構信度與變異抽取百分比：

$$r_{TX} = \frac{(\sum 標準化因素負荷量)^2}{(\sum 標準化因素負荷量)^2 + \sum \varepsilon_j}$$

$\varepsilon_j = 1 - 指標信度 = 1 - (指標之標準化負荷係數)^2$

$$變異抽取百分比 = \frac{\sum(標準化因素負荷量^2)}{\sum(標準化因素負荷量^2) + \sum \varepsilon_j}$$

Reuterberg 和 Gustafsson（1992）亦指出傳統信度指標 Cronbach α

係數與建構信度指標間之密切關係。在因素分析特定因素之下，只要將所有題目（或測驗）之因素負荷量與所有誤差變異量均設定為相等（符合傳統平行測驗之基本假設），即可獲得 α 係數。此時，研究者如欲知傳統平行測驗之基本假設是否符合，亦可利用參數限制為相等之做法，進行平行測驗的模式適配度的考驗。α 係數是植基於平行測驗之基本假設，不太符合實際現象，暴露其應用上之限制。這亦說明了 α 係數是一種需符合嚴苛基本假設下的測驗總分信度。

　　建構信度指標代表測量指標是否能測到潛在建構的程度，最好大於.70。換言之，每一指標信度（indicator reliability）應約大於.50（亦即其標準化之徑路係數應大於.70）。另一指標為抽取變異比，係潛在建構可以解釋指標變異量的比率，亦是一種聚斂效度的指標，最好大於.50，代表測量指標是否能真正代表潛在建構的程度。以上兩種指標可以使用筆者隨書所附之 Excel 增益集電腦軟體 SEM-CAI，輕易計算而得，SEM-CAI 之操作方法請參見附錄六。假如各建構間的關係不會太高（例如低於.70），或者，當建構間的相關大於.70 時，研究者亦可考驗建構間之相關假設 $H_0：\phi=1$，如能被拒絕則稱這些建構間具有區辨效度（Anderson & Gerbing, 1988）。

六　測量模式之修正

　　當研究者發現資料與模式間之適配度不佳時，即可能面臨修正初始模式的問題。基本上這是微調測量結構之過程，研究者仍可以參考以下 CFA 的考驗流程。

　　步驟 1：估計（或重估）一個嚴謹的基本模式

🖱 檢查相關矩陣、分析共變數矩陣。

🖱 界定因素個數、固定因素變異數為 1、釋放因素間之共變數。

🖱 每一指標僅設定一個負荷量，釋放其餘所有負荷量。

🖱 固定所有測量誤差共變異數為 0（相關為 0），釋放所有測量誤差變異數。

🖱 估計未標準化及標準化係數、列印殘差與標準化殘差、計算及列印單變項 LM 考驗（修正指標）。

步驟 2：評鑑該模式

🖱 該模式適配嗎？因素與測量誤差之共變數矩陣為正定（positive definite）矩陣嗎？

🖱 LM 考驗（如修正指標 > 3.84）反映出模式界定錯誤嗎？一個高的標準化殘差意含著模式界定錯誤嗎？

🖱 模式中的每一徑路、測量誤差間的每一共變數，及因素間之相關，均有實徵意義或理論依據（substantive interpretations）嗎？

步驟 3：逐步修正該模式（一次僅能修正一個參數）

🖱 將不顯著的因素負荷量（例如 CR 值 < 1.96 者）固定為 0。

🖱 利用 LM 考驗（如修正指標 > 3.84）或預期參數改變量（par change），決定是否釋放因素負荷量，重新估計之。

🖱 利用 LM 考驗（如修正指標 > 3.84）或預期參數改變量，決定是否釋放測量誤差共變數，重新估計之。

🖱 假如因素間之相關接近 1，減少不必要之因素。

🖱 假如測量誤差共變數呈現一種明顯之型態，增加因素數目。

步驟 4：評鑑最終模式

🖰 每一因素至少有一指標之標準化因素負荷量 >.70 以上嗎？每一因素之建構信度 >.50 以上？

🖰 評估每一指標之因素複雜度，具有交叉負荷（cross-loadings）？

🖰 該指標是否與其他指標之測量誤差具有相關嗎？如有必要，刪除不佳之指標，並重估該模式。

　　接著，談談如何利用修正指標探究測驗題目間之潛在問題。一個較大的修正指標可能象徵著該題目之因素負荷量具有交叉負荷，或該題目與其他題目間具有測量誤差相關（error covariance 或 correlated error），CFA 分析中通常假定測量誤差間應獨立無關，相當於 IRT 理論中的局部獨立（local independence）之基本假設的問題，這些現象都會形成很大的修正指標值。所謂誤差相關係指理論建構無法解釋到的變異量，在不同指標變項上發生共變之現象。誤差相關的問題可能出自於題目系統的內容偏差，例如：省略了一個小外衍的因素（模式中未界定到的題目共同變因）、題目內容與其他題目有高程度的相關或重複；亦可能來自於受試者的系統性的反應偏差，例如：題目間均出現社會期許反應（social desirability bias，可用 Crowne-Marlow 社會期許量表檢驗之）、選擇極端選項，與偏向選擇是或不是（yea/nay-saying，可用正、反向題目平衡之）等（Aish & Jöreskog, 1990）。誤差相關亦可能來自於考生的舞弊、練習效應、量尺粗略等其他干擾因素。因此，在共變數及廻歸係數上之修正指標，可提供研究者一些有用之量表發展資訊，測驗編製者需謹慎去深入分析與了解出現很大的修正指標，尤其大於 100 時的潛在意義（Kline, 1998）。

七 驗證性因素分析的主要用途

　　測驗工具的信、效度考驗在教育與心理研究上，是建立量化工具的基本例行工作，這些工作可以透過驗證性因素分析達成。為利於說明，以下將以男女性氣質量表為例（Kline, 2000）說明測驗工具的信、效度分析，該量表含有四個交替測驗（alternative forms，國內測驗界又稱為複本測驗），受試者為 60 對男女青年。該表原始資料重製如表 5-1（李茂能，2003）。

　　假設研究者希望了解：㈠這四個交替測驗是否為同質性測驗（congeneric test），他們的共同測驗因素是否均為男女性氣質？㈡這四個交替測驗是否為τ-等值測驗（τ-equivalent test）？㈢這四個交替測驗是否為平行測驗（parallel test）？㈣除了均為測一共同因素的平行測驗之外，這四個交替測驗的平均數是否相等？以下將以 Amos 5.0 為分析工

表 5-1　四個男女性氣質交替測驗的平均數、標準差與相關係數（N=60）

交替測驗	1	2	3	4
1	1.00	.50	.39	.45
2	.29	1.00	.46	.50
3	.39	.30	1.00	.50
4	.50	.42	.52	1.00
女性平均數	4.25	3.75	2.90	3.20
女性標準差	2.30	2.00	2.20	1.90
男性平均數	2.00	2.50	1.90	2.20
男性標準差	1.90	2.10	1.75	2.00

註：相關矩陣中上三角為女性資料，下三角為男性資料。

具，主要利用表 5-1 男性資料為例，逐一扼要分析說明上述四個問題。常見之 CFA 在測驗信效度上運用，則簡介於後。

① 同質性測驗考驗：單向度測驗

欲了解這四個交替測驗是否為同質性測驗，研究者可以利用驗證性因素分析回答這一個問題。假如發現這四個交替測驗雖測量單位與信度不同，但均在測量一個共同因素（common factor），那麼這四個交替測驗即可視為同質性測驗，亦即都有相同的真分數（$T_1=T_2=T_3=T_4$），但因素負荷量（$w_1 \neq w_2 \neq w_3 \neq w_4$）與測量誤差的標準差均不相等（$\delta_{d1} \neq \delta_{d2} \neq \delta_{d3} \neq \delta_{d4}$，參見 Bollen, 1989: 208）。研究者根據此一假設，繪製男性樣本之徑路圖如圖 5-3，其中 form1 至 form4 為觀察變項以方形表示之，而 Personality 為潛在變項以圓形表示之。在 SEM 的徑路圖設計中，潛在變項常視為因，觀察變項可視為果，因此箭頭均由因指向果。同時，點選分析屬性視窗（Analysis Properties，在 View/Set 功能表單之下），按「Estimation」一下，在打開的視窗中點選「Estimate Means and Intercept」，以便設定四個分測驗的截距（intercepts）：int1 至 int4。此徑路圖的基本假設為：

(1)已標出所有重要因果關係；

(2)測量誤差互為獨立；

(3)僅存在線性因果關係。

圖 5-3 中左側的徑路圖知，因為此四個分測驗均在測同一特質，故其徑路係數均固定為 f1，以表示 $T_1=T_2=T_3=T_4$。在 Amos 中，徑路係數給予相同名稱，即表示研究者希望對這些係數作相等之設定。注意，圖 5-3 左側之徑路圖設計可以簡化如右測之徑路圖設計。

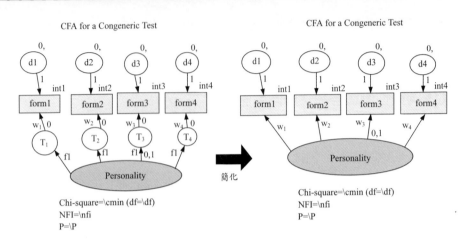

圖 5-3　四個交替測驗與潛在變項間之徑路設計圖

　　右側圖 5-3 中，四個「長方形」代表觀察變項或外顯變項（manifest variables）或稱為測量指標（indicators）：四個交替測驗；底下「圓形」代表潛在變項（latent variables），係無法觀察得到之概念或構念：男、女個性，僅能由測量指標估計之。圖上方的四個「圓形」代表四個交替測驗的測量誤差，亦為無法觀察得到之概念，其徑路係數需設定為 1，平均數設定為 0，否則會造成不可辨識的模式（underidentified models），因而無解。為估計所有 W_1 至 W_4 等四個因素負荷量，需將潛在變項的變異數設定為 1，潛在變項的平均數設定為 0（不進行因素分數之估計）。依此測量模式，本徑路圖含有 12 個參數（四個測量誤差、四個測量指標截距與四個因素負荷量）等待估計。本研究含有四個觀察變項，共有 14 個觀察值（=4*7/2），等於四個平均數、四個變異數與六個共變數（如僅為共變數結構時，則共有 4*5/2（=10）個觀察值）。因此本模式的自由度為 2（=14－12）。當模式的自由度大於 0 時，該模式為過度辨識（overidentified），即資料矩陣所擁有的資訊比待估計的參數量為多。此時研究者企圖在最大的自由度之下（最簡

潔），以求滿意的適配性。假如模式中每一未知參數均有一最適值
（optimal value），則該模式為可辨識。假如該模式為可辨識，通常其
最大可能性迭代解法為可聚斂，即可得到一最佳解（optimal so-
lution），此參數估計值為該資料的最適配值。

　　原始資料與徑路圖互相聯結之後，根據第二章中有關 Amos 的操
作步驟，即可得到圖 5-4 中的分析結果（χ^2=.062，df=2，p=.97，
NFI=1.0），此項分析結果，如需一併顯示於徑路圖中，請於徑路圖中
加註如圖 5-3 下端三行之控制指令，以便輸出χ^2統計分析結果，否則
就必須呼叫功能表單「View/Set」中之「Text Output」輸出統計結果。
由此結果，前述所提出之模式與資料很適配，顯見四個替代測驗均在
測量同一因素：它們為同質性測驗。Personality 因素與 form1 至 form4
間之未標準化的徑路係數，亦稱為因素負荷量。

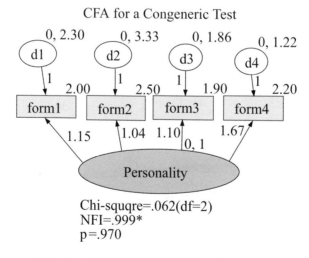

圖 5-4　未標準化的徑路係數與考驗結果

*如您使用 4.02 版之前的 Amos，當使用平均數結構分析時，由於用不
同方法計算基限模式之χ^2，因而會出現CFI、NFI、NNFI等指標出現偏
高之現象。當使用共變結構分析時，這些指標值則不受影響。

2 τ-等值測驗考驗：單向度測驗與相等之因素負荷量，但變異數
不等

　　假如這四個交替測驗擁有相同的真分數與相同的因素負荷量（測
量單位相同），但其測量誤差的變異數不相等，謂之τ-等值測驗。因
此，需要再對因素負荷量限制為相同（亦即使用相同量尺，限制方法
為均設定為 w1，參見圖 5-5），其他之徑路係數設定與前例完全相同。

　　使用者點選功能表單「Model-Fit」下之「Calculate Estimates」或
按下計算器的圖像 ▦ 後，即可獲得如圖 5-6 之統計分析結果（
$\chi^2 = 3.815$，df＝5，p＝.576，NFI＝.984）。本模式比前例少估計 3 個因
素負荷量，因此自由度 df 增為 5。由此結果，前述所提出之模式與資
料很適配，顯見四個替代測驗不僅在測量同一共同因素，而且為τ-等
值測驗。

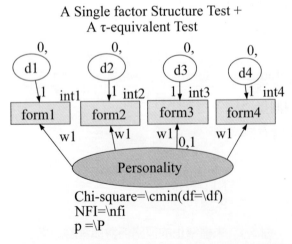

圖 5-5　　四個τ-等值測驗的考驗之徑路圖設計

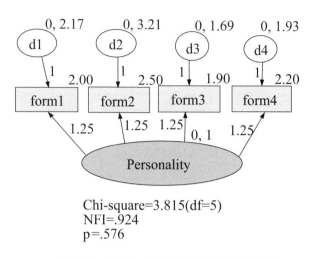

Chi-square=3.815(df=5)
NFI=.924
p=.576

圖 5-6　四個τ-等值測驗的考驗之結果

③ 平行測驗考驗：同質性與相同因素負荷量及誤差變異數

　　當這四個交替測驗的真分數、因素負荷量與測量誤差的變異數均相等，謂之平行測驗（參見 Bollen, 1989: 208）。因此，需要額外再對測量誤差的變異數限制為相同（亦即均設定為 v1），其他之徑路係數設定與前例完全相同（參見圖 5-7）。依此測量模式，本徑路圖含有 6 個參數（一個測量誤差、四個測量指標截距與一個因素負荷量）等待估計。本研究含有四個觀察變項，共有 14 個觀察值（=4*7/2），等於 4 個平均數、4 個變異數與 6 個共變數〔如僅為共變數結構時，則共有 4*5/2（=10）個觀察值〕。因此本模式的自由度為 8（=14－6），為可辨識之模式。

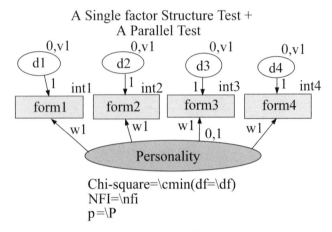

圖 5-7　四個平行測驗考驗之徑路設計圖

　　本模式經 Amos 統計分析，結果為：$\chi^2 = 8.266$，df = 8，p = .408，NFI = .835。由此結果知，前述所提出之模式與資料很適配，顯見四個替代測驗不僅在測量同一共同因素，而且為平行測驗。為節省篇幅，相關之 Amos 徑路係數的輸出圖從略。

④ 嚴格平行測驗考驗

　　相同平均數的平行測驗在 SEM 的共變數分析中並未使用到平均數相等的考驗，因此所有觀察與潛在變項的平均數均設定為 0，此稱之為嚴格平行測驗（strictly parallel tests）。如欲估計這些平均數，研究者可以增加一平均數結構到共變數結構中，即增加一截距參數項〔$\mu_x = \tau_x + \Lambda_x \kappa$，$\tau_x$ 為截距，λ_x（λ_x 為 Λ_x 內之一元素）為因素負荷量，κ 為因素分數期望值〕。因此，輸入的資料中需含有平均數與共變數的資訊。在 SEM 中進行平均數的分析，可建置一個 CONST 常數項（設定為 1）當作預測變項，進行觀察變項的廻歸分析，此常數項所得的未標準化

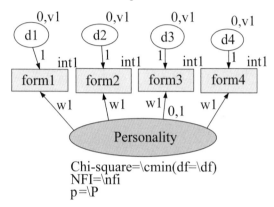

圖 5-8　四個平行測驗考驗之平均數相等考驗之徑路設計圖

係數即為觀察變項的平均數（如使用 SPSS 進行迴歸分析，模式之截距需設定為 0）。在 Amos 中，不需建置一個 CONST 常數項，只需點選分析視窗（Analysis Properties，在「View/Set」功能表單之下），按「Estimation」一下，在打開的視窗中點選「Estimate Means and Intercept」，Amos 即自動將平均數結構加入共變數結構分析中。圖 5-8 之徑路圖意謂著：常數項對於每一指標均只有一個直接效果且 $\kappa = 0$（潛在變項的平均數），因此其截距（int1）即為平均數。在本模式中，form1 至 form4 的截距均設定為相同（變項名稱均為 int1），即本模式比前例更進一步假定這四個平均數為相等，以便進行平均數相等之統計考驗。

　　本模式經 Amos 統計分析，結果顯示：$\chi^2 = 13.656$，df＝11，p＝.253，NFI＝.727。由此結果得知，前述所提出之模式與資料尚適配，顯見四個平行測驗不僅在測量同一共同因素，而且這四個平行測驗的平均數（觀察值分別為 2.0、2.5、1.9、2.2），在男性樣本上並無顯著不同。

　　經由前面幾個實例之分析可推知：(1) SEM 加入平均數結構時，其參數估計值可以反映出測量工具的重要屬性：因素負荷量可反映出測量單位或預測力大小，測量的誤差變異量可反映出測量工具的信度或測量誤差，截距則可反映出測量工具的難度或長度；(2)同質性的測驗並不一定是平行測驗或τ-等值測驗。此外，傳統用來檢驗測驗同質性的統計指標（如 α 係數），並無法反映上述測驗工具的特質。這是使用 SEM 分析測驗特質的優點。

⑤ 評估建構信度、重測信度

　　檢定潛在變項的信度，可以 SEM 本身所建構之建構信度（construct reliability）表示該因子之信度，參見前述公式。一般來說，因素建構信度最好大於.70，而平均變異抽取量最好大於.50。注意建構信度與平均變異抽取量通常具有密切相關，建構信度會大於平均變異抽取百分比。但有時一個具有高信度的量表亦可能產生很低的平均變異抽取百分比。例如，有時刪去一些不佳題目以提高信度，但卻降低平均變異抽取量（因為內容效度可能遭到破壞）。因此，測驗編製者通常需在此兩者之間取得一平衡點。另外，傳統的重測信度亦可以 CFA 檢驗之。

⑥ 建構效度考驗

　　驗證性因素分析，常被用來驗證因素結構之正確性，適用於待研究的建構具有理論或實徵研究之基礎，因而不適用量表發展初期階段（Byrne, 2001）。於下面章節中會有更詳細說明。驗證性因素分析除了可用來檢驗一個測驗的因素結構之外，特別適合驗證一個測驗是否為單向度之測驗，以符合 IRT 之單向度的基本假設。

CHAPTER 6

理論建構的因素效度考驗：一階 CFA 模式

重點提示

一、研究假設。

二、Amos Graphics 徑路圖繪製與操作方法。

三、Amos 報表分析。

四、Amos Basic 程式設計。

　　本章旨在利用 Amos Graphics 與 Amos Basic 兩個操作模式，探討某一個理論建構的因素結構。因此，研究者需先提出待考驗之幾個較佳之競爭模式（competing models），以檢驗哪一模式最能反映潛在變項與潛在變項之間的關係（例如：具有平行的初階關係；或是具有層次的高階關係）。換言之，主要目的在利用一套相同之觀察指標，探求在不同之競爭模式間，其潛藏的理論建構模式何者為最適切（邱皓政，2003；Byrne, 2001）。以下將依研究假設、Amos Graphics 之操作、Amos 報表分析與 Amos Basic 程式設計等四節分別逐一介紹。

一　研究假設

　　為了示範 CFA 在理論建構驗證上的實際運用，在此根據第四章「電腦化數常識量表之編製及其發展」之研究結果作為考驗範例。數常識之理論結構是根據國內外學者（Thompson & Rathmell, 1989;

Sowder, 1992; Mclntosh, Reys & Reys, 1992; Yang, 2003; 楊德清，2000，2002；許清陽，2001）所提出的理論架構，大致歸納出兩個較佳之理論模式：四因素及五因素模式。有些研究者發現數常識應包括五個因素，即「比較數字的相對大小」、「數與運算的多重表徵」、「運算結果之合理性的判斷」、「了解數字的基本意義」，與「參考點之運用」。有些研究則發現只要前面四個因素即可。以下就根據此兩個理論模式提出兩個假設加以考驗，以找出最適配之理論模式。

假設一：圖 6-1 數常識五因素的結構模式與資料相適配。

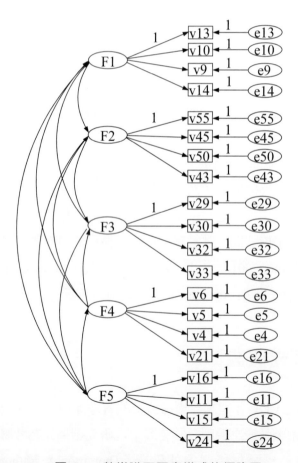

圖 6-1　數常識五因素模式的徑路圖

　　首先，討論一下圖 6-1 中的各因素及各變項間之關係：

㊀ F1 到 F5 分別代表數常識所包括的五個因素，而五個因素彼此之間具有相關存在。

㊁每一個觀察變項僅落在一個因素上。

㊂測量誤差與每一個觀察變項聯結，且測量誤差彼此之間無相關。

　　細言之，前述三點之說明，主要在考驗以下四個細部假設：

　1. 數常識係一五因素結構：內含「比較數字的相對大小」、「數與運算的多重表徵」、「運算結果之合理性的判斷」、與「了解數字的基本意義」與「參考點之運用」。

　2. 每一題目因素負荷量均無橫跨因子之情形。例如，v13、v10、v9、v14 落在第一個因素（F1）上。

　3. 數常識之五因素彼此具有相關。

　4. 測量誤差之間彼此獨立無關。

　　假設二：圖 6-2 數常識四因素的結構模式與資料相適配。

　　圖 6-2 中各因素及各變項間之關係說明如下：

㊀F1 到 F4 分別代表數常識所包括的四個因素。即前述的四個因素，而四個因素彼此之間有相關存在。

㊁每一個觀察變項僅落在一個因素上。

㊂測量誤差與每一個觀察變項聯結，且測量誤差彼此之間無相關。

　　細言之，前述三點之說明，主要在考驗以下四個細部假設：

　1. 數常識係一四因素結構：內含「比較數字的相對大小」、「數與運算的多重表徵」、「運算結果之合理性的判斷」與「了解數字的基本意義」。

　2. 每一題目因素負荷量均無橫跨因子之情形。例如，v13、v10、

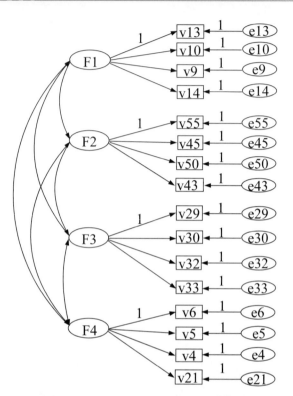

圖 6-2 數常識四因素模式的徑路圖

v9、v14 落在第一個因素（F1）上。

3. 數常識之四因素彼此具有相關。

4. 測量誤差之間彼此獨立無關。

由圖 6-1 與圖 6-2 知，這個模式係非隔宿（non-nested）模式間之比較，因為兩個模式間並無法透過參數之限制或釋放而互換。換言之，二個模式係競爭模式。

二 Amos Graphics **徑路圖繪製與操作方法**

㈠ Amos Graphics 徑路圖繪製

當您開啟 Amos
Graphics 之後，Amos 使
用者界面內會出現很多畫
圖的工具，其操作方法請
參閱前面章節的介紹。首
先您可以點選 ，按滑
鼠左鍵拖曳成 ◯，然
後在這個圖上按滑鼠四下
以產生四個因素變項結構
圖 ，接 著 再 以

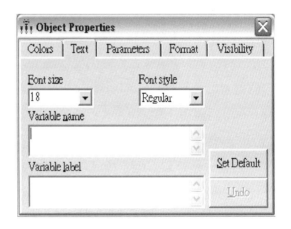

圖 6-3　物件屬性視窗

◯ 工具旋轉方向成 ，接著再次用同樣的方法畫出其他的因素結
構圖，並以 ↔ 相互聯結因果間之關係，然後在物件圖上雙擊滑鼠就
會出現如圖 6-3 的視窗，我們只要在物件屬性視窗內「Variable name」
填上 F1 到 F5 以及 V13、v24 及 e13、e24 等等變項名稱即可建立如圖
6-1 及圖 6-2 的模式。在這裡介紹三個非常重要的工具：[↔] 是捲軸，
點選這個圖後就可以上下左右的移動整個模式圖，而 ⊕ 是放大的工
具，◯ 是縮小的工具。

(二)操作方法

　　本章數常識的原始資料是以 SPSS 輸入相關矩陣來連接所繪製之徑路結構模式，其樣本數為 621，我們把它命名為「numbersense_corr」，此資料係林姿飴（2005）的複核效度研究的另一半樣本。連接它時要點選左上方「File」，再點選「Data Files」就會出現一個如圖 6-4 的對話視窗（也可以直接按圖像工具 ）。在對話視窗出現後，可以點選「File Name」，會出現如圖 6-5 的開啟對話視窗，以便選擇一個適當的資料檔「numbersense_corr」後，再按「開啟」就會出現如圖 6-6 對話視窗，點選「OK」後，資料就會與所建立之徑路模式相聯結，以便後續之資料分析。

　　接著，先考驗五因素模式的適配性，首先是點選「Model-Fit」，並拉下裡面的清單，按下「Calculate Estimates」計算參數估計值；也可以點選圖像工具中的 ▥▥ 直接進行估計。假如一切正常的話，下列圖像就會變成紅色，如您選擇「Unstandardized estimates」並按一下紅色箭頭，就會出現如圖 6-7 中的未標準化的徑路係數、共變數估

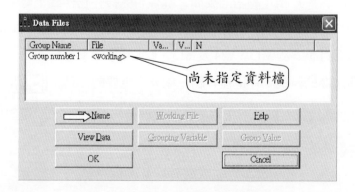

圖 6-4　資料檔設定對話視窗

圖 6-5　資料檔開啟對話視窗

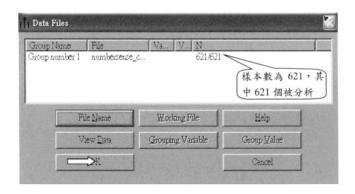

圖 6-6　資料檔確定對話視窗

計值及因素與誤差變異量。

　　如果選擇「Standardized estimates」並按一下紅色箭頭就會顯現如圖 6-8 中的標準化徑路係數、因素間之相關係數及各因素對各變項之預測力（R^2）。

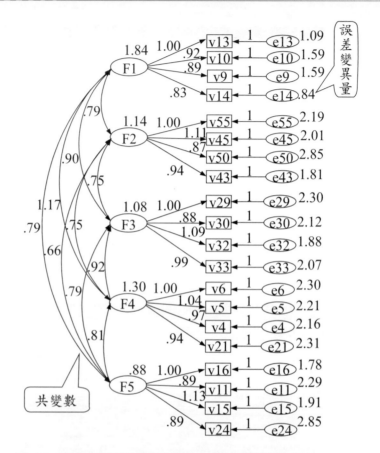

圖 6-7　數常識五因素模式徑路圖及未標準化估計值

　　至於四因素模式的考驗，Amos 操作步驟與五因素模式的操作方式相同，未標準化估計值及徑路圖如圖 6-9 所示。

　　接著，當您點選「Standardized estimates」就會顯現如圖 6-10 之四因素徑路圖及其標準化的參數估計值，除 F1 之外，其餘各因素指標之信度似乎不太理想（λ 值未大於 .70 以上），圖中最後一排所出現的數字係各因素對各外顯變項的 R^2。

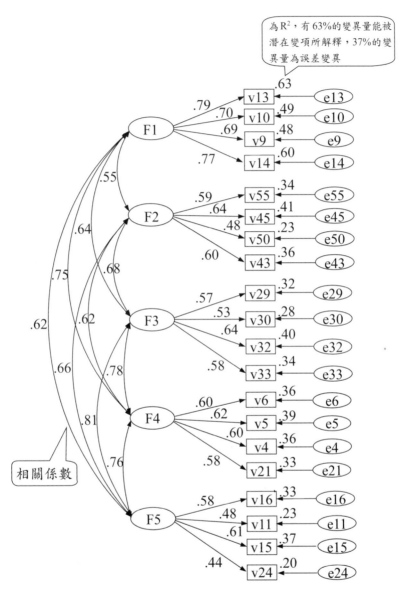

為 R^2，有 63%的變異量能被潛在變項所解釋，37%的變異量為誤差變異

相關係數

圖 6-8　數常識五因素模式徑路圖及標準化估計值

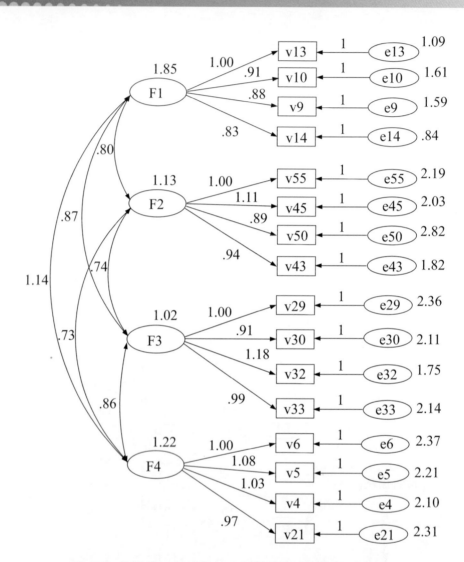

圖 6-9　數常識四因素模式之徑路圖及未標準化估計值

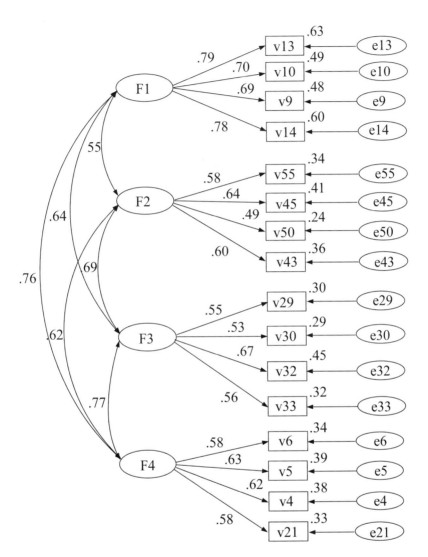

圖 6-10　數常識四因素模式徑路圖及標準化估計值

　　如果您欲查看更詳細之分析結果，就必須拉下「View/Set」的清單，選擇「Analysis Properties」（也可以按工具圖像 ▓▓ ），就會出現如圖 6-11 的分析屬性對話視窗。

在圖 6-11 的對話視窗裡「Estimation」會自動設定在最大概似法「Maximum likelihood」，按下圖 6-12 之「Output」按鈕，並在分析結果輸出「Output」視窗中點選左邊前三個選項：「Minimization history」、「Standardized estimates」、「Squared multiple correlations」以便查看極小化過程、標準化參數估計值及 R²解釋%。研究者如欲檢驗原始資料之常態性，可點選圖 6-12 中之「Test for normality and outliers」。

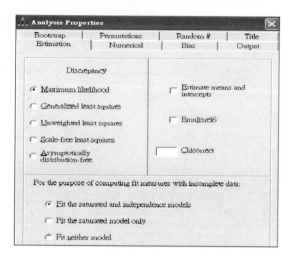

圖 6-11　分析屬性對話視窗

當您設定輸出統計量之後，請再回到「Model-Fit」執行「Calculate estimates」，然後

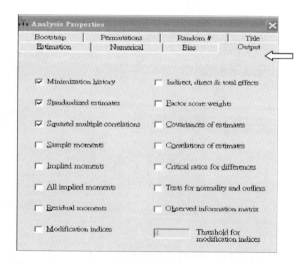

圖 6-12　分析結果輸出設定對話視窗

從「View/Set」中拉下清單選擇「Text output」或按下工具圖像 就可以輸出更詳細的文字報表內容。

㈢分測驗建構信度的計算

在 SEM 分析中，亦可計算有如 Cronbach α係數的建構信度，研究者必須要利用圖 6-8 及圖 6-10 所輸出之標準化因素負荷量。由於 Amos 並未提供建構信度的統計量，讀者可利用李茂能（2005）的 SEM-CAI 教學輔助軟體，參見附錄六之說明。

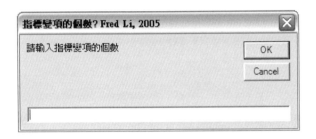

接著依視窗中的指示輸入指標變項數目以後按「OK」，接著又會出現以下視窗。

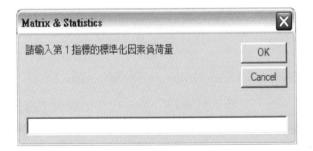

根據圖 6-8 五因素論中 F1 的標準化因素負荷量.79、.70、.69、.77 陸續輸入四個值之後就會得到 R_{F1} = .8273，也就是說第一個分測驗的建構信度為.8273，而抽取變異百分比為.5458；如您繼續以相同的方法輸入 F2 的標準化因素負荷量亦可得到 R_{F2} = .6680，抽取變異百分比為.3370；同樣地，R_{F3} = .6072，抽取變異百分比為.3380；R_{F4}=.6924，抽

取變異百分比為 .3602；R_{F5}=.6082，抽取變異百分比為.2831。

　　另外在四因素模式中的各分測驗建構信度，也可用相同的方法計算出 R_{F1}=.8295，抽取變異百分比為.5497；R_{F2}=.6678，抽取變異百分比為.3365；R_{F3}=.6678，抽取變異百分比為.3365；R_{F4}=.6952，抽取變異百分比為.3635。在五因素和四因素的模式中，除了第一個分測驗的建構信度＞.70 外，其餘都＞.60 以上，其建構信度尚可接受。

三　Amos 報表分析

　　以下係五因素與四因素數常識模式之 Amos 報表的分析與解釋。

㈠五因素數常識模式

　　Amos Basic 與 Amos Graphics 之報表輸出結果完全相同。茲將 Amos 之輸出結果，依其報表輸出之順序逐一分析與說明如下，以利初學者之運用：

①群組的註釋

　　群組的註釋（Notes for Group）請點選「Amos output」視窗左側之「Notes for Group」（參見圖 6-13）時，在右側視窗中會列出遞迴模型和樣本數，與之前資料檔呈現的樣本數一致。

②變項的摘要

　　變項的摘要（Variable Summary）請點選圖 6-14 左側視窗中的「Variable Summary」時，就會在右側視窗中出現我們模式中所預設的 45 個變項，其中內衍觀察變項有 20 個，外衍潛在變項有 25 個，詳見表 6-1 中各類變項的分類表。

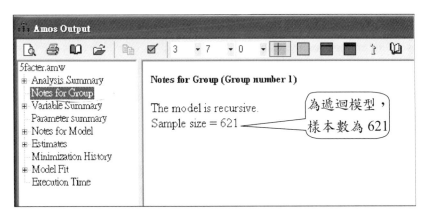

圖 6-13　群組的註釋

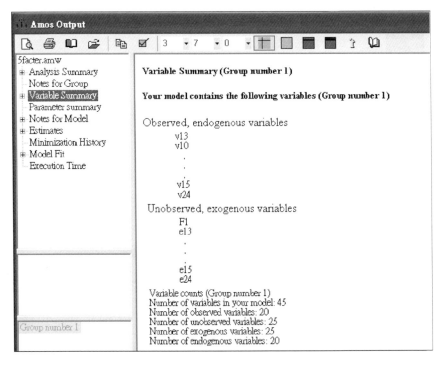

圖 6-14　變項摘要

表 6-1　變項摘要表

Observed, endogenous variables 內衍觀察變項——依變項	v13、v10、v9、v14、v55、v45、v50、v43、v29、v30、v32、v33、v6、v5、v4、v21、v16、v11、v15、v24
Unobserved, exogenous variables 外衍潛在變項——自變項	F1、e13、e10、e9、e14、F2、e55、e45、e50、e43、F3、e29、e30、e32、e33、F4、e6、e5、e4、e21、F5、e16、e11、e15、e24

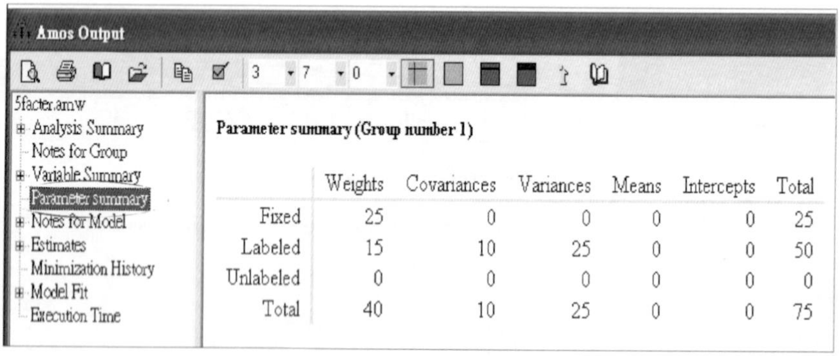

	Weights	Covariances	Variances	Means	Intercepts	Total
Fixed	25	0	0	0	0	25
Labeled	15	10	25	0	0	50
Unlabeled	0	0	0	0	0	0
Total	40	10	25	0	0	75

圖 6-15　參數摘要表

3 參數的摘要

參數的摘要（Parameter Summary）請點選圖 6-15 左側視窗中的「Parameter Summary」。從右側視窗中我們可以看出模式中有 40 個迴歸係數參數，其中 25 個是固定參數，15 個是待估計的參數，25 個固定的係數中有 5 個是因素項，20 個是誤差項，其參數均固定為 1。另外還有 10 個共變量和 25 個變異數待估計之參數，加起來總共有 75 個

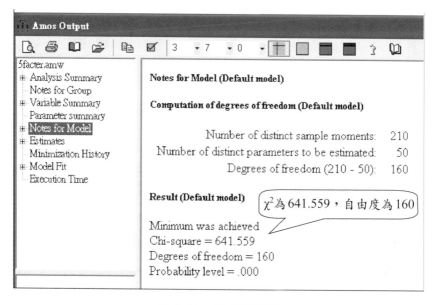

圖 6-16 模式的註釋

參數，25 個是固定為 1 之參數，而 50 個（已命名）是待估計的參數。

④ 模式的註釋

模式的註釋（Notes for Model）請點選圖 6-16 左側視窗中的「Notes for Model」，在右側的視窗中就可以看到 χ^2 值是 641.559，自由度是 160（＝210－50），p 值是 .000，已達到統計上之 .05 顯著水準。因此，就 χ^2 值來看，提議模式與資料很顯然的不適配。

⑤ 參數估計值

查看參數估計值（Estimates）請點選圖 6-17 左側視窗中的「Estimates」，會出現各參數的最大概似估計值，若想觀看各細目表，可點選「Scalars」下的 6 個分割表。以下將分別就各分割表逐一說明，以利讀者理解與應用。

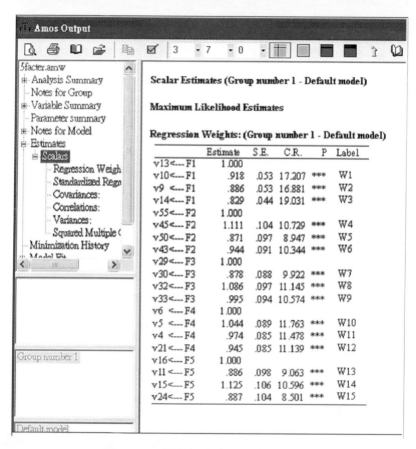

圖 6-17　六類參數估計值輸出視窗

　　圖 6-17 報表中之參數估計值是以最大概似法所估算出來的（參見圖 6-1 之設計）。表 6-2「Regression Weights」是指未標準化迴歸係數，這些迴歸係數在 SEM 中等於大家所熟悉的徑路係數，因 F1→v13 將未標準化係數固定為 1，所以不需要估計這些參數。因此，其標準誤（SE）、決斷值（CR）和 p 值欄位是空的。而從 F1→v10 的未標準化係數為.918，SE 值為.053、CR 值為 17.207，相當於 t 或 z 考驗之結果，用以檢驗這些迴歸係數估計值是否等於 0。p 值之下的 * 號表示達顯著

水準（p＜.000），另 p 值中出現了多個＊號係因小數位數設定太小，如欲觀看其精確 p 值，則需調大小數位數之欄位。其餘參數之解釋，依此類推。此外，因為在「Tools」功能列項下之「Macro」中點選「Name Parameters」加以命名為 W，即估計的徑路係數加上標籤以利辨識，因而在參數命名（Label）行中會出現 W1 至 W15。

表 6-2　Regression Weights 摘要表

	Estimate	S.E.	C.R.	p*	Label
v13 <---F1	1.000				
v10 <---F1	.918	.053	17.207	***	W1
v9 <---F1	.886	.053	16.881	***	W2
v14 <---F1	.829	.044	19.031	***	W3
v55 <---F2	1.000				
v45 <---F2	1.111	.104	10.729	***	W4
v50 <---F2	.871	.097	8.947	***	W5
v43 <---F2	.944	.091	10.344	***	W6
v29 <---F3	1.000				
v30 <---F3	.878	.088	9.922	***	W7
v32 <---F3	1.086	.097	11.145	***	W8
v33 <---F3	.995	.094	10.574	***	W9
v6 <---F4	1.000				
v5 <---F4	1.044	.089	11.763	***	W10
v4 <---F4	.974	.085	11.478	***	W11
v21 <---F4	.945	.085	11.139	***	W12
v16 <---F5	1.000				
v11 <---F5	.886	.098	9.063	***	W13
v15 <---F5	1.125	.106	10.596	***	W14
v24 <---F5	.887	.104	8.501	***	W15

*p 值欄位之下三個***，表示 p 值＜.000。

表 6-3「Standardized Regression Weights」係指標準化廻歸係數（亦即標準化因素負荷量），此輸出需在分析前勾選標準化估計值時才會顯示（參見圖 6-12），如 F1→v9 的標準化係數為.691，顯示其直接效果是.691，其平方值.48 可以用來計算該變項的預測力（參見圖 6-8）。這些標準化係數乃是經由變項轉化為 z 分數後，計算出來的廻歸係數，所以可以進行各變項間在各因素上重要性之比較。例如，變項 14 對於 F1 因素的影響力大於變項 9 之影響力。

表 6-3　Standardized Regression Weights 摘要表

			Estimate
v13	<---	F1	.792
v10	<---	F1	.703
v9	<---	F1	.691
v14	<---	F1	.775
v55	<---	F2	.585
v45	<---	F2	.641
v50	<---	F2	.482
v43	<---	F2	.599
v29	<---	F3	.566
v32	<---	F3	.636
v33	<---	F3	.584
v30	<---	F3	.532
v6	<---	F4	.601
v5	<---	F4	.624
v4	<---	F4	.602
v21	<---	F4	.578
v16	<---	F5	.577
v11	<---	F5	.482
v15	<---	F5	.607
v24	<---	F5	.443

表 6-4   Covariances 摘要表

			Estimate	SE	CR	p	Label
F1	<-->	F2	.794	.099	8.006	***	C1
F1	<-->	F3	.900	.103	8.720	***	C2
F1	<-->	F4	1.165	.118	9.887	***	C3
F1	<-->	F5	.788	.093	8.476	***	C4
F2	<-->	F3	.754	.097	7.772	***	C5
F2	<-->	F4	.748	.098	7.632	***	C6
F2	<-->	F5	.661	.087	7.581	***	C7
F3	<-->	F4	.921	.108	8.514	***	C8
F3	<-->	F5	.789	.095	8.317	***	C9
F4	<-->	F5	.813	.097	8.375	***	C10

  表 6-4 係各潛在變項間的共變數估計值，例如，F1 <--> F2 的共變數為.794，其 SE 值為.099，CR 值為 8.006，且 p <.000；其餘之解釋，依此類推。此外，因為我們已在「Tools」功能列項下之「Macro」中點選「Name Parameters」加以命名為 C，即估計的徑路係數加上標籤以利辨識，因而在 Label 行中會出現 C1 至 C10。由表 6-5 得知大部分潛在變項間具有高度相關（.616～.806），尤其是 F5 與 F3 因素間之相關高於.80 以上。因此，可推知這些因素間具有另一高階之因素結構，請參閱第 8 章。

  表 6-6 係所有潛在因素和誤差變項的變異量摘要表，資料呈現所有 p 值皆達顯著水準（p <.000），表示這些變異量在母群中都不等於 0。此外，因為在「Tools」功能列項下之「Macro」中點選「Name Parameters」加以命名為 VV（為了不與變項符號 v 混淆），即估計的徑路係數加上標籤，因而在 Label 行中會出現 VV1 至 VV25。

表 6-5　Correlations 摘要表

	Estimate
F1 <--> F2	.549
F1 <--> F3	.637
F1 <--> F4	.754
F1 <--> F5	.618
F2 <--> F3	.679
F2 <--> F4	.616
F2 <--> F5	.659
F3 <--> F4	.778
F3 <--> F5	.806
F4 <--> F5	.760

表 6-6　Variances 摘要表

	Estimate	SE	CR	p	Label
F1	1.841	.167	11.046	***	VV1
F2	1.138	.168	6.780	***	VV6
F3	1.083	.160	6.784	***	VV11
F4	1.296	.176	7.381	***	VV16
F5	.884	.131	6.723	***	VV21
e13	1.095	.088	12.471	***	VV2
e10	1.590	.108	14.655	***	VV3
e9	1.587	.107	14.856	***	VV4
e14	.844	.065	13.026	***	VV5
e55	2.187	.153	14.306	***	VV7
e45	2.012	.153	13.147	***	VV8
e50	2.852	.182	15.710	***	VV9
e43	1.813	.129	14.050	***	VV10
e29	2.297	.151	15.255	***	VV12

（接下頁）

e30	2.115	.135	15.654	***	VV13
e32	1.879	.133	14.132	***	VV14
e33	2.066	.138	15.005	***	VV15
e6	2.297	.152	15.073	***	VV17
e5	2.215	.150	14.721	***	VV18
e4	2.161	.144	15.048	***	VV19
e21	2.308	.150	15.371	***	VV20
e16	1.775	.122	14.588	***	VV22
e11	2.294	.145	15.831	***	VV23
e15	1.914	.137	14.004	***	VV24
e24	2.848	.176	16.187	***	VV25

　　表 6-7 係多元相關的平方值（squared multiple correlations），反映觀察變項能被潛在變項解釋的百分比，類似迴歸分析的 R^2。以 v13 為例，有 62.7%（R^2）的變異量能被潛在變項所解釋，37.3%的變異量為誤差變異量（$1-R^2$）。表中又以 v24 與潛在因素的關係最弱，其預測力僅有 19.6%。

表 6-7　Squared Multiple Correlation 摘要表

	Estimate
v24	.196
v15	.369
v11	.232
v16	.332
v21	.334
v4	.363
v5	.389
v6	.361

（接下頁）

v33	.342
v32	.405
v30	.283
v29	.320
v43	.359
v50	.232
v45	.411
v55	.342
v14	.600
v9	.477
v10	.494
v13	.627

⑥ 模式適配度分析

　　模式適配度分析（Model Fit）請點選圖 6-18 左側視窗中選「Model-Fit」，按下就會在圖 6-18 右側視窗中顯示提議模式之適配度摘要表。

　　為便利說明，茲將圖 6-18 視窗內之各類型適配度指標逐一重列如表 6-8。在 Model 下分別有提議之內定模式（Default model）、飽和模式（Saturated model）和獨立模式（Independence model）。內定模式係研究者之提議模式；飽和模式係完美模式，因為待估計參數之數目等於資料點數，其χ^2恆等於 0；獨立模式為虛無模式，模式中的變項關係均設定為無關。從資料中顯示，本研究結果之卡方值為 641.559，自由度為 160，p 值為.000，可以判斷模式適配度不佳。就本研究之 n=621 來看，模式適配度不佳，可能係因樣本過大所致。

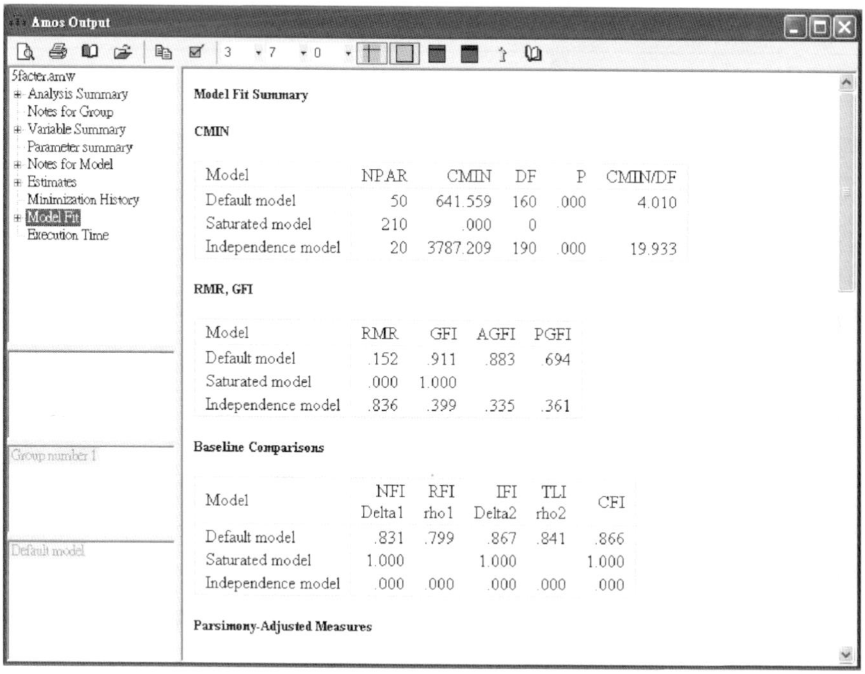

圖 6-18　模式適配度指標摘要表

　　至於其他適配度指標，由表 6-8 知 GFI 為.911 略高於.90，RMR 為.152，高於.025，RMSEA 為.07，雖高於.05 門檻，但小於.08，尚可接受。其他各指數亦不盡理想，如 AGFI 為.883、NFI 為.831、TLI 為.841、CFI 為.866，均低於.90 的臨界值。因此，在 11 項適配度指標檢定中，有 8 項標準未達適配之臨界值（參見表 6-9），說明了本模式之適配度未盡理想，尚需進一步模式修正或進行效度複核，請參閱第 7 章之詳細說明。

表 6-8　Model Fit 摘要表

1. CMIN

Model	NPAR	CMIN	DF	p	CMIN/DF
Default model	50	641.559*	160	.000	4.010
Saturated model	210	.000	0		
Independence model	20	3787.209	190	.000	19.933

*(621 − 1)×1.035

2. RMR, GFI

Model	RMR	GFI	AGFI	PGFI
Default model	.152	.911	.883	.694
Saturated model	.000	1.000		
Independence model	.836	.399	.335	.361

3. Baseline Comparisons

Model	NFI Delta1	RFI rho1	IFI Delta2	TLI rho2	CFI
Default model	.831	.799	.867	.841	.866
Saturated model	1.000		1.000		1.000
Independence model	.000	.000	.000	.000	.000

4. NCP

Model	NCP	LO 90	HI 90
Default model	481.559	407.344	563.333
Saturated model	.000	.000	.000
Independence model	3597.209	3400.896	3800.828

（接下頁）

5. FMIN

Model	FMIN	F0	LO 90	HI 90
Default model	1.035	.777	.657	.909
Saturated model	.000	.000	.000	.000
Independence model	6.108	5.802	5.485	6.130

6. RMSEA

Model	RMSEA	LO 90	HI 90	PCLOSE*
Default model	.070	.064	.075	.000
Independence model	.175	.170	.180	.000

* Pclose 用以檢驗 H_0：RMSEA ≤ .05

7. AIC

Model	AIC	BCC	BIC	CAIC
Default model	741.559	745.065	963.125	1013.125
Saturated model	420.000	434.725	1350.580	1560.580
Independence model	3827.209	3828.612	3915.836	3935.836

　　表 6-8 中 Fmin 係極小化函數，此值乘上 (N－1) 即是$χ^2$值：1.035 * (621－1)＝641.559。茲將上述之研究結果依照絕對適配指標、增值適配指標與精簡適配指標之分類，摘要如表 6-9，以便利做統整式的分析與解釋，表中 SRMR 之 Amos 操作步驟請參照 P. 215。

表 6-9　國小五年級數常識五因素模式 CFA 分析結果

指標名稱		適配標準或臨界值	五因素檢定結果	模式適配度評估
絕對適配指標	χ^2	愈小愈好，其 p 值至少大於.05 顯著水準（p＞.05）	641.559 df=160 p=.000	不佳 可能係樣本過大所致
	GFI	大於.90	.911	佳
	RMR	此值最好低於.05，或更低（.025）以下，愈低愈好	.152	未盡理想
	SRMR	此值最好低於.05，或更低（.025）以下，愈低愈好	.048	佳 不受量尺大小之影響
	RMSEA	.05 以下優良，.05～.08 良好	.070	尚可
增值適配指標	AGFI	大於.90，愈接近 1，表示模式愈適配	.883	未盡理想
	NFI	大於.90，愈接近 1，表示模式愈適配	.831	未盡理想
	TLI	大於.90，愈接近 1，表示模式愈適配	.841	未盡理想
	CFI	大於.90，愈接近 1，表示模式愈適配	.866	未盡理想
精簡適配指標	AIC	本值愈小，表模式適配度佳且愈精簡	741.559	模式間比較用
	CAIC	本值愈小，表模式適配度佳且愈精簡	1013.125	模式間比較用

　　由表 6-9 之分析結果得知，所提議的五因素數常識模式無法充分

解釋實徵資料。

 ㈡四因素數常識模式

　　由於數常識五因素模式之適配度不佳，以下將考驗前述數常識四因素模式之適配度，以做比較。茲將相關之 Amos 輸出結果依 Amos 報表之順序分述如下：

① 群組的註釋

　　請點選圖 6-19 Amos output 視窗左側之「Notes for Group」時，會列出遞迴模型和樣本數，與之前資料檔呈現的樣本數一致。

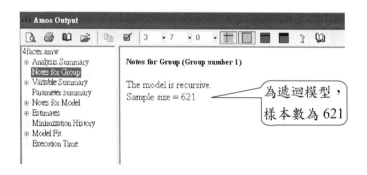

圖 6-19　群組的註釋

② 變項的摘要

　　點選圖 6-20 左側視窗中的「Variable Summary」時，在右側視窗中就會出現模式中所預設的 36 個變項，其中內衍觀察變項有 16 個，外衍潛在變項有 20 個，詳見表 6-10 中各類變項的分類表。

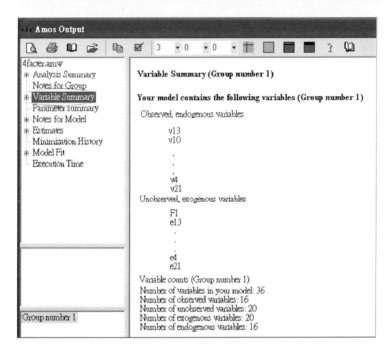

圖 6-20　變項摘要

表 6-10　變項摘要表

Observed, endogenous variables 內衍觀察變項——依變項	v13、v10、v9、v14、v55、v45、v50、v43、v29、v30、v32、v33、v6、v5、v4、v21
Unobserved, exogenous variables 外衍潛在變項——自變項	F1、e13、e10、e9、e14、F2、e55、e45、e50、e43、F3、e29、e30、e32、e33、F4、e6、e5、e4、e21

3 參數的摘要

點選圖 6-21 左側視窗中的「Parameter Summary」後，在右側視窗中就可以看出模式中有 32 個迴歸係數參數，其中 20 個是固定參數，12 個是待估計的參數，20 個固定的係數中有 4 個是因素項，16 個是誤差項，其參數均固定為 1。另外還有 6 個共變量和 20 個變異數待估計之參數，加起來總共有 58 個參數，其中 20 個是固定為 1 之參數，而 38 個（已命名）是待估計的參數。

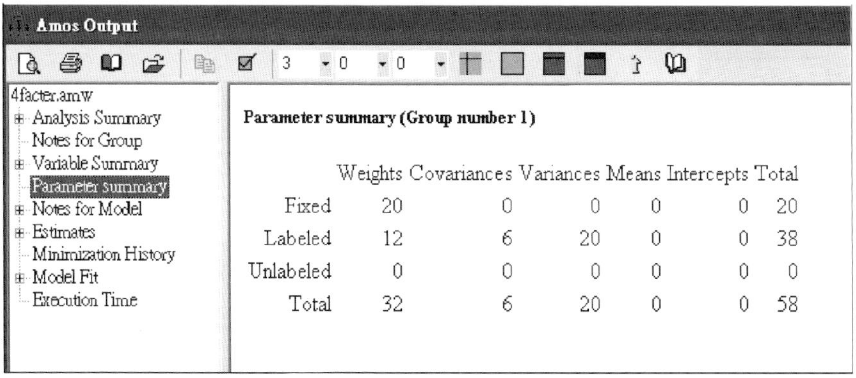
Amos Output
4facter.amw
Analysis Summary
Notes for Group
Variable Summary
Parameter summary
Notes for Model
Estimates
Minimization History
Model Fit
Execution Time
Parameter summary (Group number 1)
Weights Covariances Variances Means Intercepts Total
Fixed 20 0 0 0 0 20
Labeled 12 6 20 0 0 38
Unlabeled 0 0 0 0 0 0
Total 32 6 20 0 0 58

圖 6-21　參數摘要表

4 模式的註釋

請點選圖 6-22 左側視窗中的「Notes for Model」後，在右側的視窗中就可以看到χ^2值是 445.120，自由度是 98（=136－38），p 值是 .000，達到統計上之.05 顯著水準。在這個報表中我們發現比起五因素模式，四因素模式之χ^2值變小，自由度也變小了。

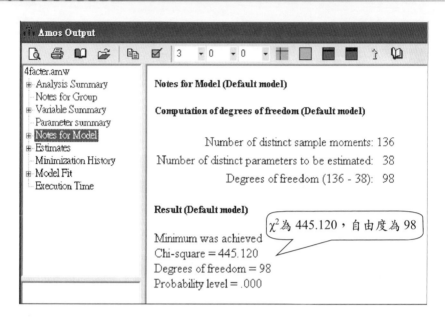

圖 6-22　模式的註釋

5 參數估計值

　　點選圖 6-23 左側視窗中的「Estimates」，就會在右側的視窗中出現各參數的最大概似估計值，若想觀看各細目表，可點選「Scalars」下之 6 個細目分割表。以下將就各分割表逐一說明，以利讀者理解與應用。

　　圖 6-23 右側視窗內，說明了本次參數估計值是以最大概似法所估算出來的，特將這些參數估計值整理如表 6-11。表 6-11 中迴歸係數是指非標準化係數，因 F1→v13 將非標準化係數固定為 1，所以不需要估計這些參數。因此，其標準誤、決斷值和 p 值欄位是空的。而從F1→v10 的非標準化係數為.911，SE 值為.053、CR 值為 17.108，相當於 t/z 考驗之結果，用以檢驗這些迴歸係數估計值是否等於 0。p 值之下的 *

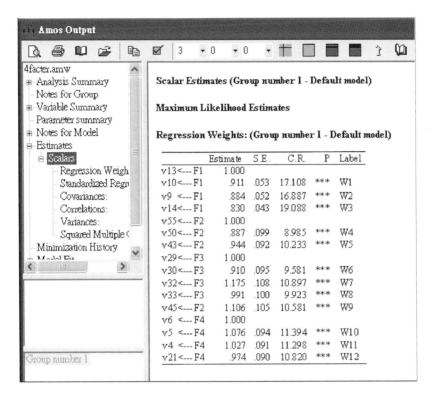

圖 6-23　六類參數估計值輸出視窗

號表示達顯著水準（p＜.000），另 p 值中出現了多個 * 號係因小數位數設定太小，如欲觀看其精確 p 值，則需調大小數位數之欄位。其餘參數的解釋，依此類推。此外，因為在「Tools」功能列項下之「Macro」中點選「Name Parameters」加以命名為 W，即估計的徑路係數加上標籤以利辨識，因而在 Label 行中會出現 W1 至 W12。

表 6-11　Regression Weights 摘要表

			Estimate	S.E.	C.R.	p	Label
v13	<---	F1	1.000				
v10	<---	F1	.911	.053	17.108	***	W1
v9	<---	F1	.884	.052	16.887	***	W2
v14	<---	F1	.830	.043	19.088	***	W3
v55	<---	F2	1.000				
v50	<---	F2	.887	.099	8.985	***	W4
v43	<---	F2	.944	.092	10.233	***	W5
v29	<---	F3	1.000				
v30	<---	F3	.910	.095	9.581	***	W6
v32	<---	F3	1.175	.108	10.897	***	W7
v33	<---	F3	.991	.100	9.923	***	W8
v45	<---	F2	1.106	.105	10.581	***	W9
v6	<---	F4	1.000				
v5	<---	F4	1.076	.094	11.394	***	W10
v4	<---	F4	1.027	.091	11.298	***	W11
v21	<---	F4	.974	.090	10.820	***	W12

　　表 6-12 中標準化迴歸係數等於 SEM 分析中的標準化徑路係數，研究者需在分析前勾選標準化估計值時才會顯示，如 F1---＞ v13 的標準化係數為.793，顯示其直接效果是.793，其平方值.63 可以用來計算該變項的預測力。這些標準化係數乃是經由變項轉化為 z 分數後，計算出來的迴歸係數，所以可以進行各變項間在各因素上重要性之比較。例如，變項 13 對於 F1 因素的影響力大於變項 10 之影響力。

表 6-12　Standardized Regression Weights 摘要表

			Estimate
v13	<---	F1	.793
v10	<---	F1	.699
v9	<---	F1	.690
v14	<---	F1	.776
v55	<---	F2	.584
v50	<---	F2	.490
v43	<---	F2	.598
v29	<---	F3	.549
v30	<---	F3	.534
v32	<---	F3	.667
v33	<---	F3	.564
v45	<---	F2	.637
v6	<---	F4	.583
v5	<---	F4	.625
v4	<---	F4	.617
v21	<---	F4	.578

　　表 6-13 係各潛在變項間的共變數估計值，例如以 F1 <--> F2 的共變數為.796，SE 值為.100，CR 值為 7.995，且 p <.000；其餘之解釋，依此類推。此外，因為我們已在「Tools」功能列項下之「Macro」中點選「Name Parameters」加以命名為 C，即估計的徑路係數加上標籤，因而在 Label 行中會出現 C1 至 C6。由表 6-14 知大部分之潛在變項間具有高度相關（.616～.771）。因此，可以推知這四個因素間具有另一高階之因素結構。

表 6-13　Covariances 摘要表

	Estimate	S.E.	C.R.	p	Label
F1 <--> F2	.796	.100	7.995	***	C1
F1 <--> F3	.872	.102	8.527	***	C2
F1 <--> F4	1.139	.117	9.719	***	C3
F2 <--> F3	.736	.096	7.656	***	C4
F2 <--> F4	.726	.096	7.525	***	C5
F3 <--> F4	.860	.105	8.196	***	C6

表 6-14　Correlations 摘要表

	Estimate
F1 <--> F2	.550
F1 <--> F3	.636
F1 <--> F4	.757
F2 <--> F3	.686
F2 <--> F4	.616
F3 <--> F4	.771

　　表 6-15 係顯示所有潛在因素和誤差變項的變異量摘要表，資料呈現所有 p 值皆達顯著水準（p＜.000），表示這些母群變異量都不等於 0。此外，因為在「Tools」功能列項下之「Macro」中點選「Name Parameters」加以命名為 VV，即估計的徑路係數加上標籤，因而在 Label 行中出現 VV1 至 VV20。

表 6-15　Variances 摘要表

	Estimate	S.E.	C.R.	p	Label
F1	1.848	.167	11.069	***	VV1
F2	1.134	.169	6.729	***	VV6
F3	1.017	.157	6.460	***	VV11
F4	1.223	.173	7.085	***	VV16
e13	1.088	.088	12.400	***	VV2
e10	1.608	.109	14.715	***	VV3
e9	1.588	.107	14.849	***	VV4
e14	.838	.065	12.950	***	VV5
e55	2.191	.154	14.227	***	VV7
e45	2.030	.155	13.119	***	VV8
e50	2.823	.181	15.567	***	VV9
e43	1.817	.130	13.969	***	VV10
e29	2.363	.155	15.263	***	VV12
e30	2.108	.137	15.437	***	VV13
e32	1.751	.134	13.116	***	VV14
e33	2.139	.142	15.058	***	VV15
e6	2.370	.156	15.172	***	VV17
e5	2.210	.152	14.551	***	VV18
e4	2.101	.143	14.685	***	VV19
e21	2.306	.151	15.237	***	VV20

　　表 6-16 係多元相關的平方值，反映觀察變項能被潛在變項解釋的百分比，類似迴歸分析的 R^2。以 v14 為例，有 60.3%（R^2）的變異量能被潛在變項所解釋，39.7%的變異量為誤差變異量（$1 - R^2$）。表中變項與潛在因素的關係稍弱，其中又以v50最弱，其預測力僅有24%。

表 6-16   Squared Multiple Correlations 摘要表

	Estimate
v21	.335
v4	.381
v5	.391
v6	.340
v33	.318
v32	.445
v30	.285
v29	.301
v43	.357
v50	.240
v45	.406
v55	.341
v14	.603
v9	.477
v10	.488
v13	.629

⑥ 模式適配度分析

如果您在圖 6-24 左側視窗中點選「Model-Fit」，就會在右側視窗中顯示提議模式之適配度摘要表。

為便利說明，茲將圖 6-24 視窗內之各類型適配度指標逐一重列如表 6-17。在 Model 下分別有提議之內定模式（Default model）、飽和模式（Saturated model）和獨立模式（Independence model）。從資料中顯示，本研究結果之卡方值為 445.120，自由度為 98，p 值為.000，可以判斷模式適配性不佳。就本研究之 n=621 來看，模式適配度仍不佳，可能係因樣本過大所致。

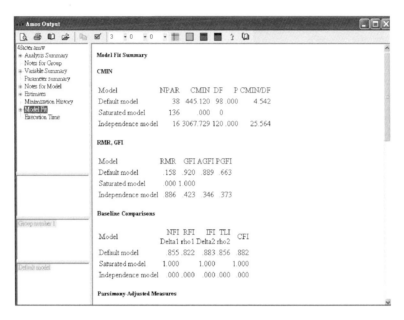

圖 6-24　模式適配度指標摘要表

　　至於其他適配度指標，由表 6-17 知 GFI 為 .920 高於 .90，RMR 為
.158，高於 .025，RMSEA 為 .076，雖高於 .05 門檻，但接近 .08，尚可接
受。其他各指數亦不盡理想，如 AGFI 為 .889、NFI 為 .855、TLI 為
.856、CFI 為 .882，均低於 .90 的臨界值。因此，在 11 項適配度指標檢
定中，有 8 項標準未達理想適配之臨界值，似乎證明了本模式適配度
不盡理想，尚須進一步模式修正或進行效度複核。不過 Cheung 和
Rensvold（2002）的研究發現除了 RMSEA 之外，其餘大部分的 Model
Fit 似乎會因因素個數及題數而產生低估現象，因而模式複雜度亦應列
入 Model Fit 評鑑之考慮中。

表 6-17　Model Fit 摘要表

1. CMIN

Model	NPAR	CMIN	DF	p	CMIN/DF
Default model	38	445.120	98	.000	4.542
Saturated model	136	.000	0		
Independence model	16	3067.729	120	.000	25.564

2. RMR, GFI

Model	RMR	GFI	AGFI	PGFI
Default model	.158	.920	.889	.663
Saturated model	.000	1.000		
Independence model	.886	.423	.346	.373

3. Baseline Comparisons

Model	NFI Delta1	RFI rho1	IFI Delta2	TLI rho2	CFI
Default model	.855	.822	.883	.856	.882
Saturated model	1.000		1.000		1.000
Independence model	.000	.000	.000	.000	.000

4. NCP

Model	NCP	LO 90	HI 90
Default model	347.120	285.375	416.407
Saturated model	.000	.000	.000
Independence model	2947.729	2700.908	3131.870

（接下頁）

5. FMIN

Model	FMIN	F0	LO 90	HI 90
Default model	.718	.560	.460	.672
Saturated model	.000	.000	.000	.000
Independence model	4.948	4.754	4.469	5.051

6. RMSEA

Model	RMSEA	LO 90	HI 90	PCLOSE
Default model	.076	.069	.083	.000
Independence model	.199	.193	.205	.000

7. AIC

Model	AIC	BCC	BIC	CAIC
Default model	521.120	523.262	689.510	727.510
Saturated model	272.000	279.668	874.661	1010.661
Independence model	3099.729	3100.631	3170.630	3186.630

8. ECVI

Model	ECVI	LO 90	HI 90	MECVI
Default model	.841	.741	.952	.844
Saturated model	.439	.439	.439	.451
Independence model	5.000	4.714	5.297	5.001

　　綜合以上四因素模式與五因素模式的 CFA 分析結果，特將重要比較結果摘要如表 6-18 以利比較。

表 6-18　國小五年級數常識五因素與四因素模式 CFA 分析結果比較

指標名稱		適配標準或臨界值	五因素檢定結果	四因素檢定結果	模式適配度評估
絕對適配指標	χ^2	愈小愈好，其 p 值至少大於.05 顯著水準（p＞.05）	641.559 df=160 p=.000	445.120 df=98 p=.000	不佳，可能係樣本太大所致
	GFI	大於.90	.911	.920	佳
	RMR	此值最好低於.05，或更低（.025）以下，愈低愈好	.152	.158	未盡理想
	SRMR	此值最好低於.05，或更低（.025）以下，愈低愈好	.048	.050	佳，不受量尺大小之影響
	RMSEA	.05 以下優良，.05～.08 良好	.070	.076	尚可
增值適配指標	AGFI	大於.90，愈接近 1，表示模式愈適配	.883	.889	未盡理想
	NFI	大於.90，愈接近 1，表示模式愈適配	.831	.855	未盡理想
	TLI	大於.90，愈接近 1，表示模式愈適配	.841	.856	未盡理想
	CFI	大於.90，愈接近 1，表示模式愈適配	.866	.882	未盡理想
精簡適配指標	AIC	本值愈小，表模式適合度佳且愈精簡	741.559	521.120	四因素較佳
	CAIC	本值愈小，表模式適合度佳且愈精簡	1013.125	727.510	四因素較佳

從上述兩個模式的比較發現，除了 RMSEA、RMR 與 SRMR 值五因素模式優於四因素模式外，其餘的適配度指標均顯示四因素優於五因素模式。由於係非隔宿模式之比較，目前尚無可接納的顯著性考驗方法，一般都藉助於 SEM 描述性適配度指標，例如：AIC、CAIC、BIC、ECVI 或 RMSEA 等指標（請參閱 P.299）。顯然四因素較五因素模式為佳，但兩個模式的適配度均未達理想中的優良標準。因此，四因素模式之數常識模式似乎仍有修改之空間。研究者可利用修正指標繼續進行模式之修正，這項模式修正工作請參考本書第七、八章之說明。

由以上之研究結果得知，本研究假設一與研究假設二均未獲充分之支持。

四　Amos Basic 程式設計

由於 Amos Basic 的輸出結果與 Amos Graphics 完全相同，因此以下僅就程式設計部分加以說明。

㈠五因素數常識模式

首先，開啟如圖 6-25 之 Amos Basic 主視窗的「使用者介面」，點選「File」下的「New Engine Program」後，接著在 Basic 語言設計視窗「Sub Main...End Sub」中輸入控制指令，詳見圖 6-26 視窗內之控制敘述與各指令之意義，視窗中之程式含有許多迴歸方程式及重要資訊之控制指令，這些迴歸方程式係根據圖 6-7 之徑路圖而撰寫之。Amos Basic 程式之撰寫原則與細節請參考本書相關章節或其他 Basic 語言專書。

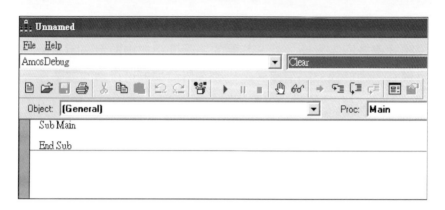

圖 6-25　Amos Basic 之使用者介面

圖 6-26　Amos Basic 指令輸入畫面

執行時，按「Macro」項下之「RUN」或點選功能表單上之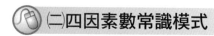
鍵即可執行參數估計。

🖱 ⑴四因素數常識模式

Basic 程式撰寫與操作步驟如同五因素模式，唯只需界定 F1 至 F4
四因素的測量模式關係，表 6-19 中之程式係 Amos Basic 之四因素模式
（參見圖 6-8）之程式控制指令。各指令之意涵參見表 6-19 中之說明。

表 6-19　Amos Basic 之四因素模式 CFA 分析之程式控制指令

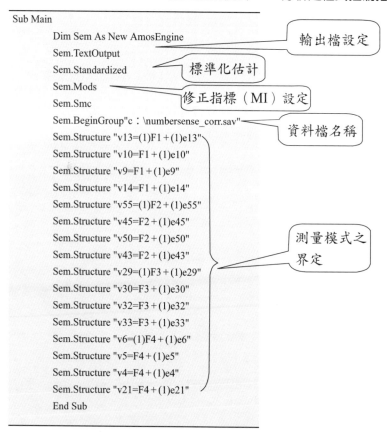

```
Sub Main
        Dim Sem As New AmosEngine            輸出檔設定
        Sem.TextOutput
        Sem.Standardized                標準化估計
        Sem.Mods
        Sem.Smc                    修正指標（MI）設定
        Sem.BeginGroup"c：\numbersense_corr.sav"
        Sem.Structure "v13=(1)F1+(1)e13"        資料檔名稱
        Sem.Structure "v10=F1+(1)e10"
        Sem.Structure "v9=F1+(1)e9"
        Sem.Structure "v14=F1+(1)e14"
        Sem.Structure "v55=(1)F2+(1)e55"
        Sem.Structure "v45=F2+(1)e45"
        Sem.Structure "v50=F2+(1)e50"
        Sem.Structure "v43=F2+(1)e43"            測量模式之
        Sem.Structure "v29=(1)F3+(1)e29"          界定
        Sem.Structure "v30=F3+(1)e30"
        Sem.Structure "v32=F3+(1)e32"
        Sem.Structure "v33=F3+(1)e33"
        Sem.Structure "v6=(1)F4+(1)e6"
        Sem.Structure "v5=F4+(1)e5"
        Sem.Structure "v4=F4+(1)e4"
        Sem.Structure "v21=F4+(1)e21"
        End Sub
```

　　當點選 ▶ 鍵估計後，不管是五因素或四因素數常識模式，Amos Basic 之輸出結果與前面 Amos Graphics 報表輸出結果相同，請參閱前節說明，不在此贅述。

CHAPTER 7 | 測驗分數的因素效度考驗：一階 CFA 模式

重點提示

一、研究假設。

二、Amos Graphics 之操作與徑路圖之繪製。

三、Amos 報表之解釋。

四、Amos Basic 之操作與程式撰寫。

　　本章旨在評估開發出一種新測量工具後，欲了解其因素結構是否與原先設定的理論建構相吻合。因此，在對測驗分數之一階 CFA 模式考驗過程中，研究者只需提出一個理論模式去考驗，這是與第 6 章最大不同處，其目的在於單一模式之發展或驗證。如果不適配再做模式修正（如刪去某些題目），以尋求最適配之隔宿模式。換言之，本章主要的目的在利用一個理論模式去檢驗測驗分數的因素效度（邱皓政，2003；Byrne, 2001）。驗證性因素分析，常被用來驗證因素結構之正確性，比較適用於待研究的建構具有理論或實徵研究之基礎，因而不適用量表發展初期階段（Byrne, 2001）。全章共分四節，第一節為研究假設，第二節為 Amos Graphics 之操作與徑路圖之繪製，第三節為Amos 報表之解釋，第四節為 Amos Basic 之操作與程式撰寫。

一　研究假設

　　根據第四章之研究發現，五年級國小學生之數常識的主要成分包含四個因素，係指：㈠比較數字的相對大小；㈡數與運算的多重表徵；㈢運算結果之合理性的判斷；㈣了解數字的基本意義。本章乃以此四因素數常識模式進行 CFA 考驗，了解此因素結構是否與所蒐集之資料相吻合。本章分析資料亦取自林姿飴（2005）的另一半複核效度樣本（N=621），其待考驗之假設為：

㈠所提議之四因素數常識模式與資料適配。

㈡每一個題目沒有橫跨因素之現象，亦即每一個題目均落在所規劃之單一因素上。

㈢潛在變項間無相關存在。

㈣測量誤差之間獨立無關。

二　Amos Graphics 之操作與徑路圖之繪製

首先啟動 Amos Graphics 主視窗畫面，如圖 7-1 所示，以便製作徑路圖。根據林姿飴（2005）之「電腦化數常識量表之編製及其發展之研究──以九年一貫課程數學領域第二階段學童為例」之量表的測驗結構，提出國小五年級學生「數常識四因素模式」進行 CFA 分析，如發現本模式不適配時，將針對本模式中不適配之處進行修正，如刪除不佳題目或刪除不佳的徑路。

由圖 7-2 的模式知，共有 4 個潛在變項，分別為：F1（比較數字的相對大小）、F2（數與運算的多重表徵）、F3（運算結果之合理性的判斷）、F4（了解數字的基本意義）。其中 F1 包含的題目為 v13、v10、v9、v14 共計四題；F2 包含的題目為 v55、v45、v50、v43 共計四題；F3 包含的題目為 v29、v30、v32、v33 共計四題；F4 包含的題目為 v6、v5、v4、v21 共計四題，該模式計有 4 個因素 16 個測量變項及 16 個測量誤差。

　　為引導使用者熟悉 Amos 之操作步驟，簡要說明如何為繪製這四因素的測量模式結構圖如下：首先，需在圖 7-1 左側之工具視窗中點取 ⬭ 繪製潛在因素（F1 至 F4），接著點取 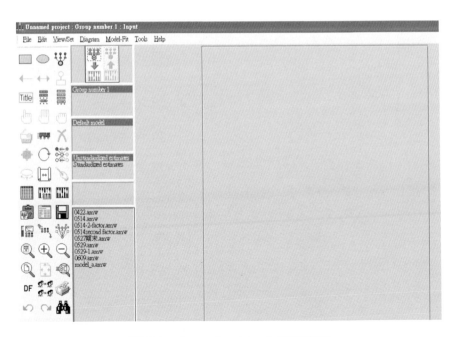 繪製測量誤差變項，再點取 ↻ 調整指標變項至適當位置；其次，點選 ⤡ 調整縱軸（X 軸）排列，使之對齊。最後，利用物體屬性「Object Properties」視窗界定圖形所代表之潛在變項、測量變項、測量誤差之變項名稱及參數之設定，繪製結果如圖 7-2 所示。為解決量尺特質未定性的問題，我們將某些因素負荷量固定為 1。另外，為了估計誤差變異量，我們亦將測量誤差的徑路係數全部固定為 1。

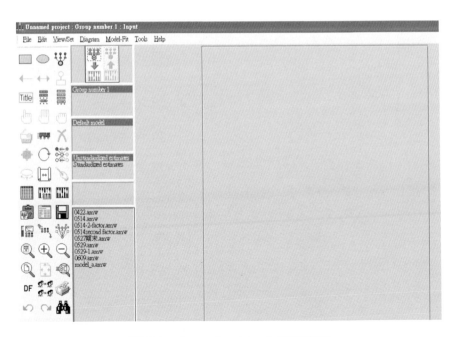

圖 7-1　Amos Graphics 主視窗畫面

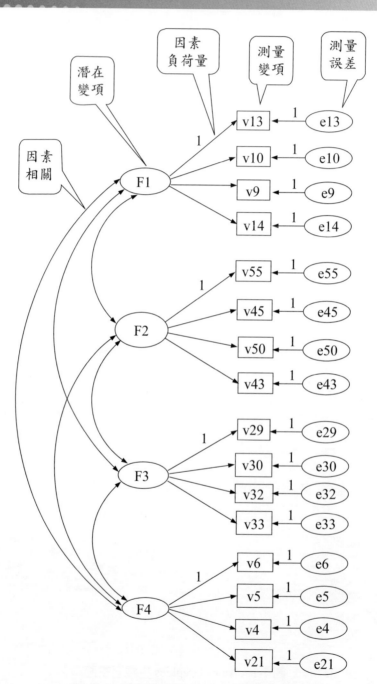

圖 7-2　數常識四因素 CFA 模式徑路圖

當您繪製四因素數常識一階CFA模式徑路圖完畢後，接著需點選「資料檔對話框」，聯結「C：\numbersense_corr.sav」原始資料檔案，以便取得 Amos 資料進行統計分析。接著按下計算工具，Amos便立即執行統計分析，待右側出現紅色按鈕　　　　時，表示分析正常結束，即可按下紅色按鈕在 Amos 徑路圖上觀看分析結果。圖 7-3 係數常識之部分文字報表，輸出報表步驟請參閱P. 209 之說明。

本考驗模式之 DF 為 98，其計算方法有兩種，一是選取圖 7-4 左下角之 **DF** 按下即會出現圖 7-5 自由度對話視窗，另一是依序選取功

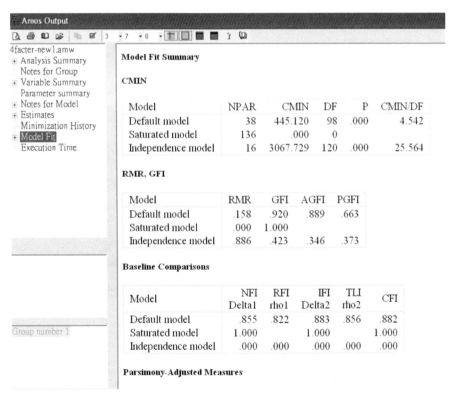

圖 7-3　數常識之報表輸出

能表單中「Model-Fit」下的「Degress of freedom」，即會出現自由度對話視窗，從圖 7-5 得知，總計 16 個測量變項可以產生 136（＝16* 17/2）個測量參數，在此模式下有 58 個參數，其中 38 個自由參數，20（＝58－38）個限制參數。因此，此假設模式之自由度為 98（＝136－38），誤差的自由度是 16，因素負荷量的自由度是 12，共變數自由度是 6，潛在變項的自由度是 4。

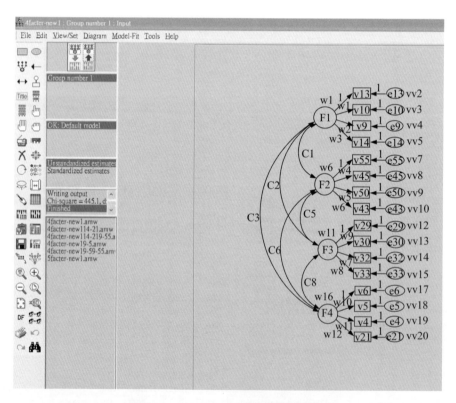

圖 7-4　Amos 操作運算後主視窗

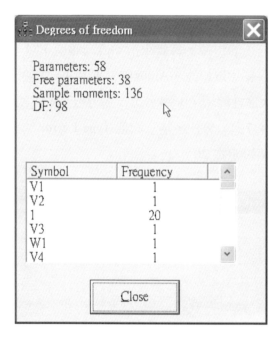

圖 7-5　Amos 之自由度視窗

　　此外，如欲查看正式文字報表，可以按下輸出的圖像 或到功能表單中「View/Set」下的「Text Output」去點選查看。研究者如欲了解四個因素的適配度統計量，可點選圖 7-3 中視窗之左上角小視窗內之「Model-fit」選項，以便查看相關之統計量，Amos 之各類適配度統計量會出現在圖 7-3 之右側視窗中。圖 7-3 之右側視窗係四因素數常識模式的統計量，其中 χ^2=445.120、CMIN/DF=4.542、GFI= .920、AGFI= .889、RMR= .158、NFI= .855、CFI= .882、TLI= .856，即為 Amos 的主要適配度指標。

　　其次，依序點選「View/set」→「Analysis Properties」→「Output」，並選取圖 7-6 視窗上之「Standardized estimates」與「Modifi-

cation indices」，以便輸出「標準估計值」和「修正指標」。修正指標
值可以做模式修正的根據，當修正指標值高過於 3.84（α=.05）時，表
示該模式可能需要加以修正，Amos 內定值為 4。由於，本研究所使用
之指標均屬於次序性變項（0～4 分），易導致測量誤差具有相關（Bol-
len, 1989: 436-437）；另外，為了減低 Type-I error 錯誤率，本研究將
修正指標之閾值設定在 20。

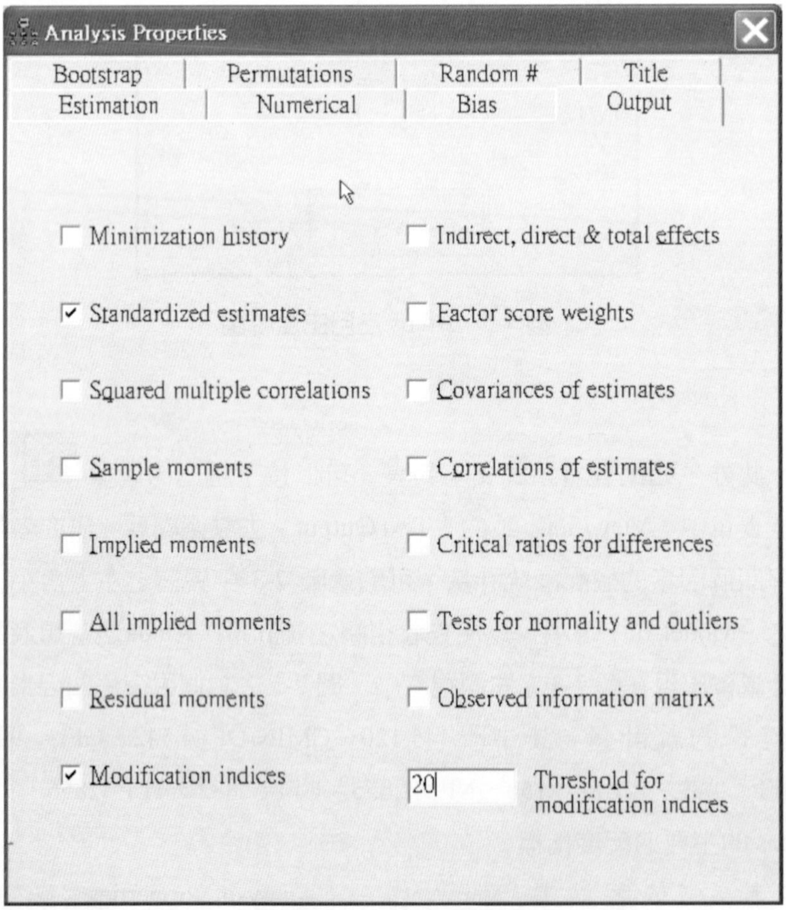

圖 7-6　Amos 之分析視窗

　　然後，按下計算參數的工具 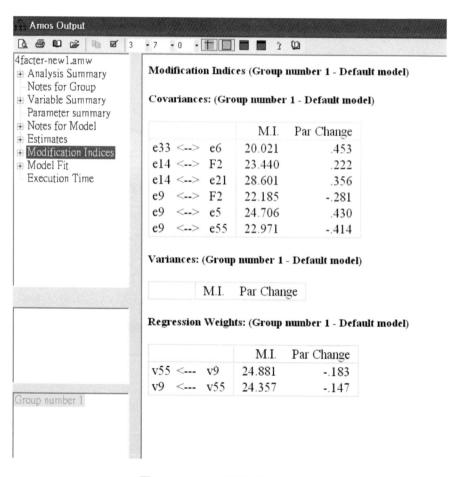，Amos 會立即執行統計分析。

待右側圖像出現紅色按鈕 　　　 時，即可按紅色按鈕，在 Amos 徑

路圖上觀看 χ^2 值，如欲查看正式報表，可以按下輸出的圖像 　　，便

會出現圖 7-7 之統計結果視窗，之後即可點選視窗左上角之小視窗內

之各種標題，以便查看相關之統計量。

圖 7-7　Amos 之報表輸出視窗

　　研究者如欲了解模式是否適配，可點選視窗內之「Model-Fit」查看模式之適配度指標，但若欲了解修正指標值，則需選取「Modification Indices」，即可出現修正指標分析結果，以了解模式不適配之所在，作為是否要對變項參數進行釋放或刪除的依據。

三　Amos 報表之解釋

　　Amos 報表中提供二十幾種的適配度指標，供研究者採用，學者間大都認為應從絕對適配檢定（χ^2、GFI、RMSEA、RMR、SRMR）、增量適配檢定（AGFI、NFI、RFI、IFI、CFI）、精簡適配檢定（PNFI、AIC）等三方面來探討因果模式之適配度（王保進，2004、邱皓政，2003）。筆者將常用的各項統計檢定量之理想適配之標準或臨界值，摘要如表 7-1。

表 7-1　統計檢定量之理想適配之標準或臨界值一覽表

統計檢定量		適配之標準或臨界值
絕對適配檢定	χ^2	愈小愈好，至少大於.05 顯著水準
	GFI	大於.90
	RMSEA	.05 以下優良，.05～.08 良好
	RMR	此值最好低於.05，或更低.025 以下，愈低愈好
	SRMR	此值最好低於.05，或更低.025 以下，愈低愈好
增量適配檢定	AGFI	大於.90
	NFI	大於.90
	RFI	大於.90
	IFI	大於.90
	CFI	大於.90
精簡適配檢定	PNFI	大於.5
	AIC	愈接近 0 愈佳

註：取自王保進（2004）多變量分析套裝程式與資料分析：392-393。

　　利用 Amos Graphics 考驗「電腦化數常識量表之編製及其發展之研究——以九年一貫課程數學領域第二階段學童為例」之四因素結構效度，其初步結果如表 7-2。

表 7-2　各種模式適配指標摘要表

(一) CMIN

Model	NPAR	CMIN	DF	p	CMIN/DF
Default model	38	445.120	98	.000	4.542
Saturated model	136	.000	0		
Independence model	16	3067.729	120	.000	25.564

(二) RMR, GFI

Model	RMR	GFI	AGFI	PGFI
Default model	.158	.920	.889	.663
Saturated model	.000	1.000		
Independence model	.886	.423	.346	.373

(三) Baseline Comparisons

Model	NFI Delta1	RFI rho1	IFI Delta2	TLI rho2	CFI
Default model	.855	.822	.883	.856	.882
Saturated model	1.000		1.000		1.000
Independence model	.000	.000	.000	.000	.000

(四) Parsimony-Adjusted Measures

Model	PRATIO	PNFI	PCFI
Default model	.817	.698	.720
Saturated model	.000	.000	.000
Independence model	1.000	.000	.000

（接下頁）

(五) NCP

Model	NCP	LO 90	HI 90
Default model	347.120	285.375	416.407
Saturated model	.000	.000	.000
Independence model	2947.729	2770.908	3131.870

(六) FMIN

Model	FMIN	F0	LO 90	HI 90
Default model	.718	.560	.460	.672
Saturated model	.000	.000	.000	.000
Independence model	4.948	4.754	4.469	5.051

(七) RMSEA

Model	RMSEA	LO 90	HI 90	PCLOSE
Default model	.076	.069	.083	.000
Independence model	.199	.193	.205	.000

(八) AIC

Model	AIC	BCC	BIC	CAIC
Default model	521.120	523.262	689.510	727.510
Saturated model	272.000	279.668	874.661	1010.661
Independence model	3099.729	3100.631	3170.630	3186.630

(九) ECVI

Model	ECVI	LO 90	HI 90	MECVI
Default model	.841	.741	.952	.844
Saturated model	.439	.439	.439	.451
Independence model	5.000	4.714	5.297	5.001

(十) HOELTER

Model	HOELTER .05	HOELTER .01
Default model	171	186
Independence model	30	33

　　根據表 7-2 之十大類分析結果，在絕對適配檢定方面，χ^2 值為 445.120、GFI 值為.920、RMSEA 值為.076、RMR 值為.158，SRMR 值為.05。SRMR計算方式，係從圖7-1，依序點選「Tools」→「Macro」→「Standardized RMR」後 Amos 即會出現 SRMR 值。其中 GFI 已達適配標準、RMSEA 則屬良好、χ^2 值應盡量小、RMR 則未達適配標準、SRMR 則已達適配標準；而在增量適配檢定方面，AGFI 值為.889、NFI 值為.855、RFI 為.822、IFI 值為.883、CFI 值為.882，均小於.90，未能達到表 7-1 統計檢定量之理想適配標準；在精簡適配檢定方面，PNFI 值為.689 大於.5、AIC 值 521.120，其中 PNFI 值符合表 7-1 統計檢定量之理想適配標準，但 AIC 值應更接近 0。因此，根據分析結果，該提議模式仍未達到理想，顯示某些模式參數間之關係必須做修正。研究者應注意有些參數的加入，不但不會改善模式的適配度，反而會降低其適配性。值得注意的是，這些數據是單變量的統計估計值，即是每一個參數的增減貢獻，是不考慮其他參數增減的影響。因此，一旦增減某一個參數之後，其他參數的影響可能產生變動，必須重新加以估計。因此，在進行報表結果分析時，當參數的修正指標值較大，是否要進行變項的釋放或刪除應特別謹慎，需考慮是否因題意不清、題目間存在相關，抑或是作答者的誤答等情形，才可解除對變項進一步採取釋放或刪除，方不致影響測驗的完整性。為了解本數常識量表中，有哪些題目彼此間具有高度相關，需進行變項間的參數釋放，乃繼續查看「修正指標」之結果。表 7-3 係修正指標大於 20 之共變數及廻歸係數。

表 7-3　模式參數修正指標摘要表

(一) Covariances: (Group number 1 − Default model)

	MI	Par Change
e33 <--> e6	20.021	.453
e14 <--> F2	23.440	.222
e14 <--> e21	28.601	.356
e9 <--> F2	22.185	− .281
e9 <--> e5	24.706	.430
e9 <--> e55	22.971	− .414

(二) Regression Weights: (Group number 1 − Default model)

	MI	Par Change
v55 <---v9	24.881	− .183
v9 <---v55	24.357	− .147

　　根據表 7-3 結果，呈現 e14 <--> F2 之 MI 值為 23.440，顯示第 14 題的測量誤差與 F2（數與運算的多重表徵）存有密切關係。此外，e9 <--> F2 之 MI 值為 22.185，顯示第 9 題的測量誤差與 F2（數與運算的多重表徵）存有密切關係，但此項結果違反 SEM 之基本假設：殘差與因素間無關，故本研究對於此共變關係不予釋放估計，而是先尋找有意義關係者才進行變項釋放。

　　其次，為了解測量誤差彼此間是否有關係，從表 7-3 發現，e14 <--> e21 的 MI 值為 28.601，其值甚大，經查看第 14 題題目內容（比較 7.2 和 7.1987 那個較大？答：① 7.2 ② 7.1987 ③一樣大④無法比較），而第 21 題題目內容（二位數與二位數的乘積是幾位數？答：①一定是二位數②一定是三位數③一定是四位數④可能是三位數或四位數）。兩個題目間所欲測量內容雖不盡同，但可能存在著解題方法相同的情形，在此考量下，乃先對 e14 與 e21 的變項釋放（開放參數估計），釋放進行完畢後，接著查看表 7-4 之適配度考驗結果。

表 7-4　修正模式之適配指標摘要表

(一) CMIN

Model	NPAR	CMIN	DF	p	CMIN/DF
Default model	39	414.950	97	.000	4.278
Saturated model	136	.000	0		
Independence model	16	3067.729	120	.000	25.564

(二) RMR, GFI

Model	RMR	GFI	AGFI	PGFI
Default model	.156	.926	.896	.660
Saturated model	.000	1.000		
Independence model	.886	.423	.346	.373

(三) Baseline Comparisons

Model	NFI Delta1	RFI rho1	IFI Delta2	TLI rho2	CFI
Default model	.865	.833	.893	.867	.892
Saturated model	1.000		1.000		1.000
Independence model	.000	.000	.000	.000	.000

(四) Parsimony-Adjusted Measures

Model	PRATIO	PNFI	PCFI
Default model	.808	.699	.721
Saturated model	.000	.000	.000
Independence model	1.000	.000	.000

(五) NCP

Model	NCP	LO 90	HI 90
Default model	317.950	258.710	384.744
Saturated model	.000	.000	.000
Independence model	2947.729	2770.908	3131.870

（接下頁）

(六) FMIN

Model	FMIN	F0	LO 90	HI 90
Default model	.669	.513	.417	.621
Saturated model	.000	.000	.000	.000
Independence model	4.948	4.754	4.469	5.051

(七) RMSEA

Model	RMSEA	LO 90	HI 90	PCLOSE
Default model	.073	.066	.080	.000
Independence model	.199	.193	.205	.000

(八) AIC

Model	AIC	BCC	BIC	CAIC
Default model	492.950	495.149	665.772	704.772
Saturated model	272.000	279.668	874.661	1010.661
Independence model	3099.729	3100.631	3170.630	3186.630

(九) ECVI

Model	ECVI	LO 90	HI 90	MECVI
Default model	.795	.700	.903	.799
Saturated model	.439	.439	.439	.451
Independence model	5.000	4.714	5.297	5.001

(十) HOELTER

Model	HOELTER .05	HOELTER .01
Default model	181	198
Independence model	30	33

　　從表 7-4 知，對 e14 與 e21 變項參數進行釋放後，其各項檢定值之改變情形說明如下：㈠在絕對配適檢定方面，χ^2 值為 414.950、GFI 值為.926、RMSEA 值為.073、RMR 為.156，SRMR 值為.0492。其中，χ^2 值比變項釋放前為小，未釋放前（445.120）＞釋放後（414.950），χ^2

值愈小愈佳；GFI 值比釋放前較佳，未釋放前（.920）＜釋放後
（.926），GFI 值愈大愈佳；RMSEA 值比釋放前較佳，未釋放前
（.076）＞釋放後（.073），RMSEA 愈接近 0 愈佳；RMR 值比釋放前
較佳，未釋放前（.158）＞釋放後（.154），RMR 愈接近.05 愈佳；
SRMR 值比釋放前較佳，未釋放前（.05）＞釋放後（.0492），SRMR
愈低愈佳；㈡在增量配適檢定方面，AGFI 值為.896、NFI 值為.865、
RFI 為.833、IFI 值為.893、CFI 值為.892，均比未釋放前更接近.90，但
乃未超過.90，未能達到表 7-1 統計檢定量之理想適配標準；㈢在精簡
配適檢定方面，PNFI 值為.699，比未釋放前.698 佳，而 AIC 值在未釋
放前（521.120）＞釋放後（492.950），AIC 值愈接近 0 愈佳。根據此
項分析結果，該修正模式雖較理想，但仍有改善之處，須再進行部分
變項關係之修正。

　　經由表 7-5 發現，雖對 e14 與 e21 變項釋放後，但卻發現 e9 ＜--＞
F2 之 MI 值為 22.185，顯示第 9 題的測量誤差與 F2（數與運算的多重表

表 7-5　模式適配指標摘要表

㈠ Covariances: (Group number 1 − Default model)		
	MI	Par Change
e9 ＜--＞ F2	22.135	− .280
e5 ＜--＞ e9	21.776	.399
e55 ＜--＞ e9	22.143	− .405
e14 ＜--＞ F2	21.582	.208
㈡ Regression Weights: (Group number 1 − Default model)		
	MI	Par Change
v9 ＜---v55	23.831	− .145
v55 ＜---v9	24.550	− .182

徵）存有密切關係，且 e14 <--> F2 之 MI 值為 21.582，顯示第 14 題的測量誤差與 F2（數與運算的多重表徵）存有密切關係，但此項結果違反 SEM 之基本假設，本研究對於此共變關係暫不予釋放估計。

　　其次，從表 7-5 發覺，e55 與 e9 的 MI 值為 22.143 仍甚大，其中第 55 題題目內容（下圖甲及乙灰色部分面積何者較大？答：①甲②乙③一樣大④無法比較）

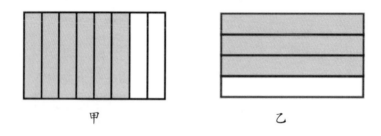

　　而第 9 題題目內容（如果不用直接計算，你可以知道 $\frac{7}{11}$ 和 $\frac{7}{10}$ 哪個大？答：①$\frac{7}{10}$②$\frac{7}{11}$③一樣大④無法比較），從兩個題目的題意發現，其所代表的意義均是在運用分數的概念以比較分數大小，存有相關，乃繼續再進行變項釋放。繼續執行 e55 與 e9 的參數釋放，首先觀看表 7-6 之適配度考驗結果。

表 7-6　模式適配指標摘要表

(一) CMIN

Model	NPAR	CMIN	DF	p	CMIN/DF
Default model	40	391.584	96	.000	4.079
Saturated model	136	.000	0		
Independence model	16	3067.729	120	.000	25.564

(二) RMR, GFI

Model	RMR	GFI	AGFI	PGFI
Default model	.148	.930	.901	.656
Saturated model	.000	1.000		
Independence model	.886	.423	.346	.373

(三) Baseline Comparisons

Model	NFI Delta1	RFI rho1	IFI Delta2	TLI rho2	CFI
Default model	.872	.840	.901	.875	.900
Saturated model	1.000		1.000		1.000
Independence model	.000	.000	.000	.000	.000

(四) Parsimony-Adjusted Measures

Model	PRATIO	PNFI	PCFI
Default model	.800	.698	.720
Saturated model	.000	.000	.000
Independence model	1.000	.000	.000

(五) NCP

Model	NCP	LO 90	HI 90
Default model	295.584	238.343	360.387
Saturated model	.000	.000	.000
Independence model	2947.729	2770.908	3131.870

（接下頁）

㈥ FMIN

Model	FMIN	F0	LO 90	HI 90
Default model	.632	.477	.384	.581
Saturated model	.000	.000	.000	.000
Independence model	4.948	4.754	4.469	5.051

㈦ RMSEA

Model	RMSEA	LO 90	HI 90	PCLOSE
Default model	.070	.063	.078	.000
Independence model	.199	.193	.205	.000

㈧ AIC

Model	AIC	BCC	BIC	CAIC
Default model	471.584	473.840	648.838	688.838
Saturated model	272.000	279.668	874.661	1010.661
Independence model	3099.729	3100.631	3170.630	3186.630

㈨ ECVI

Model	ECVI	LO 90	HI 90	MECVI
Default model	.761	.668	.865	.764
Saturated model	.439	.439	.439	.451
Independence model	5.000	4.714	5.297	5.001

㈩ HOELTER

Model	HOELTER .05	HOELTER .01
Default model	190	208
Independence model	30	33

　　從表 7-6 知，對 e55 與 e9 進行變項釋放後，各項檢定值之改變說明如下：㈠在絕對配適檢定方面，χ^2 值為 391.584、GFI 值為.930、RMSEA 值為.070、RMR 為.148、SRMR 值為.0467。其中，χ^2 值比變項釋放前較佳，未釋放前（414.950）＞釋放後（391.584），χ^2 值愈小愈

佳；GFI 值比釋放前較佳，未釋放前（.926）＜釋放後（.930），GFI 值愈大愈佳；RMSEA 值比釋放前較佳，未釋放前（.073）＞釋放後（.070），RMSEA 愈接近 0 愈佳；RMR 值比釋放前較佳，未釋放前（.154）＞釋放後（.148），RMR 愈接近 .05 愈佳；SRMR 值比釋放前較佳，未釋放前（.0492）＞釋放後（.0467），SRMR 愈低愈佳；㈡在增量配適檢定方面，AGFI 值為 .901、NFI 值為 .872、RFI 為 .840、IFI 值為 .901、CFI 值為 .900，均比未釋放前更接近 .90，各項指標值均較未釋放前為佳，其中 AGFI、IFI、CFI 值已達到表 7-1 統計檢定量之理想適配標準；㈢在精簡配適檢定方面，PNFI 值為 .698，與未釋放前 .699 甚為接近，而 AIC 值在未釋放前（492.950）＞釋放後（471.584），AIC 值愈接近 0 愈佳。其後，繼續執行修正模式之分析，但發現其 MI 值均小於 20。因此，不再進行變項釋放。

經由上述對 e14 與 e21 及 e55 與 e9 進行變項參數釋放後，其中 AGFI、IFI、CFI 值已達到前述表 7-1 統計檢定量之理想適配標準，且各項數值在變項釋放後均比未釋放前較佳，雖未全部達到理想配標準，但已是差強人意。

本章針對四個因素進行結構模式考驗後，從模式適配度指標來看，未經變項參數釋放之自由度為 98，卡方值為 445.120，p 值為 .000，表示假設模式與觀察值之間有顯著的差異，但是卡方自由度比為 4.542，表示模式卡方值並不理想。經過第 14 題與 21 題、第 55 題與第 9 題變項參數釋放後，卡方值降為 391.584，GFI 值為 .930。經過變項釋放，可針對標準化與非標準化模式進行分析，若選取非標準化模式，其分析結果如圖 7-8 所示。

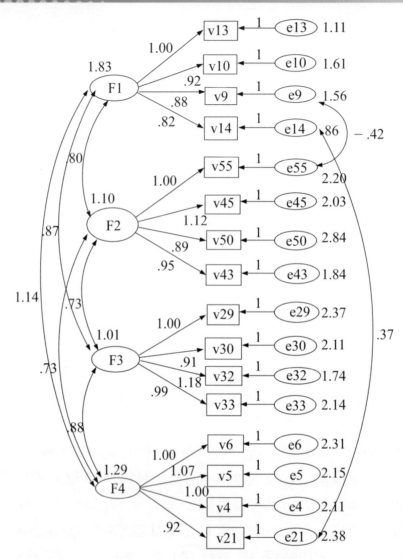

圖 7-8　變項釋放後非標準化估計值

　　其後，再選取標準化模式後，其結果如圖 7-9 所示，注意除了 F1 之指標外，其他指標之信度似乎不是非常理想（λ 值未未大於 .70，R^2 未大於 .50）。從圖 7-9 發現，四個潛在變項間的因素相關值均不小（介

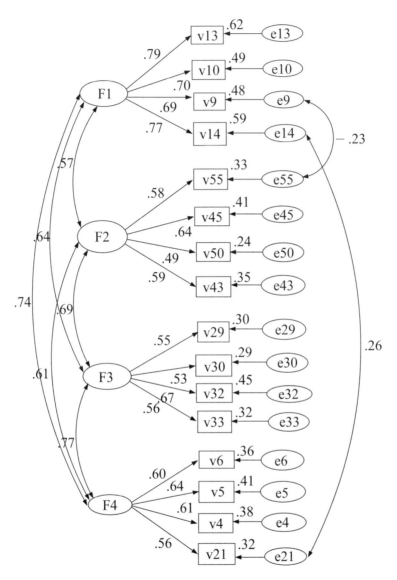

圖 7-9　變項釋放後標準化估計值

於.57～.77），表示該結構模式具有一更高層次之因素結構。

　　根據本章所進行「測驗分數的因素效度考驗：一階 CFA 模式」考

驗結果，又經進行變項間的參數釋放後，針對本研究所欲考驗假設說
明如下：

（一）四因素數常識修正模式大致與資料相適配，是一個可行模式。

（二）題目沒有橫跨因素之現象：經由表 7-5 發現，雖 e9 與 e14 所產生
　　的測量誤差有橫跨到 F2 潛在變項的情形，但從第 9 與 14 題題意
　　發現，它與 F2 潛在變項間，二者間所代表的概念並不相同，會產
　　生違反 SEM 基本假設之情形，可能是受試者本身問題所造成，像
　　是誤答、猜答，而非真正有橫跨現象的產生。

（三）4 個潛在變項間具有相關的：從圖 7-8 及圖 7-9 執行後結果發現，
　　4 個潛在變項是存有相關的，且會產生 6 個相關係數參數。

（四）測量殘差之間是獨立無關：經過變項釋放，發覺測量殘差間並非
　　完全是獨立無關的，而是存在著部分相關。

四　Amos Basic 之操作與程式撰寫

　　為了撰寫本四因素模式考驗之 Amos Basic 語言，首先，開啟 Amos
Basic 主視窗畫面，如圖 7-10 所示。

　　其次，在視窗中依序輸入控制指令——新的 Amos Engine 物件、
結果輸出、標準化模式、模式修正指標、資料檔案名稱、測量方程式、
變項釋放等 Amos Basic 程式，其實際內容說明如下：

圖 7-10　Amos Basic 主視窗畫面

Sub Main

　　Dim Sem As New AmosEngine

　　Sem. TextOutput←結果輸出

　　Sem. Standardized←設定為標準化模式

　　Sem. Mods 20←MI 值設定為 20

　　Sem. Smc

　　Sem. BeginGroup"c: \numbersense_corr.sav"←資料檔設定

　　Sem. Structure "v13=(1)F1＋(1)e13"

　　Sem. Structure "v10=F1＋(1)e10"

　　Sem. Structure "v9=F1＋(1)e9"

　　Sem. Structure "v14=F1＋(1)e14"

　　Sem.Structure "v55=(1)F2＋(1)e55"　測量模式之界定

　　Sem.Structure "v45=F2＋(1)e45"

（接下頁）

Sem.Structure "v50=F2+(1)e50"

Sem.Structure "v43=F2+(1)e43"

Sem.Structure "v29=(1)F3+(1)e29"

Sem.Structure "v30=F3+(1)e30"

Sem.Structure "v32=F3+(1)e32"

Sem.Structure "v33=F3+(1)e33"

Sem.Structure "v6=(1)F4+(1)e6"　　　　　測量模式之界定

Sem.Structure "v5=F4+(1)e5"

Sem.Structure "v4=F4+(1)e4"

Sem.Structure "v21=F4+(1)e21"

Sem.Structure "v16=(1)F5+(1)e16"

Sem.Structure "v11=F5+(1)e11"

Sem.Structure "v15=F5+(1)e15"

Sem.Structure "v24=F5+(1)e24"

'Model modifications

Sem.Structure" e14 <--> e21"　← 針對第 14 題與第 21 題測量誤
　　　　　　　　　　　　　　　　差之共變項參數進行變項釋放
　　　　　　　　　　　　　　　　與估計

Sem.Structure" e55 <--> e9"　←針對第 55 與第 9 題測量誤差之
　　　　　　　　　　　　　　　　共變項參數進行變項釋放與估計

End Sub

　　輸入完畢後，再點取 ▶ 鍵開始估計，其輸出結果與 Amos Graphics 報表輸出結果相同，不再此重述。

CHAPTER 8 | 測驗分數的因素效度考驗：二階 CFA 模式

∴ 重 點 提 示

一、研究假設。

二、Amos Graphics 徑路圖之繪製與操作。

三、Amos 報表之解釋。

四、Amos Basic 程式撰寫與操作。

五、四因素模式之修正方法。

六、模式評估。

七、參數釋放之 Amos Basic 程式撰寫。

八、結語。

　　驗證性因素分析的優點在於模式的假設具有高度的變化性與彈性（邱皓政，2003），它可以估計測量誤差，可以評估測量的信、效度，及允許誤差間具有相關。承前一章一階因素模式的驗證之外，本章將探討二階因素模式的驗證方法。二階因素（second-order factors）的因素分析，旨在探討初階因素（first-order factors）的因素分析，可說是一種潛在因素的因素分析（邱皓政，2003；Byrne, 2001）。為了說明二階因素模式在理論建構驗證上的運用，亦以林姿飴（2005）所開發之「國小第二階段電腦化數常識量表」的資料為例，驗證數常識二階因素模式之適配性。

　　根據本書第四章的研究分析，發現國小五年級學生之數常識主要含有四個主要因素，1.比較數字的相對大小；2.數與運算的多重表徵；3.運算結果的合理性判斷；4.了解數字的基本意義。每一因素各有四個問題，筆者乃以四因素模式做為理論模式，驗證其二階之四因素數常識模式是否與資料相適配。

　　本章共分八節，第一節為研究假設，第二節為 Amos Graphics 徑路圖之繪製與操作，第三節為 Amos 報表之解釋，第四節為 Amos Basic 程式撰寫與操作，第五節為四因素模式之修正方法，第六節為模式評估，第七節為參數釋放之 Amos Basic 程式撰寫，第八節為結語。

一　研究假設

　　本研究之假設有三：

㈠五年級學生之數常識知識可由四個一階因素及一個高階共同因素說明之。

㈡每一題目沒有橫跨因素之現象，亦即每一題目均落在所規劃之單一因素上。

㈢誤差項間獨立無關。

二　Amos Graphics 徑路圖之繪製與操作

　　首先，點選桌面上 Amos Graphics.lnk 捷徑、開啟 Amos Graphics 主視窗畫面，如圖 8-1 所示。

　　其次，在圖 8-2 之工具視窗中點取 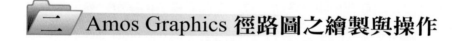，並在徑路圖框內按下滑鼠鍵繪製四個一階因素，利用物件屬性視窗（Object Properties）加以命名：F1 至 F4，如圖 8-2 所示。

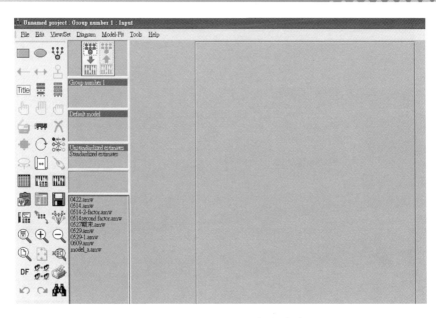

圖 8-1　Amos Graphics 主視窗畫面

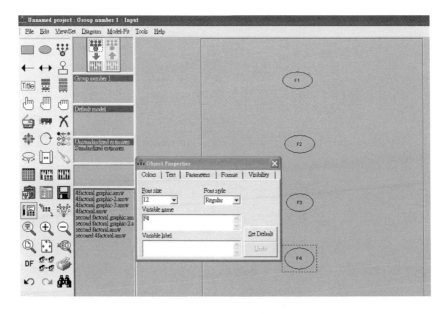

圖 8-2　繪製一階因素示意圖

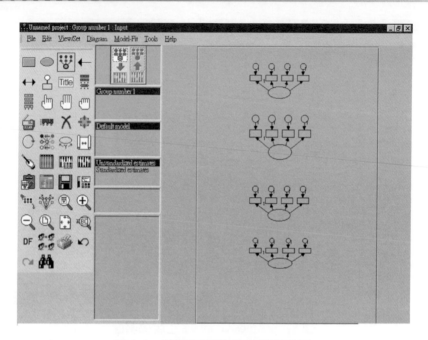

圖 8-3　繪製測量誤差變項示意圖

接著，又在工具視窗中點取 ，在一階因素框內按下滑鼠鍵
分別繪製 F1 至 F4 等四個測量誤差變項，如圖 8-3 所示。

又在圖內之工具視窗中點取 ，向右旋轉調整圖面至適當位
置，如圖 8-4 所示。

接著又於工具視窗中點取 ◀━━，分別繪製一階因素至二階因素
（NS）之徑路圖，並利用物件屬性視窗（參見圖 8-2）界定一階及二
階因素之名稱，如圖 8-5 所示。假如研究者欲估計所有二階與一階因
素間之徑路係數，可將 NS 之變異數設定為 1。

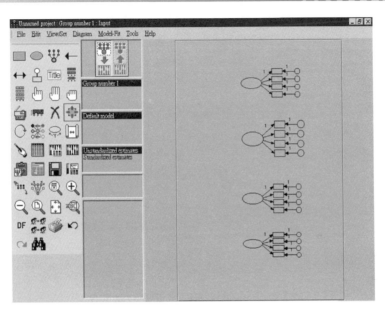

圖 8-4　調整變項位置方法

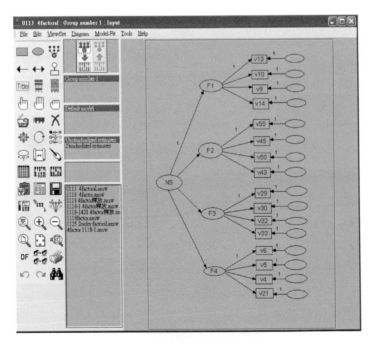

圖 8-5　二階徑路圖繪製方法

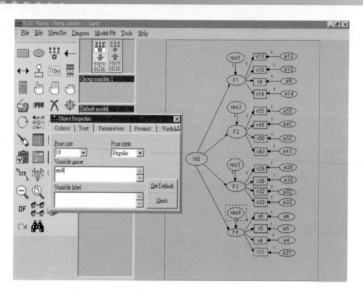

圖 8-6　一階因素殘差變項繪製方法

又在工具視窗中點取 ，繪製一階因素之殘差變項，並利用物件屬性視窗命名為 res1 至 res4，如圖 8-6 所示。

最後，再利用屬性視窗界定各觀察變項（v13～v21）及各測量誤差變項之名稱（e13～e21），如圖 8-7 所示。

接著，又在工具視窗中點選「資料檔連接視窗」 ，以便連接資料檔案（如C：\Number Sense. Sav）檔案，接著在圖 8-8 中之「分析屬性視窗」點選「最大近似法」（Maximum Likelihood）進行估計。然後又在「分析屬性視窗」、點選「Output」以選取待估計統計量，（操作方法：View/set→Analysis Properties→Output 勾選 Standardized estimates、Squared multiple correlations、Residual moments、Modification indices、Critical ratios for differences，Threshold for modification indices，修正指標設定為 20），其結果如圖 8-9 所示。一般當修正指標值高過於 4 時，表示模式內之細部具有修正的必要性，為降低犯第一

類型錯誤機率，將修正指標定在20以上才顯示相關參數之修正指標值。

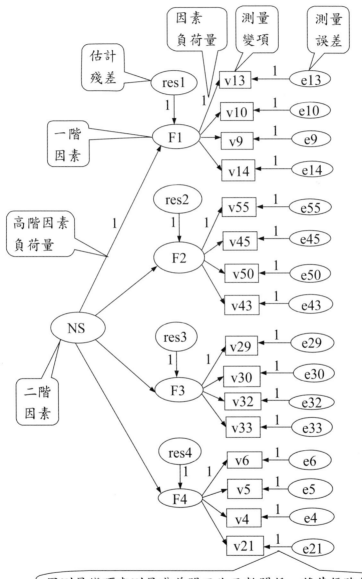

圖 8-7　數常識一階與二階因素徑路圖

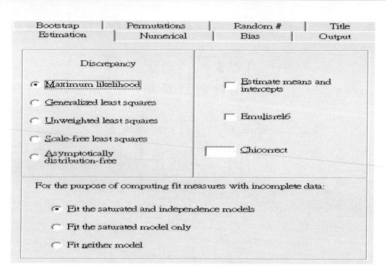

圖 8-8　點選最大近似法估計

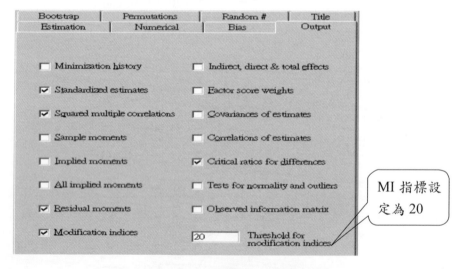

圖 8-9　勾選報表輸出選項

最後，按下計算鈕 以進行模式之參數估計與考驗。待出現紅

色按鈕 ⬛⬛ 時，點取 ▦ ，即可觀看估計結果。因素徑路圖與文字輸出報表如圖 8-10（四因素非標準化徑路係數估計結果）、圖 8-11（四因素標準化徑路係數估計結果）及圖 8-12（四因素估算結果之文字報表）所示。

圖 8-12 右側視窗中之 CMIN 代表模式適配度的檢定值，其性質與卡方值相同，因此可以視為卡方值，CMIN 值愈小、代表模式愈適配。CMIN/DF 代表卡方自由度比，卡方自由度比愈小（一般而言最好介於 1～3 之間），表示模式適配度愈高。RMR 代表未標準化假設模式之整體殘差，其值愈小愈好，最好在 .05 以下。GFI、AGFI、NFI、TLI、CFI 為適配度指標，GFI、AGFI、NFI、TLI、CFI 值愈大，表示模式適配度愈高（一般需要大於 .9 以上）。

📁 三 Amos 報表之解釋

由圖 8-7 知，本模式考驗包含四個一階因素（F1：比較數字的相對大小，F2：數與運算的多重表徵，F3：運算結果之合理性的判斷，F4：了解數字的基本意義）和一個二階因素：NS。其次從表 8-1 中知樣本大小是 621 人，待估計參數 36（潛在變項 1、共變項 3、殘差 4、因素負荷量 12、誤差 16），自由度 100（測量資料點數 136、待估計參數 36），觀察變項 16 個，潛在變項 25 個，外衍變項 21 個，內衍變項 20 個，4 個殘差值，測量資料點數為 $(16*17)/2=136$，χ^2 為 455.473，p 為 .000。為便利讀者閱讀與理解，特將模式估計之結果逐一列表說明如表 8-1 至表 8-9。

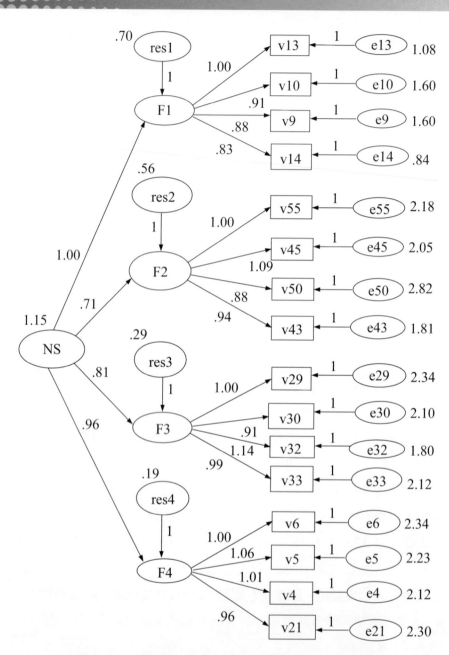

圖 8-10　數常識四因素未標準化徑路係數估計結果

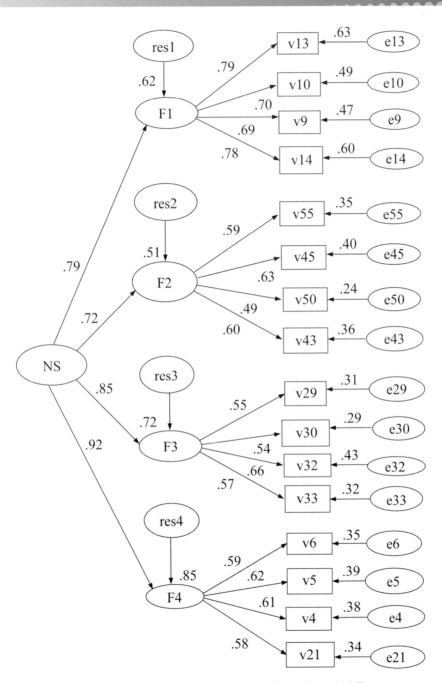

圖 8-11 數常識四因素標準化徑路係數估計結果

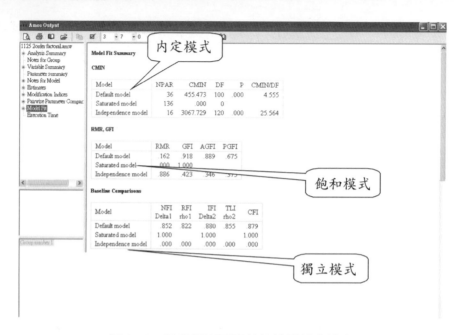

圖 8-12　數常識四因素估算結果報表輸出

㈠結果檢查與分析

表 8-1　數常識假設模式摘要表

Sample size = 621　χ^2=455.473　DF=100　p=.000	
內衍變項——依變項	v9、v10、v13、v14、v45、v29、v30、v32、v33、v43、v50、v55、v4、v5、v6、v21
一階因素	F1、F2、F3、F4
外衍變項——自變項	e9、e10、e13、e14、e45、e29、e30、e32、e33、e43、e50、e55、e4、e5、e6、e21、res1、res2、res3、rse4、NS

（接下頁）

Number of variables in your model：			41
Number of observed variables：			16
Number of unobserved variables：			25
Number of exogenous variables：			21
Number of endogenous variables：			20
Number of distinct sample moments：			136
Number of distinct parameters to be estimated：			36
Degrees of freedom (136-36)：			100

表 8-2　迴歸加權係數摘要表

			Estimate	S.E.	C.R.	p	Label
F1	<---	NS	1.000				
F4	<---	NS	.962	.088	10.929	***	par_10
F3	<---	NS	.806	.080	10.112	***	par_14
F2	<---	NS	.715	.075	9.578	***	par_15
v13	<---	F1	1.000				
v14	<---	F1	.829	.043	19.082	***	par_1
v55	<---	F2	1.000				
v45	<---	F2	1.092	.104	10.530	***	par_2
v50	<---	F2	.881	.098	8.970	***	par_3
v43	<---	F2	.940	.092	10.232	***	par_4
v29	<---	F3	1.000				
v32	<---	F3	1.144	.105	10.847	***	par_5
v33	<---	F3	.988	.099	10.000	***	par_6
v6	<---	F4	1.000				
v5	<---	F4	1.056	.093	11.417	***	par_7
v4	<---	F4	1.009	.089	11.326	***	par_8
v21	<---	F4	.965	.088	10.903	***	par_9

（接下頁）

v10	<---	F1	.912	.053	17.145	***	par_11
v9	<---	F1	.881	.052	16.837	***	par_12
v30	<---	F3	.906	.094	9.648	***	par_13

　　表 8-2 中之 Estimate 係一、二階之因素負荷量，Amos 並提供這些參數值等於 0 之 Z 考驗。當 CR 值 > 1.96 臨界值，表示相關變項之徑路係數達 .05 之顯著水準，此一參數具有存在的價值，否則即可刪去。

表 8-3　變異數估計摘要表

	Estimate	SE	CR	p	Label
NS	1.150	.142	8.080	***	par_16
res4	.187	.073	2.539	.011	par_17
res2	.561	.101	5.526	***	par_18
res1	.702	.096	7.317	***	par_19
res3	.293	.072	4.042	***	par_20
e55	2.177	.154	14.107	***	par_21
e50	2.825	.182	15.539	***	par_22
e33	2.124	.142	14.946	***	par_23
e6	2.341	.155	15.057	***	par_24
e13	1.085	.088	12.356	***	par_25
e10	1.602	.109	14.684	***	par_26
e45	2.048	.156	13.149	***	par_27
e43	1.813	.131	13.885	***	par_28
e29	2.341	.155	15.139	***	par_29
e32	1.797	.135	13.307	***	par_30
e5	2.230	.153	14.595	***	par_31
e4	2.116	.144	14.717	***	par_32

（接下頁）

e21	2.300	.151	15.196	***	par_33
e14	.839	.065	12.942	***	par_34
e9	1.596	.107	14.871	***	par_35
e30	2.097	.137	15.352	***	par_36

表 8-3 中之 Estimate 係指相關變項之變異數估計值。

表 8-4　多元相關平方估計值摘要表

	Estimate
F4	.851
F3	.719
F2	.512
F1	.621
v30	.289
v9	.474
v10	.490
v21	.336
v4	.376
v5	.385
v6	.348
v33	.323
v32	.431
v29	.308
v43	.359
v50	.240
v45	.401
v55	.345
v14	.602
v13	.631

表 8-5　殘差共變數矩陣摘要表（Residual Covariances）——部分

	v30	v9	v10	v21	v4	v5	v6	v33	v32	v29
v30	.000									
v9	.014	.000								
v10	−.088	.141	.000							
v21	.071	−.071	.086	.000						
v4	−.018	.105	−.205	−.062	.000					
v5	−.036	(.402)	−.097	−.129	.102	.000				
v6	.020	.111	−.063	−.076	−.015	.157	.000			
v33	.000	−.188	.003	.001	−.067	−.134	(.414)	.000		
v32	−.071	.080	.086	.019	−.268	.056	−.031	.053	.000	
v29	.219	−.022	(−.322)	−.168	−.065	.049	.127	−.111	−.053	.000
v43	.068	−.041	.291	.331	−.125	−.139	.131	.153	.343	−.139
v50	.090	−.211	−.002	.346	−.002	(−.422)	−.224	−.121	.237	.063
v45	−.002	−.130	−.260	−.292	−.079	−.068	−.105	−.063	.310	.094
v55	−.157	(−.614)	−.224	.139	−.018	−.250	.019	.015	.137	−.016
v14	−.158	−.092	.006	(.365)	.244	−.089	−.266	−.052	−.147	.130
v13	−.120	.009	−.031	.042	.238	.044	−.241	.054	−.054	.080

　　表 8-4 中之估計值係多元相關（Multiple correlations）平方估計值，為二階因素對一階因素或一階因素對指標變項的解釋百分比，類似廻歸分析的 R^2，將 $1 - R^2$ 即可獲得潛在因素的估計誤差或測量變項的測量誤差。

　　共變數是一個非標準化的統計量數，它具有兩種功能，第一是描述性的功能，利用變項之間的共變數矩陣，我們可以觀察出多個連續變數之間的關聯情形；第二是驗證性的功能，用以反應出理論模式所導出的共變數與實際觀測得到的共變數的差異（邱皓政，2003）。根據表 8-5 之矩陣可以求得 RMR 及 SRMR 適配指標。請注意表 8-5 中 v5

與 v9、v9 與 v55、v21 與 v14、v6 與 v33、v5 與 v50 等之殘差均大於 .35 以上。一個適配良好的模式，所有的殘差均應趨近於 0。

表 8-6 係 標 準 化 殘 差 共 變 數 矩 陣（Standardized Residual Covariances），係將殘差量除以漸進標準誤（SE），即可轉換為標準化 z 分數。因此，殘差值大約落至 +3.5 至 −3.5 的區間中。理論上標準化殘差愈小愈好，當其絕對值 > 1.96（α=.05）時，即表示內部之適配度不佳。例如表 8-6 中，v9 與 v55 及 v21 與 v14 之標準化殘差均 > 3.0 以上。因此，當這些標準化殘差大於 ±1.96 過多時，即反應該理論模式內在品質不佳，可能出自於模式界定錯誤，或非常態性所致。

表 8-6 標準化殘差共變數矩陣摘要表（部分）

	v30	v9	v10	v21	v4	v5	v6	v33	v32
v30	.000								
v9	.112	.000							
v10	−.696	1.026	.000						
v21	.535	−.524	.620	.000					
v4	−.134	.778	−1.492	−.423	.000				
v5	−.267	2.881	−.683	−.850	.674	.000			
v6	.150	.806	−.444	−.507	−.103	1.015	.000		
v33	−.001	−1.466	.019	.010	−.495	−.954	2.967	.000	
v32	−.547	.618	.651	.134	−1.943	.395	−.217	.396	.000
v29	1.652	−.168	−2.379	−1.185	−.459	.340	.877	−.811	−.382
v43	.574	−.337	2.362	2.564	−.980	−1.049	1.000	1.252	2.781
v50	.665	−1.541	−.013	2.361	−.012	−2.810	−1.500	−.869	1.695
v45	−.018	−.977	−1.915	−2.053	−.561	−.463	−.723	−.470	2.282
v55	−1.224	(−4.691)	−1.680	.993	−.131	−1.743	.131	.115	1.023
v14	−1.523	−.801	.055	(3.194)	2.147	−.754	−2.284	−.486	−1.344

殘差量愈大代表模式愈不能契合觀察資料，模式適配度較不佳。

　　表8-7係相關徑路參數差異值（Critical Ratios for Difference between Parameters）之 z 考驗，當其中 CR > 1.96（α=.05）時，即表示這兩個參數間具有顯著差異（例如 par_1 與 par_5）。利用這些 CR 值研究者可以進行因素負荷量間之比較，在多群組分析可以作為參數等同限制的依據。

表 8-7　不同參數間之差異性 CR 值考驗摘要表（部分）

	par_1*	par_2	par_3	par_4	par_5	par_6	par_7	par_8
par_1	.000							
par_2	2.343	.000						
par_3	.483	−2.018	.000					
par_4	1.098	−1.584	.598	.000				
par_5	2.762	.349	1.826	1.453	.000			
par_6	1.476	−.727	.771	.353	−1.621	.000		
par_7	2.229	−.256	1.305	.891	−.621	.506	.000	
par_8	1.822	−.605	.971	.539	−.973	.160	−.536	.000
par_9	1.382	−.933	.638	.193	−1.298	−.174	−1.023	−.503
par_10	1.537	−.953	.621	.173	−1.319	−.194	−.599	−.305
par_11	1.592	−1.546	.281	−.268	−1.962	−.678	−1.355	−.939
par_12	1.007	−1.817	.005	−.561	−2.231	−.956	−1.651	−1.241
par_13	.747	−1.330	.187	−.261	−2.472	−.848	−1.142	−.798
par_14	−.283	−2.188	−.591	−1.106	−2.049	−1.167	−2.053	−1.702
par_15	−1.480	−2.430	−1.137	−1.571	−3.319	−2.206	−2.874	−2.533
par_16	1.953	.330	1.560	1.239	.037	.936	.552	.839
par_17	−7.523	−7.124	−5.659	−6.406	−7.447	−6.509	−6.646	−6.427
par_18	−2.430	−2.927	−1.860	−2.229	−3.986	−3.019	−3.613	−3.324
par_19	−1.068	−2.764	−1.304	−1.797	−3.101	−2.080	−2.663	−2.350

*表中 par_1 等係研究者利用「Tools」→「Macro」→「Name Parameters」加以命名而得。

㈡模式適配度分析

　　模式適配分析旨在說明理論模式是否能充分解釋實際觀察所得的資料，分析向度主要涵蓋絕對適配檢定、增值適配檢定、精簡適配檢定等各項指標，其相關統計結果如表 8-8 所示。

表 8-8　數常識模式適配指標摘要表

1. CMIN

Model	NPAR	CMIN	DF	p	CMIN/DF
Default model	36	455.473	100	.000	4.555
Saturated model	136	.000	0		
Independence model	16	3067.729	120	.000	25.564

　　表 8-8 中 CMIN 代表模式適配度的 χ^2 檢定值，其性質與卡方值相同。因此，可以視為卡方值，CMIN 值愈小，代表模式愈適配。CMIN/DF 代表卡方自由度比，卡方自由度比愈小（一般而言最好介於 1～3 之間），表示模式適配度愈高。另外，由於飽和模式的自由度為 0，以下若干涉及該自由度的指標（如：RFI, TLI, AGFI），將無法計算。

2. RMR, GFI

Model	RMR	GFI	AGFI	PGFI
Default model	.162	.918	.889	.675
Saturated model	.000	1.000		
Independence model	.886	.423	.346	.373

　　RMR 代表未標準化假設模式之整體殘差，其值愈小愈好，最好在

.05 以下。GFI 類似於廻歸分析的 R^2，當數值愈大，模式適配度愈佳。GFI 與 AGFI 均具有標準化的特性，GFI、AGFI 值愈大，表示模式適配度愈高（一般最好大於 0.9 以上）。PGFI 表示模式的精簡程度，愈接近 1，表示模式愈精簡。

3. Baseline Comparisons

Model	NFI Delta1	RFI rho1	IFI Delta2	TLI rho2	CFI
Default model	.852	.822	.880	.855	.879
Saturated model	1.000		1.000		1.000
Independence model	.000	.000	.000	.000	.000

　　NFI、IFI、TLI、CFI 為增值適配指標，其值大於.90，愈接近 1，表示模式愈適配。其中 NFI 係將飽和模式的適配度當作 100%，獨立模式的適配度當做 0%，此時，提議模式（Default model）的適配度是 .852。因此，NFI= (3067.729 − 455.473) /3067.729=.852。其餘指標之計算，參見第 11 章之說明。

4. NCP

Model	NCP	LO 90	HI 90
Default model	355.473	292.958	425.528
Saturated model	.000	.000	.000
Independence model	2947.729	2770.908	3131.870

　　NCP 是非集中性參數，NCP 值愈大代表模式愈不理想。

5. RMSEA

Model	RMSEA	LO 90	HI 90	PCLOSE
Default model	.076	.069	.083	.000
Independence model	.199	.193	.205	.000

RMSEA 數值愈大代表模式愈不理想，.05 以下優良，.05 至.08 良好。PCLOSE 用來考驗 H_0：RMSEA$\leq$.05，在本例中 RMSEA=.076，$p = .000$，因此 H_0 被拒絕。

6. Parsimony-Adjusted Measures

Model	PRATIO	PNFI	PCFI
Default model	.833	.710	.733
Saturated model	.000	.000	.000
Independence model	1.000	.000	.000

PNFI、PCFI 值最好大於.50，愈接近 1、表示模式愈精簡。

7. AIC

Model	AIC	BCC	BIC	CAIC
Default model	527.473	529.503	687.001	723.001
Saturated model	272.000	279.668	874.661	1010.661
Independence model	3099.729	3100.631	3170.630	3186.630

AIC 其值愈小，表示模式適配度佳且愈精簡，可作為模式間或效度複核之比較。

8. ECVI

Model	ECVI	LO 90	HI 90	MECVI
Default model	.851	.750	.964	.854
Saturated model	.439	.439	.439	.451
Independence model	5.000	4.714	5.297	5.001

ECVI 是用來診斷模式效度複核的良好指標，其值愈小表示模式愈精簡。

茲將上述之分析結果摘要如表 8-9 所示：

表 8-9　數常識四因素二階驗證性因素分析結果模式之適配度檢定結果

統計檢定量		適配之標準或臨界值	四因素檢定結果	模式適配度評估
絕對適配檢定	χ^2	愈小愈好，至少大於 .05 顯著水準	455.473 （p=.000）	不佳
	GFI	大於 .90	.918	佳
	RMR	此值最好在 .05 以下，愈低愈好	.162	不佳
	SRMR	此值最好在 .05 以下，愈低愈好	.0514	未盡理想
	RMSEA	.05 以下優良，.05～.08 良好	.076	良好
增值適配檢定	AGFI	大於 .90，愈接近 1，表示模式愈適配	.889	未盡理想
	NFI	大於 .90，愈接近 1，表示模式愈適配	.852	未盡理想

（接下頁）

	TLI	大於.90，愈接近 1，表示模式愈適配	.855	未盡理想
	CFI	大於.90，愈接近 1，表示模式愈適配	.879	未盡理想
精簡適配檢定	PNFI	大於.50	.710	佳
	PCFI	大於.50，愈接近 1，表示模式愈精簡	.733	佳
	AIC	本值愈小，表示模式適配度佳且愈精簡	527.473	不適用
	CMIN/DF	此值最好介於 1～3 之間	4.555	不佳

🖱 ⊜模式評估

　　表 8-9 模式適配度指標從整體來看，數常識四因素似乎是一個未盡理想的模式，自由度為 100，卡方值為 455.473，p 為.000，表示假設模型與觀察值之間有顯著的差異，且卡方自由度比為 4.555。在其他適配度指標，GFI 為.918 高於.90，本模式適配度尚可，RMR 為.162 高於.05，RMSEA 為.076 高於.05 門檻，其他各指數亦不佳，AGFI 為.889、NFI 為.852、 CFI 為.882、TLI 為.855，均低於.90 的慣用值，在全部 13 項適配度檢定之統計量中，有 8 項標準未達理想適配之臨界值。因此，研究者需進一步模式修正或進行效度複核。

📁四 Amos Basic 程式撰寫與操作

　　首先，開啟 Amos Basic 主視窗畫面，如圖 8-13 所示。

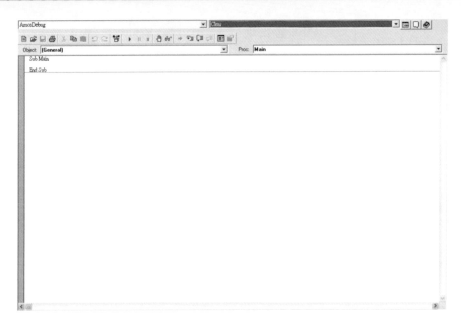

圖 8-13　Amos Basic 主視窗畫面

　　其次，在程式設計視窗中依次輸入指令：結果輸出、標準化估計、
模式修正指標（本例修正指標閾值設定為 20）、檔案名稱、一階因素
（F1～F4）與測量誤差、測量殘差、二階因素（NS）等，詳細程式內
容如圖 8-14 內部視窗所示。

　　再點取執行鍵 ▶ ，進行估計。Amos Basic 其輸出結果與 Amos
Graphics 報表輸出結果相同，因此不在此贅述。

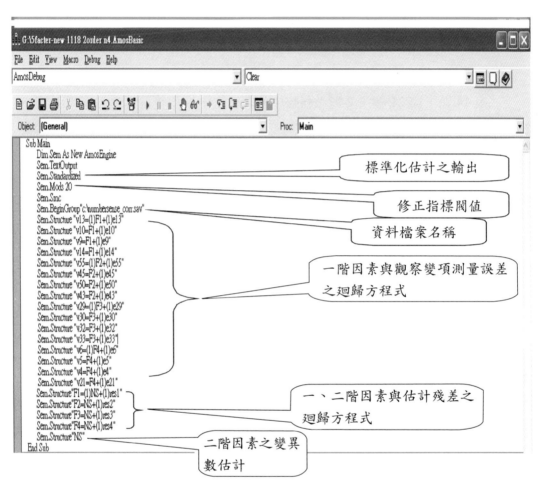

圖 8-14　數常識四因素模式 Amos Basic 指令輸入內容

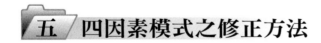　四因素模式之修正方法

為簡化報告內容，僅將修正指標大於 20 的參數配對摘要如表 8-10。

　　首先，將表 8-10 中修正指標值最大之相關測量誤差 e14 ＜--＞ e21 參數釋放估計，徑路設計如圖 8-15 所示。（第 14 題：比較 7.2 和 7.1987 哪個較大？第 21 題：二位數與二位數的乘積是幾位數？）。有可能是第 14 題、第 21 題這 2 題教科書中都有教過，學生普遍都會，其真正原因有待進一步探究。

表 8-10　數常識假設模式──共變數修正指標摘要表

			MI	Par Change
e9	＜--＞	res2	24.124	−.298
e5	＜--＞	e9	27.768	.458
e33	＜--＞	e6	20.229	.453
e32	＜--＞	res2	20.841	.302
e55	＜--＞	e9	23.313	−.418
e14	＜--＞	res2	20.061	.208
e14	＜--＞	e21	29.022	.359

Regression Weights ：（Group number 1 - Default model）

			MI	Par Change
v9	＜---	v55	24.576	−.148
v55	＜---	v9	26.500	−.189
v14	＜---	v21	20.941	.102

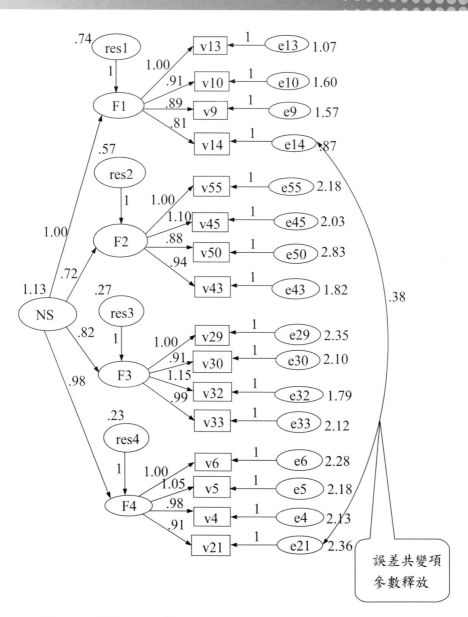

圖 8-15　釋放測量誤差——e14 <--> e21 後之修正圖與分析結果

表 8-11　數常識假設模式——共變數修正指標摘要表

			MI	Par Change
e9	<-->	res2	24.745	−.301
e5	<-->	e9	24.853	.430
e55	<-->	e9	22.784	−.412
e14	<-->	res2	21.233	.209

Variances：（Group number 1 - Default model）

M.I.	Par Change

Regression Weights：（Group number 1 - Default model）

			MI	Par Change
v9	<---	v55	24.088	−.146
v55	<---	v9	26.201	−.188

　　重新執行 CFA 分析後，χ^2 由原來的 455.473 降為 424.991，GFI 由原來的.918 提高為.924。繼續查看其他參數之修正指標，以決定哪一參數需再釋放。

　　其次，再將表 8-11 中相關測量誤差 e5 <--> e9 之參數釋放估計，徑路設計如圖 8-16 所示。（第 5 題：小寶家在達美樂買了一個比薩，小寶吃了一半比薩的 $\frac{1}{4}$，請問他吃了幾個比薩？第 9 題：如果不用直接計算，你可以知道 $\frac{7}{11}$ 和 $\frac{7}{10}$ 哪個大？）。有可能是這兩題：(1)對於分數的概念無法清楚了解，或是彼此間相關過高，導致測量誤差產生關聯；(2)在數與運算及比較數字的相對大小等概念上產生混淆，導致測量誤差產生共變現象。

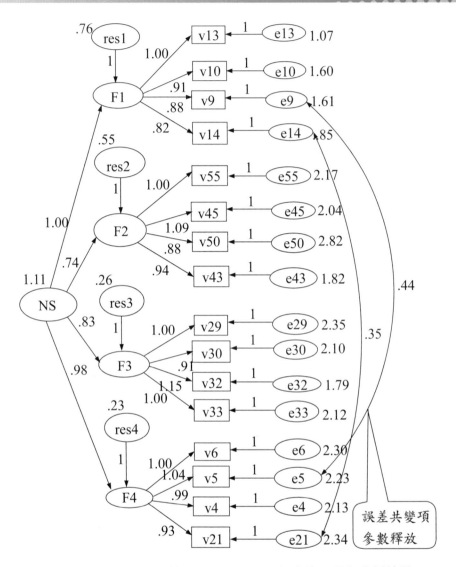

圖 8-16 釋放測量誤差──e5 <--> e9 後之修正圖與分析結果

再次執行 CFA 分析後，χ^2 由原來的 424.991 降為 399.406，GFI 由原來的.924 提高為.930，其他參數之修正指標值亦不再出現大於 20 的參數，因此，不再進行任何參數釋放。

六　模式評估

從表 8-12 之摘要表、表 8-13 之比較表知，χ^2 由 455.473 降為 399.406、CMIN/DF 由 4.555 降為 4.076，GFI（.930）、AGFI（.902）、RMR（.155）、RMSEA（.070）、PGFI（.670）、AGFI（.902）、NFI（.870）、CFI（.898）、TLI（.875）等指標亦明顯提高許多。整體而言，本模式修正後之適配度尚差強人意。

表 8-12　模式修正之修正指標

1. CMIN

Model	NPAR	CMIN	DF	p	CMIN/DF
Default model	38	399.406	98	.000	4.076
Saturated model	136	.000	0		
Independence model	16	3067.729	120	.000	25.564

2. RMR, GFI

Model	RMR	GFI	AGFI	PGFI
Default model	.155	.930	.902	.670
Saturated model	.000	1.000		
Independence model	1.322	.423	.346	.373

（接下頁）

3. Baseline Comparisons

Model	NFI Delta1	RFI rho1	IFI Delta2	TLI rho2	CFI
Default model	.870	.841	.899	.875	.898
Saturated model	1.000		1.000		1.000
Independence model	.000	.000	.000	.000	.000

4. NCP

Model	NCP	LO 90	HI 90
Default model	301.406	243.563	366.811
Saturated model	.000	.000	.000
Independence model	2947.729	2770.908	3131.870

5. FMIN

Model	FMIN	F0	LO 90	HI 90
Default model	.644	.486	.393	.592
Saturated model	.000	.000	.000	.000
Independence model	4.948	4.754	4.469	5.051

6. RMSEA

Model	RMSEA	LO 90	HI 90	PCLOSE
Default model	.070	.063	.078	.000
Independence model	.199	.193	.205	.000

（接下頁）

7. AIC

Model	AIC	BCC	BIC	CAIC
Default model	475.406	477.549	643.797	681.797
Saturated model	272.000	279.668	874.661	1010.661
Independence model	3099.729	3100.631	3170.630	3186.630

8. ECVI

Model	ECVI	LO 90	HI 90	MECVI
Default model	.767	.673	.872	.770
Saturated model	.439	.439	.439	.451
Independence model	5.000	4.714	5.297	5.001

表 8-13　模式修正前後之適配指標比較

適配指標	修正前	修正後
CMIN	455.473	399.406
CMIN/DF	4.555	4.076
RMR	.162	.155
GFI	.918	.930
AGFI	.889	.902
PGFI	.675	.670
NFI	.852	.870
TLI	.855	.875
CFI	.879	.898
RMSEA	.076	.070

七 參數釋放之 Amos Basic 程式撰寫

為讓使用者熟練Amos Basic之撰寫方法，以下將前節Amos Graphics 參數釋放之操作轉化為 Amos Basic 程式設計，以便利研究者在大型研究上之運用。首先，開啟 Amos Basic 主視窗畫面，如圖 8-17 所示。

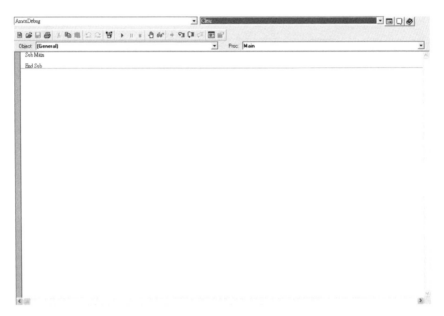

圖 8-17　Amos Basic 主視窗畫面

其次，在程式設計視窗中依次輸入指令：結果輸出、標準化估計、模式修正指標（本例修正指標設定為20）、檔案名稱、一階因素（F1～F4）與測量誤差、測量殘差、二階因素（NS）、釋放變項參數等，詳細之程式設計內容如圖 8-18 所示。假如研究者欲估計所有 F1～F4 與二階因素 NS 之徑路係數，可將視窗內程式之倒數第七行修正為 SEM. Structure "F1＝NS＋(1) resl" 及倒數第三行 SEM.Structure "NS" 修正為 SEM.Structure "NS (1)"，即可達到此目的。

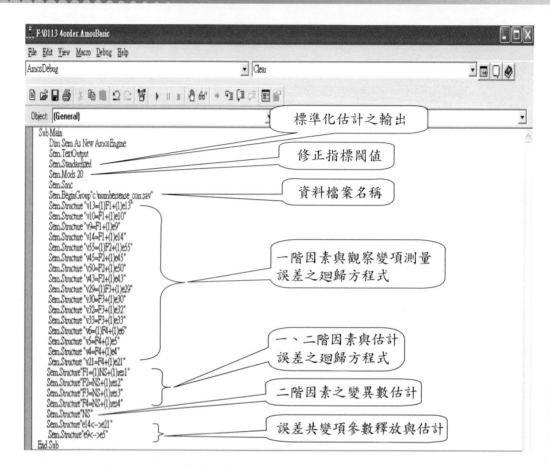

圖 8-18　數常識四因素修正模式之 Amos Basic 指令輸入內容

再點取執行鍵 ▶ ，進行估計。Amos Basic 輸出結果與 Amos Graphics 輸出結果相同，因此不在此贅述。

八　結　語

　　根據本章所進行「測驗分數的因素效度考驗：二階 CFA 模式」考驗結果，本研究待考驗假設說明如下：

㈠四因素「數常識」二階模式與資料之適配度尚佳。

㈡經過變項參數釋放，發現誤差項間並非完全獨立無關，可能係對於分數、小數、整數的概念無法清楚了解，在數與運算及比較數字的相對大小等概念上產生混淆，或題目內容相似，或因解題方法雷同所致。

㈢各題目未發生橫跨因素現象。

CHAPTER 9 | 測驗工具因素結構之不變性檢驗

本章之前，我們所探討的都是單樣本 CFA 分析，主要目的在於模式之確認或模式之選擇，在這一章裡，我們將示範多樣本 CFA 分析，並藉以說明測量模式在組間不變性（group-invariant）的考驗步驟與方法，主要目的則在考驗模式之推論性與模式之穩定性。其實，研究者亦可以使用單一群體在不同時間上，檢驗因素結構或因素模式的穩定性，考驗因素結構之信度或其預測效度。

本章共分五節：第一節為多群體不變性考驗之基本概念，第二節為 Amos Graphics 徑路圖之繪製與操作，第三節為 Amos 報表分析與解釋，第四節為 Amos Basic 程式撰寫與操作，第五節為結語。

一　多群體不變性考驗之基本概念

　　Byrne（2001）指出，多群體間的不變性檢驗，研究者所感興趣的問題大致有下面五種：

㈠測量工具的各個題目在不同群體（例如性別）間的功能是否相同？

㈡測量工具在不同群體間的因素結構或理論結構是否相同？

㈢不同群體間某些因果結構的特定徑路是否具有不變性？

㈣潛在變項的平均數在不同的樣本間是否相同？

㈤在不同群體上，因素結構是否可以在不同樣本上加以複製？

　　以上這五種問題亦是本章探討的主要問題。關於組間相等性的檢驗，一般研究者比較關注在下列三個層面：

㈠徑路的因素負荷量。

㈡因素的變異數或共變數。

㈢結構徑路上的迴歸係數。

　　至於誤差的變異數或共變數及殘差項，則因要求過於嚴苛較少被提到。

　　檢驗多群體不變性程序，有些研究者認為應該先從多群體整體共變數結構相等性的檢驗開始。換句話說，先檢驗虛無假設（H_0）：$\Sigma_1 = \Sigma_2 = ... = \Sigma_G$，這裡的 Σ 是母群的變異數——共變數矩陣，而 G 是組別的數目。假如拒絕了該虛無假設，代表群組間不相等，後續的檢驗則在找出不相等的來源。反之，假如 H_0 未被拒絕，群組間的共變數結構被視為相等，那麼組間的資料就可合併，並以單組方式進行資料分析。不過 Muthen（1988，Byrne 個人通信）持反對意見，他認為不必

先檢驗前述之 H_0，因為缺乏基本模式之對照導致易於拒絕虛無假設，整體的考驗結果和其後限制較多的測量模式考驗結果可能相互矛盾（Byrne, 2001）。此種未設限模式之合理性最好先進行探索式因素加以確認，可能較妥。因此，我們拋棄先檢驗多群體整體共變數結構之相等性檢驗而採用以下漸進式做法。

依照 Jöreskog 的傳統做法（Byrne, 2001），群組不變性檢驗宜從測量模式的檢查開始。研究者需先檢驗多個群體間在每一個觀察變項的因素負荷量是否相等，假如發現某些觀察資料因素負荷量具組間不變性，則在其後新一組參數相等性之考驗時，即可將這些具有不變性參數限制為相同。因此，考驗測量模式與結構模式之組間不變性，乃是一系列逐漸嚴苛之統計考驗。

此外，在考驗因素不變性之前，通常我們會先估計各組之基線模式（即沒有任何跨組限制的模式），計算出兩個樣本的 χ^2 值；然後，再將所有的參數限制為相等（最嚴格的模式），並計算出跨群組的 χ^2 值，將兩個 χ^2 值相減，可以得到一個 $\Delta\chi^2$ 值。其兩個模式的自由度（df）相減也可以得到一個 Δdf，再查表檢驗其是否超出 χ^2 臨界值，如果未超過臨界值，則代表兩個模式可視為相等。反之，則必須進行後續的檢驗，以找出不相等的來源。因此，一般常用的檢驗程序可歸納如下：

(一)檢驗因素個數相等性。

(二)檢驗因素負荷量相同。

(三)檢驗因素內之共變數或變異數相同。

(四)檢驗測量誤差是否相同。

(五)檢驗結構平均數是否相同。

Amos 提供兩種檢驗兩群體間模式參數相等的考驗，一為檢查組間參數之 CR 值是否大於 1.96，另一為限制兩群體間模式參數相等之考驗。注意研究者最好使用共變數矩陣進行多群組分析。由於上述檢驗流程相當繁複，幸好 Amos 5.0 版提供了多群組分析（multiple-group analysis）的新功能，讓使用者一次即能方便地達成多層次檢驗的目的。

　　本章中，將以男女兩組數常識的測驗資料，具體說明如何利用 Amos Graphics 與 Amos Basic 進行男女因素結構不變性的檢驗。

　　首先，要考驗的假設是男女生在數常識的因素結構是否相同。在本例子中，研究目的在於檢驗不同性別的數常識在下列三個層次是否具有不變性的問題：

　㈠因素型態之不變性（configural invariance）。

　㈡因素負荷量不變性（metric invariance）。

　㈢題目截距不變性（scalar invariance）。

　　換句話說，我們的研究目的在說明男女生的潛在因素個數相同嗎（模式層次）？男女生在各徑路係數（亦即因素負荷量）都相同嗎（構念層次）？男女生在各題目作答的難度上都相同嗎（指標層次）？

二　Amos Graphics 徑路圖之繪製與操作

　　首先，準備兩個群組的資料：男生和女生的資料檔（注意研究者最好使用共變數矩陣，參見第 9 頁之說明），其檔名為 boy.sav 和 girl.sav；然後，依據第四章數常識理論研究結果，所建構出的四因素模式進行資料檔案之聯結，其做法說明如下：

　　步驟 1：畫出 CFA 模式。

　　如以第七章的四因素數常識為理論依據，繪製如圖 9-1 之徑路圖。

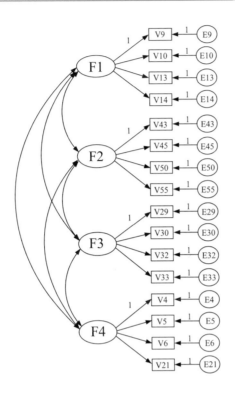

圖 9-1　四因素數常識徑路圖

步驟 2：建立群組與進行資料檔的聯結。

首先在工具列上的 Group number1 上按滑鼠兩下，

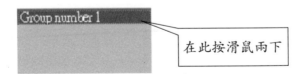

在此按滑鼠兩下

然後會出現「Manage Groups」對話框，

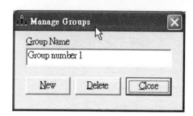

將對話框內 Group number1 改為 boy（讀者可自行命名）。

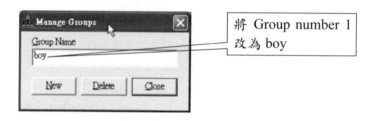

然後點選「New」建立第二個群組，

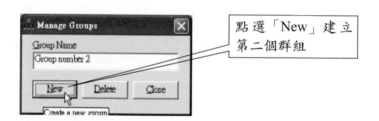

將對話框內 Group number 2 改為 girl（讀者可自行命名）。

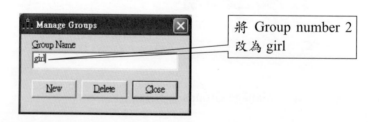

最後，按「Close」關閉對話框。

這時就可以在 Amos 主視窗上看到 boy 和 girl 兩個群組。

接著,點選工具列上 Select data file(s) ▦ ,出現如圖 9-2 後,點選「File Name」分別選擇檔案 boy.sav 和 girl.sav 以便與相關之徑路圖聯結後,點選「OK」關閉對話框。

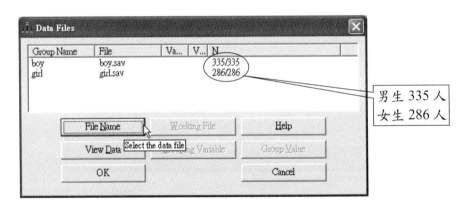

圖 9-2 男女二組資料檔聯結對話框

這時我們可以看到男生的樣本數為 335 人,女生的樣本數為 286 人。

步驟 3:進行多群組分析。

接下來我們先點選分析屬性 ▦ (Analysis Properties),因為要檢驗平均數和截距之不變性,因此將圖 9-3 中的「Estimate means and intercepts」選項打勾。

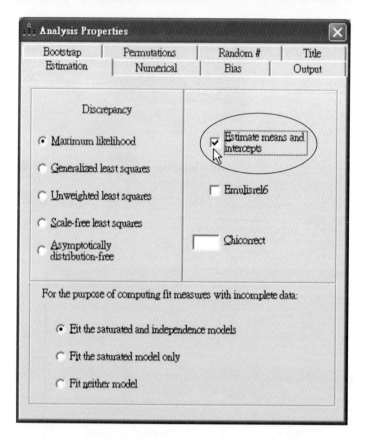

圖 9-3 「Estimate means and intercepts」之選項打勾

　　為考驗限制參數的組間差異性，我們點選 Output 面板內的「Critical ratios for differences」，如圖 9-4。

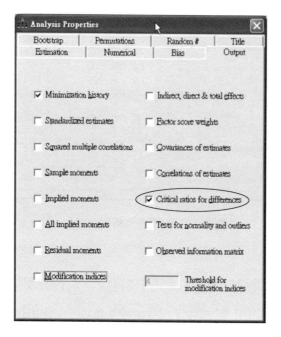

圖 9-4　點選 Output 面板裡的「Critical ratios for differences」

　　接著，點選 （Multiple-Group Analysis），此時會跳出對話框，告訴我們將會改變參數等設定，這時我們點選「確定」。

　　這時會出現多群組分析對話框，如圖 9-5。

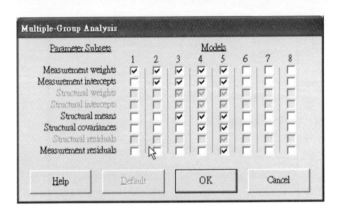

圖 9-5　多群組分析對話框

由圖 9-5 可以看到可進行分析的五個模式，它們分別是 Measurement weights、Measurement intercepts、Structural means、Structural covariances 和 Measurement residuals。當您點選「OK」後，男、女生整個模式的參數設定，Amos 會自動設定如圖 9-6 與圖 9-7。

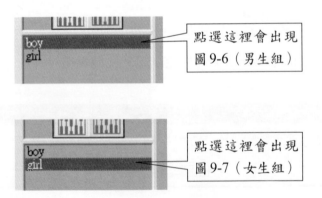

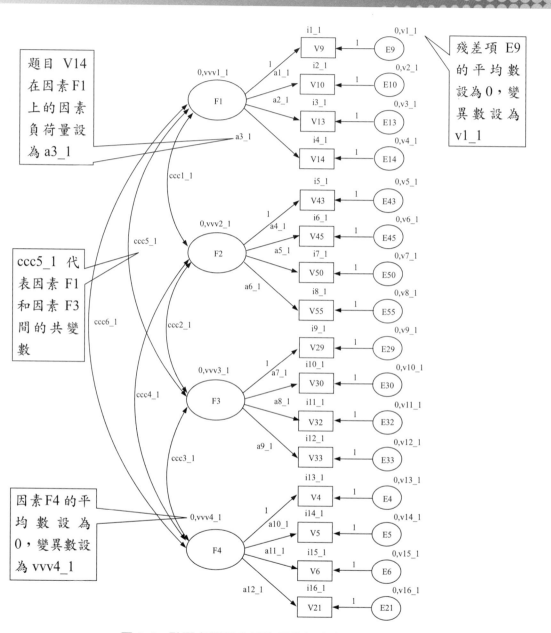

圖 9-6　點選多群組分析後男生組之參數設定模式

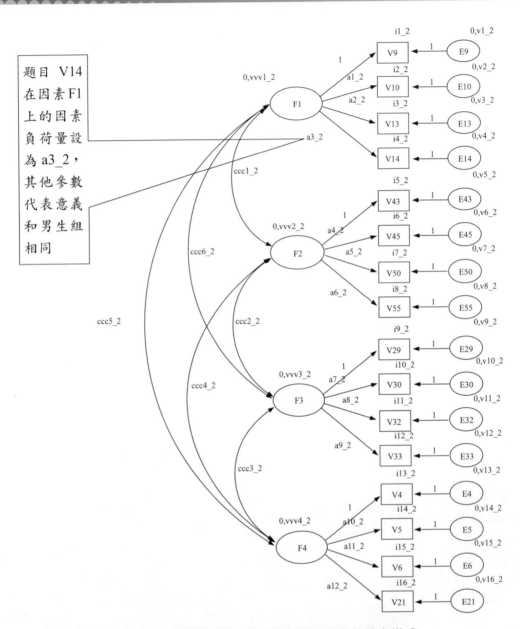

圖 9-7　點選多群組分析後女生組之參數設定模式

接著，再點兩下「模式管理視窗」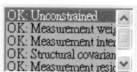裡各個

部分，可以得到圖 9-8 至圖 9-12 的參數等同限制的細節。以下逐圖說明各模式中男女組間參數在各不同模式上等同限制之設定方法。

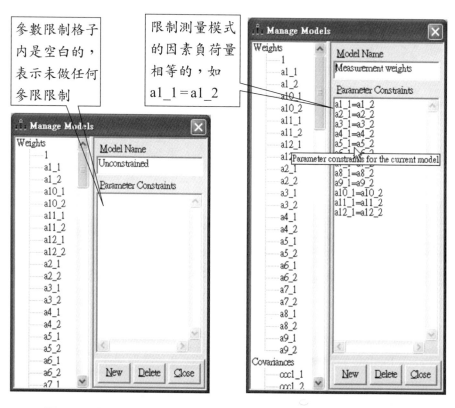

圖 9-8　未設限模式　　　　　圖 9-9　負荷量限制模式

在未設限模式（Unconstrained）裡，參數限制（Parameter Con-straints）格子內是空白的，這表示並未做任何的組間參數限制，以做為往後限制模式的參照模式，而在負荷量限制模式（Measurement

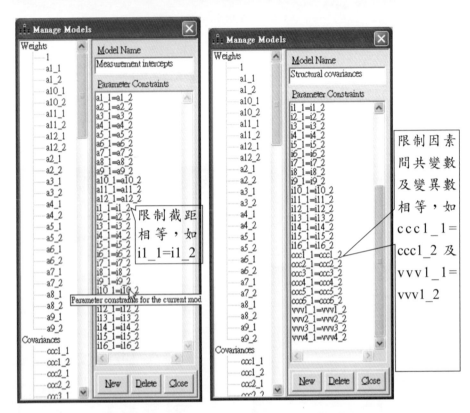

圖 9-10　截距限制模式　　　　圖 9-11　結構共變模式

weights）中 Parameter Constraints 視窗裡，將測量模式中的因素負荷量（Factor loading）限制為相等（如 a1_1=a1_2，代表男生及女生 V10 對 F1 的因素負荷量限制為相等，其餘請類推）。

　　在圖 9-10 截距限制模式（Measurement intercepts）中 Parameter Constraints 視窗裡，我們看到除了因素負荷量限制為相等之外，還加上了各題目之截距設為相等。例如，i1_1 和 i1_2 分別是男生組和女生組在 V9 這一題得分之截距參數，在這裡亦設為相等（其餘參數之設定請讀者自行類推）。

　　在結構共變模式（Structural covariances）的 Parameter Constraints

視窗中，除了因素負荷量、各題目截距設為相等之外，還加上了各因素之共變數及變異數限制為相等，ccc1_1 和ccc1_2 分別是男生組和女生組F1 和F2 兩個因素間的共變數，vvv1_1 和vvv1_2 分別是男生組和女生組在F1 因素的變異數，在這裡亦設定為相等（其餘參數之設定請讀者自行類推）。

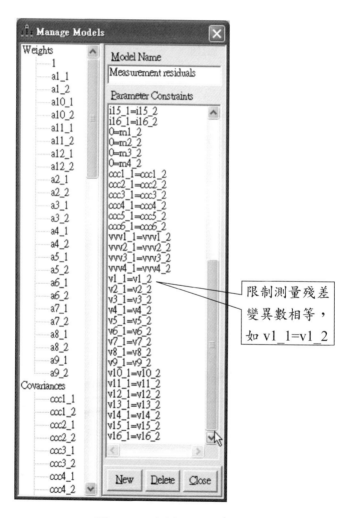

圖 9-12　殘差限制模式

最後，在殘差限制模式（Measurement residuals）的 Parameter Constraints 視窗中，除了上述各參數限制相等之外，還加上測量殘差的變異數設為相等。例如，v1_1 和 v1_2 分別是男生組和女生組殘差變數 e9 的變異數（其餘參數之設定請讀者自行類推）。此外，研究者事後若想手動改變參數的設定，可以直接在 Parameter Constraints 視窗內修改即可。

最後，按下工具列上 ▦▦ 按鈕，即可執行 Amos 之統計分析及查看 Amos 的報表了。

三　Amos 報表分析與解釋

接著，點選 ▦ 按鈕（View Text）可以查看分析結果，並請點開圖 9-13 左側的「Model Comparison」。

將它點開之後，可以看到表 9-1 之隔宿模式間之比較結果（Nested Model Comparison）。

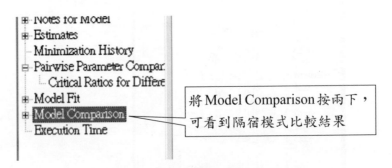

圖 9-13　Amos 報表分析視窗

表 9-1 隔宿模式的比較：未設限模式 vs.負荷量限制模式

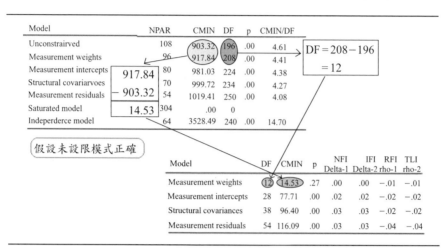

由表 9-1 知，未設限模式之χ^2值達.05 顯著水準（$\chi^2 = 903.32$，df $= 196$，p=.00），而其 CFI 值等於.78，RMSEA 值等於.08（假如 CFI > .90 及 RMSEA <.05 即反應出模式適配），表示男女生之因素結構似乎不相同，因此有必要繼續探討到底在何處產生了組間差異，反映出男女生數常識之因素個數及其他層面參數可能具有差異。不過由於此整體性之虛無假設考驗因缺乏基線模式之比較，常易過於嚴苛而導致被拒絕，研究者可進一步查看未設限模式下之 CFI、RMSEA 等指標加以確認。研究者如欲檢驗男女生之因素結構是否相同可將男女分開進行因素分析。當然假如此處之未設限模式未被拒絕的話，則可確定男女生的因素結構為相同。

此外，表 9-1 裡的 Unconstrained 指的是未設限模式，可用來檢驗因素個數及因素組型相等之假設，它是後續比較的基準模式（Baseline model），可以和其他更嚴格模式做比較，以它和 Measurement weights 負荷量限制模式的比較來看，它們的χ^2值相差了 14.53（917.84 − 903.32

= 14.53），自由度相差了 12（208 - 196 = 12），其 p 值為.27。

由表 9-1 可知，未設限模式與負荷量限制模式的考驗結果：這兩個模式並未達到統計上的.05 顯著水準（χ^2 = 14.53，df = 12，p = .27），增值適配指標之增值適配量亦增加不大（-.01～.00）。因此，可推知男生組與女生組在測量模式上的因素負荷量（徑路係數）可視為相等，亦即具有組間不變性。但這一概觀整體性無差異的χ^2考驗可能會矇蔽特定因素負荷量之組間效果，研究者因此可以進行指標層次量尺不變性之假設考驗，以進行不同群體在特定因素負荷量上否相同的事後考驗。

這時研究者可以點開參數配對考驗（參見圖 9-14），其結果如表 9-2：

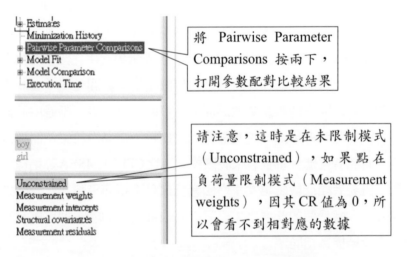

圖 9-14　Amos 參數配對比較之輸出視窗

表 9-2　參數配對比較結果

	a1_1	a2_1	a3_1	a4_1	a5_1	a6_1	a7_1	a8_1	a9_1	a10_1	a11_1	a12_1
a1_2	.47	−2.1	.60	−.78	1.01	−.48	.34	−.14	.18	.52	1.06	1.27
a2_2	1.00	.32	1.16	−.40	1.43	−.08	.75	.25	.59	.97	1.53	1.76
a3_2	−1.60	−2.39	−1.55	−2.33	−.46	−2.05	−1.17	−1.65	−1.32	−1.15	−.58	−.39
a4_2	.37	−.19	.47	−.71	.87	−.44	.28	−.14	.15	.43	.90	1.07
a5_2	−.75	−1.31	−.67	−1.62	−.05	−1.36	−.64	−1.04	−.76	−.55	−.10	.06
a6_2	−.95	−1.54	−.88	−1.80	−.19	−1.54	−.79	−1.21	−.92	−.72	−.25	−.09
a7_2	−1.57	−2.20	−1.52	−2.29	−.66	−2.04	−1.27	−1.69	−1.40	−1.25	−.76	−.61
a8_2	1.33	.79	1.45	.09	1.68	.37	1.09	.66	.95	1.29	1.76	1.95
a9_2	−.48	−1.07	−.39	−1.42	.20	−1.16	−.41	−.83	−.54	−.31	.17	.34
a10_2	.99	.39	1.12	−.28	1.41	.02	.78	.32	.63	.98	1.48	1.68
a11_2	.41	−.20	.52	−.75	.93	−.46	.31	−.14	.16	.47	.97	1.16
a12_2	−.42	−1.04	−.33	−1.40	.27	−1.13	−.36	−.79	−.49	−.25	.25	.43

　　由表 9-2 知，參數限制配對：a1_1=a1_2，其參數差異決斷值（Critical Ratios for Differences between Parameters）等於 .47，並未大於臨界值 1.96（.05 顯著水準），再觀察其他的配對參數的限制，其參數差異決斷值也未超過臨界值。因此，12 個組間因素負荷量都可視為相等，並無被矇蔽之現象。

　　研究者接著可以繼續檢驗男生組和女生組在截距限制模式上的截距是否具有組間不變性。由圖 9-15 知，負荷量限制模式與截距限制模式的差異考驗達到統計上 .05 的顯著水準（$\chi^2 = 63.19$，df = 16，p = .00），由此可知組間之截距參數估計值不相等。

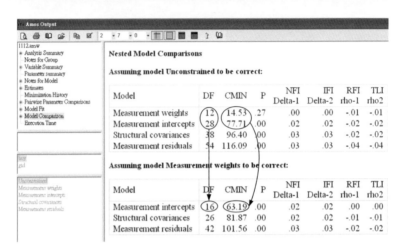

圖 9-15　Amos 隔宿模式之比較：負荷量限制模式 vs.截距限制模式之比較

　　此時，研究者若想進一步了解組間差異的來源，可點選圖 9-16 之參數配對考驗，其結果如表 9-3：

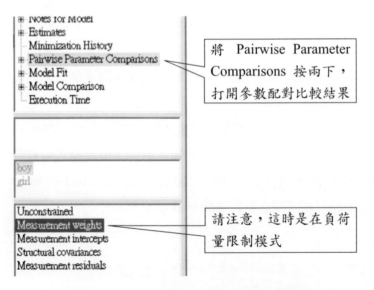

圖 9-16　Amos 參數配對比較之輸出視窗

表 9-3　參數配對比較結果

	i1_1	i2_1	i3_1	i4_1	i5_1	i6_1	i7_1	i8_1	i9_1	i10_1	i11_1	i12_1	i13_1	i14_1	i15_1	i16_1
i1_2	2.36	3.87	1.85	−1.41	13.35	9.02	6.78	8.95	9.88	10.72	10.42	10.44	4.22	7.94	9.72	10.83
i2_2	−.70	.79	−1.21	−4.59	9.98	5.86	3.75	5.71	6.69	7.38	7.19	7.17	1.17	4.86	6.59	7.56
i3_2	2.49	4.02	1.97	−1.32	13.62	9.22	6.95	9.16	10.09	10.96	10.64	10.67	4.37	8.13	9.93	11.06
i4_2	7.50	9.18	6.96	3.71	20.04	14.84	12.14	14.98	15.83	17.16	16.54	16.67	9.48	13.51	15.52	17.07
i5_2	−10.66	−9.12	−11.23	−15.40	.04	−3.82	−5.73	−4.23	−3.01	−2.71	−2.61	−2.75	−8.61	−4.70	−2.96	−2.30
i6_2	−5.86	−4.42	−6.37	−9.92	4.30	.52	−1.39	.25	1.30	1.75	1.72	1.64	−3.99	−.37	1.29	2.04
i7_2	−3.62	−2.20	−4.11	−7.45	6.41	2.63	.71	2.41	3.41	3.92	3.84	3.78	−1.81	1.73	3.36	4.17
i8_2	−1.39	.05	−1.88	−5.18	8.91	4.97	2.95	4.80	5.77	6.39	6.24	6.20	.43	4.01	5.69	6.59
i9_2	−6.60	−5.16	−7.12	−10.72	3.56	−.20	−2.10	−.49	.58	1.00	.99	.90	−4.72	−1.08	.57	1.31
i10_2	−7.99	−6.50	−8.52	−12.33	2.41	−1.41	−3.32	−1.74	−.61	−.23	−.20	−.31	−6.04	−2.30	−.61	.11
i11_2	−7.25	−5.77	−7.78	−11.54	3.15	−.69	−2.61	−1.00	.11	.52	.53	.43	−5.32	−1.58	.11	.85
i12_2	−7.27	−5.80	−7.80	−11.51	3.02	−.78	−2.68	−1.09	.01	.42	.43	.33	−5.36	−1.66	.01	.74
i13_2	1.30	2.75	.80	−2.37	11.79	7.70	5.59	7.59	8.52	9.26	9.02	9.02	3.10	6.69	8.40	9.40
i14_2	−4.62	−3.20	−5.12	−8.52	5.40	1.65	−.26	1.40	2.42	2.90	2.84	2.77	−2.80	.75	2.39	3.17
i15_2	−6.06	−4.63	−6.56	−10.06	3.95	.24	−1.64	−.04	1.01	1.44	1.42	1.33	−4.21	−.64	.99	1.73
i16_2	−3.23	−1.81	−3.27	−7.05	6.82	3.03	1.09	2.81	3.80	4.33	4.24	4.19	−1.42	2.11	3.75	4.57

　　由表 9-3，將參數限制為 i1_1=i1_2，其參數差異決斷值等於 2.36，大於臨界值 1.96（.05 顯著水準），顯示男生組與女生組的這個參數不相等，其餘各配對參數限制之 CR 值分別為 .79、1.97、3.71、.04、.52、.71、4.80、.58、−.23、.53、.33、3.10、.75、.99、4.57。因此這些 CR 值大於臨界值（1.96）共有 i1_1、i3_1、i4_1、i8_1、i13_1 及 i16_1 等 6 個參數與其相對應的參數不相等。對照圖 9-6 與圖 9-7 可知，共有 V9、V13、V14、V55、V4 及 V21 等 6 題，男生組和女生組上的截距不相等。

　　綜合來看，男生組和女生組在四因素數常識模式上，除因素型態之外其因素負荷量參數上可視為相等。換句話說，男生組和女生組的數常識在因素結構上不同，主要是截距不相等。由於截距通常和測驗

的難度或長度有關，本範例的題目長度相等，因此男生和女生在數常
識量表作答上，其難度不相等，其難度差異在第 4、9、13、14、21 與
55 題特別明顯。

四　Amos Basic 程式撰寫與操作

　　首先，開啟如圖 9-17 之 Amos Basic 主視窗的「使用者介面」，點
選「File」下的「New Engine Program」後，接著在 Basic 語言設計視
窗「Sub Main...End Sub」中輸入控制指令，詳見圖 9-18 視窗內之控制
敘述與指令。程式中含有許多迴歸方程式，這些迴歸方程式係根據圖
9-6 與圖 9-7 之徑路圖而撰寫之。

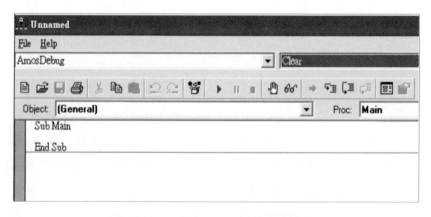

圖 9-17　Amos Basic 之使用者介面

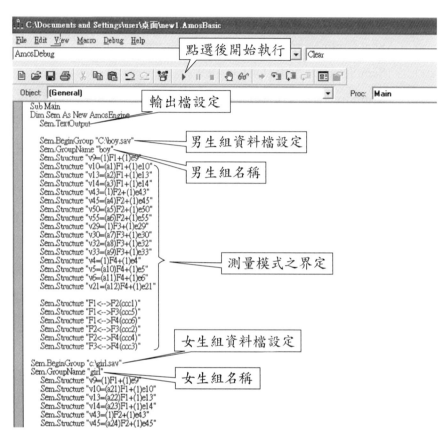

圖 9-18　Amos Basic 指令輸入畫面

　　執行時，按「Macro」下之「RUN」或點選功能表單上之 ▶ 即可進行參數之估計。為便利讀者之運用，以下為未設限模式程式設計之解說，各行程式設計之用意說明呈現在右側，請讀者用心揣摩之。

Sub Main

Dim Sem As New AmosEngine　　輸出檔設定

　　　Sem.TextOutput

（接下頁）

Sem.BeginGroup "C：\boy.sav" ── 男生組資料檔設定

Sem.GroupName "boy" ── 男生組名稱

Sem.Structure "v9=(1)F1＋(1)e9"

Sem.Structure "v10=(a1)F1＋(1)e10" ── 男生組 v10 在 F1 因素上的負荷量 係數設為 a1

Sem.Structure "v13=(a2)F1＋(1)e13"

Sem.Structure "v14=(a3)F1＋(1)e14"

Sem.Structure "v43=(1)F2＋(1)e43"

Sem.Structure "v45=(a4)F2＋(1)e45"

Sem.Structure "v50=(a5)F2＋(1)e50"

Sem.Structure "v55=(a6)F2＋(1)e55"

Sem.Structure "v29=(1)F3＋(1)e29"

Sem.Structure "v30=(a7)F3＋(1)e30"

Sem.Structure "v32=(a8)F3＋(1)e32"

Sem.Structure "v33=(a9)F3＋(1)e33" ── 測量模式之界定

Sem.Structure "v4=(1)F4＋(1)e4"

Sem.Structure "v5=(a10)F4＋(1)e5"

Sem.Structure "v6=(a11)F4＋(1)e6"

Sem.Structure "v21=(a12)F4＋(1)e21"

Sem.Structure "F1 ＜--＞ F2(ccc1)" ── 男生組因素 F1 和 F2 間的共變數係數 設為 ccc1

Sem.Structure "F1 ＜--＞ F3(ccc5)"

Sem.Structure "F1 ＜--＞ F4(ccc6)"

Sem.Structure "F2 ＜--＞ F3(ccc2)"

Sem.Structure "F2 ＜--＞ F4(ccc4)"

Sem.Structure "F3 ＜--＞ F4(ccc3)"

Sem.BeginGroup "c：\girl.sav" ── 女生組資料檔設定

（接下頁）

Sem.GroupName "girl" ──→ 女生組名稱

Sem.Structure "v9=(1)F1＋(1)e9"

Sem.Structure "v10=(a21)F1＋(1)e10"　　女生組 v10 在 F1
因素上的負荷量
係數設為 a21

Sem.Structure "v13=(a22)F1＋(1)e13"

Sem.Structure "v14=(a23)F1＋(1)e14"

Sem.Structure "v43=(1)F2＋(1)e43"

Sem.Structure "v45=(a24)F2＋(1)e45"

Sem.Structure "v50=(a25)F2＋(1)e50"

Sem.Structure "v55=(a26)F2＋(1)e55"

Sem.Structure "v29=(1)F3＋(1)e29"　　測量模式之界定

Sem.Structure "v30=(a27)F3＋(1)e30"

Sem.Structure "v32=(a28)F3＋(1)e32"

Sem.Structure "v33=(a29)F3＋(1)e33"

Sem.Structure "v4=(1)F4＋(1)e4"

Sem.Structure "v5=(a210)F4＋(1)e5"

Sem.Structure "v6=(a211)F4＋(1)e6"

Sem.Structure "v21=(a212)F4＋(1)e21"

Sem.Structure "F1 ＜--＞ F2(ccc21)"　　女生組因素 F1 和
F2 間的共變數係數
設為 ccc21

Sem.Structure "F1 ＜--＞ F3(ccc25)"

Sem.Structure "F1 ＜--＞ F4(ccc26)"

Sem.Structure "F2 ＜--＞ F3(ccc22)"

Sem.Structure "F2 ＜--＞ F4(ccc24)"

Sem.Structure "F3 ＜--＞ F4(ccc23)"

End Sub

上述程式因係未設限模式，其程式設計重點為兩組的參數名稱設定為不同。舉例來說，男生組 v10 在 F1 因素上的負荷量係數設為 a1，女生組 v10 在 F1 因素上的負荷量係數設為 a21，因為名稱不同，參數間並未設定為相等，所以為未設限模式；其他男生組參數 a2 至 a12 也和女生組 a22 至 a212 不相同，因素間共變數男生組 ccc1 至 ccc6 也和女生組 ccc21 至 ccc26 名稱不相同，執行結果如表 9-4，和前面運用 Amos Graphics 表 9-1 內未設限模式的結果（χ^2=903.32，df=196，p=.00）是完全一樣的。

接著，我們要修改程式使男女兩組的因素負荷量限制為相等，其方法則為將女生組的因素負荷量參數名稱改成和男生組的一樣，即 a21 改為 a1，a22 改為 a2，a23～a212 也改為 a3～a12，再執行一次，則可以得到表 9-5 的結果，其χ^2值等於 903.32，自由度等於 196，兩組數字相減得到$\Delta\chi^2$值等於 14.53，其自由度相減可以得到Δdf值等於 12，再查表是否超過臨界值，其結果也和前面運用 Amos Graphics 方法完全相同。

表 9-4　Amos Basic 未設限模式執行結果

Model Fit Summary

CMIN

Model	NPAR	CMIN	DF	p	CMIN/DF
Default model	76	903.32	196	.00	4.61
Saturated model	272	.00	0		
Independence model	32	3528.49	240	.00	14.70

表 9-5　Amos Basic 負荷量限制模式執行結果

Model Fit Summary

CMIN

Model	NPAR	CMIN	DF	p	CMIN/DF
Default model	64	917.84	208	.00	4.41
Saturated model	272	.00	0		
Independence model	32	3528.49	240	.00	14.70

五　結　語

　　本章中，我們舉例示範了如何利用 Amos Graphics 中的多群組分析功能及 Amos Basic 進行男女生數常識因素型態、因素負荷量及題目截距的不變性考驗。

　　由前述之統計結果顯示，男女生數常識之因素型態似乎不同，進一步以未限制模式和負荷量限制模式的比較來探討組間差異來源，結果發現兩組的因素負荷量可視為相等。再進一步以負荷量限制模式與截距限制模式相比較，結果發現兩個模式間有顯著不同，尤其是在v9、v13、v14、v55、v4、v21 等 6 題的截距上有顯著不同。換句話說，男女生在這 6 題的作答上其難度不相等。

　　通常組間之因素型態（因素個數與題數）比組間因素負荷量是否相同重要，而組間因素負荷量比組間之測量誤差或截距是否相同更重要。為便利研究者進行組間因素結構不變性之考驗，茲將其考驗之先後流程繪製如圖 9-19。

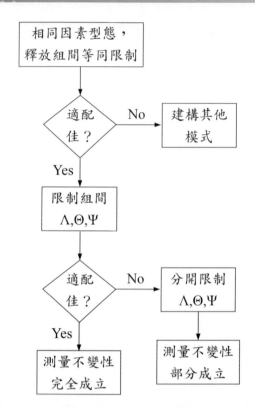

圖 9-19　組間因素結構不變性考驗之流程

Amos 5.0/6.0 新增功能與特色

∴ 重 點 提 示

一、模式界定搜尋。

二、模式實驗室。

三、多群組分析與不變性考驗。

四、多群組分析實例操作與解釋。

五、即時統計教練。

六、Amos Basic 控制指令的即時提示。

在筆者即將完成撰寫 Amos 5.0（Arbuckle & Worthke, 2003）新功能與特色一章的同時，Amos 6.0（Arbuckle, 2005）於 2005 年問世，又增加以下幾個新功能：貝氏估計法（Bayesian estimation，可適用於較小樣本之上）、三種新的缺失資料替代法（Data imputation）、徑路圖的列印預視、多重徑路圖視窗（Multiple Amos graphics windows）與改善圖像之放大、縮小與徑路圖框之捲動（Improved zooming and scrolling），有興趣讀者請查看 SPSS 公司網站（Amos 6.0 搭配在 SPSS 14.0 之中）的最新公告。由於筆者尚無此新版軟體，無法做更詳細說明，以下仍以介紹 Amos 5.0 新增功能與特色為主。

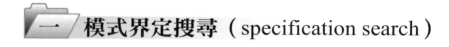

一　模式界定搜尋（specification search）

　　本質上，SEM 雖是驗證導向之統計方法，但實際上 SEM 卻常被用來探索較佳模式之工具，因此研究者常需對單一模式內之參數進行一連串之限制或釋放的動作。Amos Graphics 4.0 為迎合此需求，研究者可透過圖 10-1 之模式管理（Manage Models）視窗增加參數限制之設定，進行隔宿模式（nested models）的比較。但麻煩的是，研究者需要使用視窗中的「New」建構不同模式名稱與進行不同參數限制的設定。

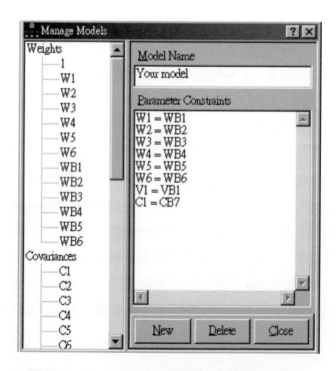

圖 10-1　Amos 模式管理視窗及參數限制之設定

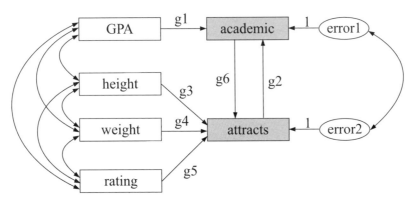

圖 10-2　女生模式設定（Felson & Bohrnstedt, 1979）

以下就 Amos 使用者手冊的第 11 個例子資料（Arbuckle & Worthke, 2003: 225）說明如何利用 Amos 模式管理視窗，進行組間參數限制之設定與分析。本例欲探究男生與女生的魅力與學業能力之因素負荷量是否相同。本例女生的徑路係數標註為 g1 至 g6（參見圖 10-2），男生的徑路係數標註為 b1 至 b6（參見圖 10-3）。

利用 Amos 模式管理視窗中的參數限制，可以界定新的模式。例如，圖 10-4 模式 A 中「Parameter Constraints」並未有任何限制，在兩組內的每一自由參數均允許存在不同估計值，因此 A 係獨立模式。表示男女生的所有相對應之徑路係數均不相等，Amos 會估計 12 個參數值。

第二個與 A 對照的模式 B，則設定這 6 個徑路係數參數具組間不變性（group-invariant），限制的方法如圖 10-5 所示，表示男女生的所有相對應之徑路係數均相等，Amos 只會估計 6 個參數。

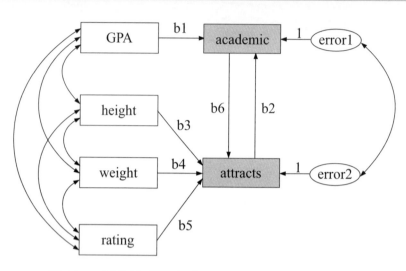

圖 10-3　男生模式設定（Felson & Bohrnstedt, 1979）

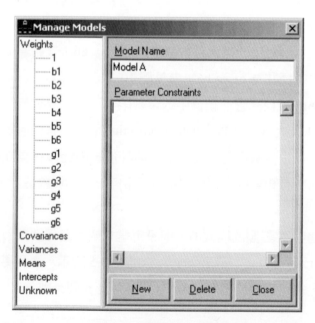

圖 10-4　獨立模式之設定

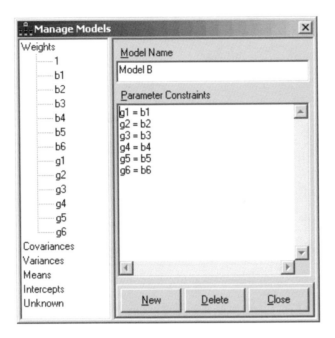

圖 10-5   組間不變性參數的設定

　　Amos 會根據 A 與 B 模式同時進行資料分析，提供絕對性與相對性適配指標以比較哪一模式較適配。

　　Amos 5.0 為簡化隔宿模式的比較，特新增模式界定搜尋的功能，執行時可按 🔍 。模式界定搜尋係利用以下三種方法，一次即可找出最佳模式的新技術，堪稱便捷，不過需避免為適配而適配的過度適配（overfitting）現象。研究者可根據搜尋準據：適配性、精簡性與可解釋性，決定哪一模式最佳。SEM 修正或改善模式的方法有三：

🖱 增加參數

　　此法在SEM文獻中最常見，這是一種模式擴展的計畫，研究者可將MI值過大之徑路參數釋放（例如表 10-1 中MI=41.311 係屬最大值，

表 10-1　Amos 修正指標之報表

Modification Indices

Covariances:　　MI　　Par Change

　　　　　　　　----------　----------

e25 <---->F4　　31.722　−0.286　　當模式改變時，

e22 <--->e29　　30.416　　0.568　　新的徑路係數

e17 <--->e21　　20.927　　0.431

e11 <---->F4　　21.145　−0.161

e11 <--->e17　　41.311　−0.449

e11 <--->e16　　37.432　　0.420

e11 <--->e13　　25.601　−0.358

　　如將 e11 與 e17 之共變參數釋放進行估計，釋放後兩者之相關約可達 −.449，而χ^2 可下降 41.311），以降低χ^2 使模式更適配。研究者有時亦可同時查看 Par Change 的估計值大小，以決定是否進行參數釋放。

　🖱 同時考慮參數的限制與移除

　　可用 Likelihood Ratio 考驗之（χ^2 差異性考驗），以選擇更適配模式，其公式為：

$$\Delta\chi^2 = \chi^2_{差異} = \chi^2_{模式 1} - \chi^2_{模式 2}$$

$$\Delta df = df_{差異} = df_{模式 1} - df_{模式 2}$$

$$p = 1 - \chi^2_{CDF}\,(\Delta\chi^2,\ \Delta df)$$

　　此公式用以檢驗 SEM 階層式隔宿模式間之比較，以檢驗其是否達到統計上之顯著性差異，當 p 值 < .05 或 $\Delta\chi^2 > \chi^2\,(.05,\ \Delta df)$ 時即稱此差異達到統計上之 .05 顯著性水準。研究者如對 p 值感興趣的話，可利用 SPSS 的內建函數：$1 - CDF.CHISQ\,(\chi^2_{差異},\ df_{差異})$ 計算出 p 值。式中χ^2_{CDF} 表示 χ^2 的累進密度函數。

　　當兩個模式間未達顯著差異時，通常研究者會偏好模式較簡者。注意，對於非隔宿模式間之χ^2差異，雖然仍可比較其大小，但並無法進行統計顯著性考驗（Kine, 1998）。此係因為利用χ^2進行非隔宿模式之適配度考驗，其所提出之模式愈複雜，χ^2適配度自然會更佳。因此，當比較非隔宿模式時，應輔以適配度描述統計：例如 AIC、CAIC、BIC、NFI、ECVI 等指標，進行整體性之解釋與比較，因為這類指標會考慮到模式之精簡性（如 AIC，其值愈小愈佳）與樣本大小（如 CAIC，其值愈小愈佳）。緣此，研究者似乎又需在模式之適配性與精簡性間，取得一平衡點了。

🖱 限制／移除參數

　　這是一種模式瘦身的計畫，研究者可利用：(1) z 統計量（Amos 稱為差異性 CR 值考驗）；(2) Wald tests（Amos 尚未提供此統計量）；(3) 相關係數殘差（將殘差＞.10 的變項刪除），增加自由度（減少參數估計）使模式更簡潔。Amos Graphics 使用者可在「View/Set→Analysis properties→Output」下點選「Crirical ratios for differences」。到底哪些指標之參數可以限制為相等，研究者最好選擇差異性 CR 值（=參數差異值／差異值標準誤）小於 1.96，且加以參數限制的參數亦具實徵意義者（例如表 10-2 中 CR 值＝0.470 的那一對參數）。當該對參數設定為相等時，其χ^2大約會增加CR^2，而自由度亦增加 1，通常會稍稍改善適配度。

表 10-2　Amos 參數差異之 CR 值

Critical Rations for Differences between Parameters

	par-1	par-2	par-3	par-4	par-5	par-6	par-7
par-1	.000						
par-2	.470	.000					
par-3	2.185	1.946	.000				
par-4	1.068	.632	−1.590	.000			
par-5	−.835	−1.356	−3.047	−2.034	.000		
par-6	−1.521	−1.820	−2.997	−2.286	−.777	.000	
par-7	3.084	2.677	1.411	2.428	3.528	6.247	.000

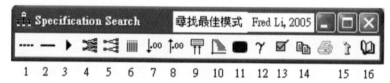

1：該路徑有與無均分析　2：必含之徑路　3：執行（F5）　4：顯示所有可能之 arrows　5：隱藏所有可能之 arrows　6：顯示摘要　7/8：增減小數位　9：簡表　10：秀圖　11：秀徑路圖　12：秀參數 13：選項設定　14：複製至剪貼簿　15：程式說明　16：線上協助

圖 10-6　Amos 模式界定搜尋的功能表單

　　Amos 的模式界定搜尋，提供 16 種功能表單，說明如圖 10-6。

　　在 Amos 的「Model-Fit」下按下 以便準備模式界定搜尋，接著研究者須先按下 後，點選徑路圖中需要設定為可有、可無之徑路，如為必備徑路請按 進行設定，接著按下 ，即可執行模式界定搜尋，並出現圖 10-7 之結果視窗。點選視窗中任何一行（如模式 2），再按下 即可顯示徑路圖。如欲觀看該模式之徑路係數，請先

按下 γ 後，再按下 ■ 即可；或者雙擊視窗中之模式，亦可查看該模式之徑路係數。視窗中模式 Null 1 表示所有之變項均獨立無關，且平均數與變異數均未加以限制，此係底限獨立模式。視窗中模式 Null 2 表示所有觀察變項之相關設定為相等，且平均數與變異數均未加以限制，此係另一底限模式。Amos 中共有四種底限模式（Null1～Null4），研究者可以利用 ☑ 選擇哪一底限模式，Amos 中有七種指標：NFI、RFI、IFI、TLI、CFI、PNFI、PCFI，會因底限模式的不同而產生不同的值。視窗中模式 Sat 表示飽足（完全適配）模式。

研究者如欲圖示「模式界定搜尋」之結果，可以點選圖 10-7 中之按鈕 ◣，即會出現圖 10-8 之視窗，以觀看各種指標的圖示。圖中的橫線代表模式適配標準線，研究者可以用滑鼠移動到此線上即會出現握拳狀的手形，您可用它來移上或移下以決定達到某一適配度指標之標準（如RFI=.90）。本圖係一指標適配值（縱軸）與模式複雜度（橫軸）的散佈圖。該標準線以上為可接納模式，標準線以下為不可接納模式。

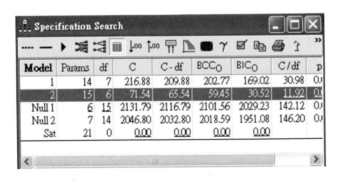

圖 10-7　Amos 模式界定搜尋之輸出視窗

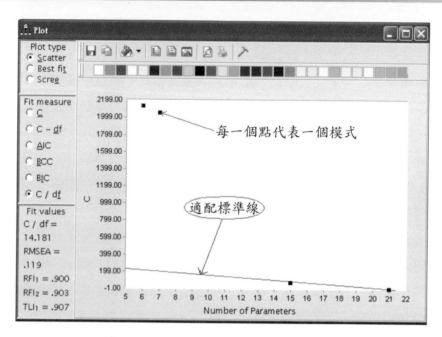

圖 10-8　Amos 模式適配標準線的設定

二　模式實驗室

　　研究者於建立模式徑路圖（圖中 x1、e1 之變異數啟始值ϕ^i、ψ^i 分別設定為 4 與 5），並將之與資料聯結（請參看圖 10-9 之實例）且執行資料分析之後，於「Model-Fit」之下點選「Modeling lab」（模式實驗室）或按下 😊 實驗工具圖像，研究者即可查看極小化過程中之相關數據。圖 10-9 實例資料檔案中，為計算χ^2值，Amos 會要求使用者輸入樣本大小〔$\chi^2 = (n-1)*F_{min}$〕。在本例中為簡化計算結果，將 n 設定為 2。

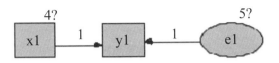

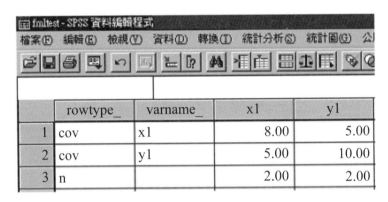

圖 10-9　模式實驗室徑路圖與資料應用實例

　　模式實驗室是Amos獨有之設計，研究者連續按下圖 10-10 左上角之「Amos Step」就可查看極小化過程與結果，請參看圖 10-10 之模式實驗室「History」視窗內之各項結果。

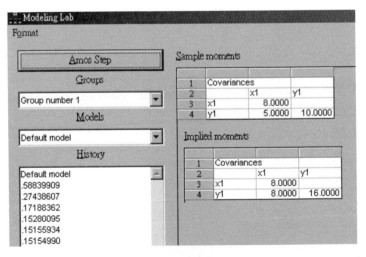

圖 10-10　模式實驗室視窗

三 多群組分析與不變性考驗

　　嚴格來說，比較組間平均數之差異應先考驗所使用之測量工具於不同組間是否在測相同特質（Measuring the same trait），假如該測量工具在不同群體上所測到的特質不同，那麼組間平均數差異之考驗是毫無意義的。這個測量不變性（Measurement invariance）之基本假設在CFA分析已受到高度之關切，一般研究者最關切的是不管在不同時間、不同對象與不同測量方式上，測量的特質均不變。Amos的多群組分析可以輕易用來分析各種層次之測量不變性及理論模式的效度複核（前後兩個樣本資料的估計參數需做等同之限制）。多群組分析的一般性虛無假設在於考驗各群組的資料來自於同一母群，可利用 Box's M 多變項考驗之，檢驗組間之共變數─變異數矩陣是否具有同質性。當多群組資料發現係來自於同一母群，研究者即可進行併組資料的統計分析。通常多群組分析的次序為：㈠先就各群組分開考驗模式適配度，本考驗提供概括性檢驗；㈡假如此概括性考驗具有一致性，則可進行組間資料併組之基線模式（參數均未限制）之考驗；㈢比較基線模式與設限模式間之差異性，一般以增加因素負荷量、測量截距、因素變異數／共變數、結構係數與殘差變異數等限制的一系列逐漸嚴苛模式考驗之。這些相關參數之限制，需先進行參數之命名，命名的方法參見圖 10-11。在Amos的多群組分析時，當組間之參數使用相同標籤時，即代表將此組間參數限制為相等。

測量誤差	測量截距	因素負荷量	結構係數	結構殘差
v1~v6	i1~i6	a1~a3	b1, b2	vv1

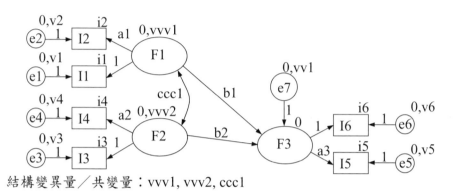

結構變異量／共變量：vvv1, vvv2, ccc1

圖 10-11 Amos 多群組的分析參數標籤與等同限制設定示意圖

圖 10-11 內參數之命名與限制，過去都需利用多群組視窗

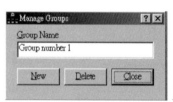
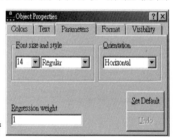

及物件屬性視窗

加以設定，Amos 5.0 版起已可由圖 10-12 的多群組比較分析視窗加以設定，較為便捷。此外，在 Amos Graphics 模式下，假如各組所使用的徑路圖具有很大差異時，研究者可於使用者介面屬性（Interface properties）視窗下「Misc」，點選圖 2-5-2 視窗中的「Allow different path diagrams for different groups」選項。在此，值得一提的是，假如您配合 Amos「Name Parameters」之功能（參見圖 2-9-2），利用不同字首針對各組內之參數加以自動命名，將有利於研究者於「Manage Models」時，進行組間參數之限制設定。此時，研究者只需在一個徑路圖內的

特定參數加以限制即可，換言之，參照群組之徑路係數設定為 0，而對照組的相對徑路係數則開放估計。Amos Graphics 於多群組分析時，有下列幾個基本內定之規則，特地在此提出以釐清使用者之疑問：

㈠除非做特別之設定，各群組均預設使用同一徑路圖。

㈡不同群組間之參數如未命名時，表示這些參數可具有不同之參數值。

㈢不同群組間之參數的命名相同時，表示這些組間之相對應參數已做等同之限制。

執行分析後，當研究者發現模式間之 χ^2 差異性達顯著時，研究者可利用修正指標找出哪些參數造成組間之顯著差異，並進行該參數限制之釋放，以進行參數之分開估計，釋放估計時請一次僅進行一對參數之釋放與估計。當您只有測量模式時，圖 10-12 多群組的比較分析視窗中之結構模式部分的設定即會變暗而無法加以設定。Amos 內定八大模式中，第七與第八模式顯然相當嚴苛較少使用。不過在驗證性因素分析中，一般最感興趣的是測量模式中的因素負荷量，與因素共變數的相等性假設考驗。當因素負荷量與因素共變數等參數在組間具有相等性時，一般研究者即可宣稱各群組的資料來自於同一母群（Tabachnick & Fidell, 2001），其測量模式具有不變性（Measurement invariance）。當然，當測量模式具有不變性之後，研究者亦可探究組間結構模式之不變性（Structural invariance）。

如前所述，在多群組的比較分析時，常需針對一些參數進行組間恆等性之限制，為讓研究者加速這些參數限制之設定，Amos 5.0 提供以下圖 10-12 之點選視窗便利研究者之設定，省去研究者過去需在 Manage Models 之視窗內增加參數限制之設定。這個視窗內的八大模式亦反應下列八大不變性的考驗。

㈠設定測量係數（測量模式中之廻歸係數或因素負荷量）相等。

㈡增加設定測量模式中之預測變項之方程式截距為相等。

㈢增加設定結構係數（結構模式中之廻歸係數）為相等。

㈣增加設定結構模式中之預測變項之結構截距為相等。

㈤增加設定結構模式中之外衍變項之結構平均數為相等。

㈥增加設定測量或結構模式中之共變數矩陣（含變異數與共變數）
為相等。

㈦增加設定結構模式中之誤差變項之共變數矩陣為相等。

㈧增加設定測量誤差變項之共變數矩陣為相等。

　　研究者如欲知在徑路圖中有哪些參數會受到組間參數受限的影響，可以滑鼠點選圖 10-12 左側「Parameter Subsets」下的任一模式，即可見到徑路圖中受到影響之參數的變色路徑。

　　Cheung 和 Rensvold（2002）則根據過去 SEM 文獻，整理出最常用的八種不變性假設考驗，其中五種為測量層次之不變性假設，其餘

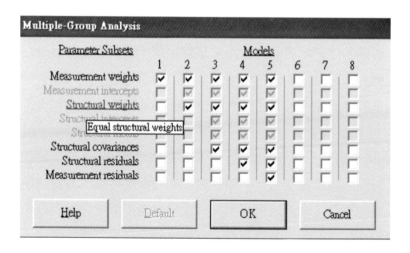

圖 10-12　多群組的比較分析視窗

三種為結構層次之不變性假設。這五種測量層次之不變性假設，依序為型態不變性（Configural invariance）假設、構念層次量尺不變性假設（Metric invariance）、指標層次量尺不變性（Partial metric invariance）假設、殘差變異量不變性（Residual scalar invariance）假設，與截距不變性（Intercept scalar invariance）假設。型態不變性假設在考驗不同群體對於構念的認知或意義是否相同，不變性成立時即表示因素個數相同，且每一因素所含之題目亦相同。型態不變性假設開放估計組間所有因素負荷量、截距、變異數，但限制潛在因素平均數為 0。構念層次量尺不變性假設在考驗不同群體在所有因素負荷量是否相同。構念層次量尺不變性假設開放估計組間之截距、變異數，但限制組間因素負荷量相同及設定潛在因素平均數為 0。指標層次量尺不變性假設在考驗不同群體在特定因素負荷量上是否相同，此一假設適用於構念層次量尺不變性假設不成立時，此一假設亦可找出哪些指標造成不變性假設無法成立。指標層次量尺不變性假設開放估計組間之截距、變異數，但限制部分組間因素負荷量相同及設定潛在因素平均數為 0。殘差變異量不變性假設在考驗不同群體的測量信度是否相同，亦即在考驗不同群體的潛在變項的測量誤差是否相同。截距不變性假設在考驗不同群體的截距向量（潛在變項為 0 時）是否相等，亦即在考驗測量量尺在不同群體是否具有相同原點（Origin of the latent variable），或測驗難度或長度是否相同，在測驗上可做為 DIF（Differential item functioning）研究的參考指標。至於統計之假設考驗時，構念層次量尺不變性假設與指標層次量尺不變性假設的適配度考驗，其對照模式為型態不變性假設（未設限模式）。殘差變異量不變性假設與截距不變性假設的適配度考驗，其對照模式為構念層次量尺不變性假設（受限較少之模式）。

　　至於結構層次之不變性假設分別為潛在因素變異數不變性（Factor

variance invariance）、潛在因素共變數不變性（Factor covariance invariance）、潛在因素平均數不變性（Factor mean invariance）等假設考驗。前兩者之對照模式為構念層次量尺不變性假設。潛在因素平均數不變性之對照模式為截距不變性假設。以上所述之多群組比較分析的順序與統計考驗方法，亦可做為研究者考驗不同群體時之參考。由於Amos在進行結構共變數等同模式的考驗時，係將潛在因素變異數不變性及潛在因素共變數不變性之考驗併在一起進行考驗，研究者如欲使用 Amos 之多群組的比較分析視窗，分開進行潛在因素變異數不變性或潛在因素共變數不變性的考驗，則需利用Amos的「Manage Models」進行修正多餘的設定。以下為便利研究者於組間測量模式之不變性考驗的查考，筆者根據 Reise、Widaman 和 Pugh（1993）、Meredith（1993）、Widaman和Reise（1997）、Vandenberg和Lance（2000）、Cheung和Rensvold（2002）之論述，特將組間等同考驗之步驟與要點摘要如圖 10-13。

　　從圖 10-13 知，測量的不變性（Measurement invariance）依其不變性的程度可分為全部不變性（Full invariance）與部分不變性（Partial invariance），當發現設限模式中只有部分參數具不變性，研究者可根據最大的修正指標，逐一進行參數之釋放估計。Meredith（1993）、Widaman和Reise（1997）依等同限制之嚴苛程度，界定了組間測量不變性的幾個層次：1.因素組型不變性（Configural invariance），反應因素結構（含因素及題目個數與兩者間之對應關係）之相似性；2.弱因素負荷量不變性（Weak metric invariance），反應因素負荷量之相等性，是比較變異數或共變數的先決條件；3.強因素負荷量不變性（Strong metric invariance），反應截距之相等性（可做為 DIF 檢查），是比較因素平均數的先決條件；4.嚴苛因素負荷量不變性（Strict metric invariance），反應信度之相等性。

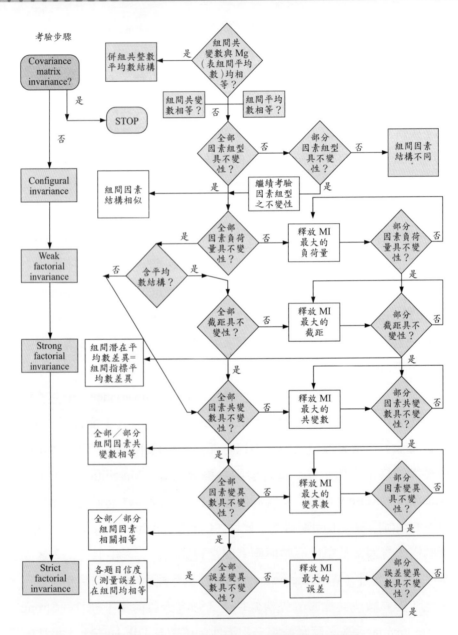

圖 10-13　測量模式組間等同考驗之流程圖

圖 10-13 即依此構思,將組間等同考驗之步驟分為五步驟。首先,考驗組間的共變數矩陣與組間平均數向量是否相等。如果組間的共變數矩陣與(或)組間平均數向量具相等性,就沒有必要繼續組間不變性之考驗,直接進行併組資料的後續分析即可。不過,Byrne(2001)引述 Jöreskog(1971)與 Muthen(Byrne,私人通信,1988 年,10 月)的論點,認為此一概括性的整體性考驗結果並不能保證後續考驗結果之一致性。例如,當組間的共變數矩陣與(或)組間平均數向量經統計考驗被發現具相等性後,後續的測量或結構參數的不變性考驗亦有可能被拒絕。反之,當組間的共變數矩陣與(或)組間平均數向量相等性整體虛無假設被拒絕後,亦有可能發現後續的測量或結構參數具不變性。由此觀之,此整體性虛無假設的考驗並不是檢驗群體不變性之先決條件。因此研究者一般可逕行考驗組間因素組型或因素負荷量之不變性。第二、如果發現組間不具相等性,就繼續考驗因素組型不變性(未設限模式或稱基線模式)。未設限模式的χ^2值係由併組資料所計算出來的模式適配度指標,亦可由各組資料之χ^2模式適配度加總而得。因素組型不變性反應組間因素結構之相似性,意味著因素個數相等及因素的固定與開放參數的因素組型相似。因素組型不變性將做為下一更嚴苛模式的基準模式(Baseline model)。往後如果發現組間不具相等性,就停止不變性考驗。第三、依序進行弱因素負荷量不變性、強因素負荷量不變性與嚴苛因素負荷量不變性。弱因素負荷量不變性,意味著外顯變項關係的組間差異會等於潛在變項關係的組間差異。第四、強因素負荷量不變性(含平均數結構),意味著外顯變項平均數、共變數在組間的差異會等於潛在變項平均數、共變數在組間的差異。最後,嚴苛因素負荷量不變性,亦即組間的誤差變異量相等,意味著各個題目的測量誤差在組間具有不變性。假如將因素之共變數亦加以等同限制,這一模式之不變性反應出因素間的相關在組間具相

似性，如又加上因素之變異數亦加以等同限制，這一模式之不變性反應出因素間的相關在組間具相等性。圖 10-13 中的考驗步驟從最鬆，逐漸到最嚴苛的模式，在考驗限制模式與未設限模式間之差異（或考驗前後設限模式間之差異），可使用 $\Delta\chi^2$ 來考驗（LR 考驗）。在考驗限制模式與未設限模式間之差異，其公式為 $\Delta\chi^2 = \chi^2_{設限} - \chi^2_{未設限}$，卡方差異值之自由度為 $\Delta df = df_{設限} - df_{未設限}$，其臨界值為 $\chi^2_{(.05,\ \Delta df)}$。在考驗前、後設限模式間之差異，其公式為 $\Delta\chi^2 = \chi^2_{後設限} - \chi^2_{前設限}$，卡方差異值之自由度為 $\Delta df = df_{後設限} - df_{前設限}$，其臨界值為 $\chi^2_{(.05,\ \Delta df)}$。

四　多群組分析實例操作與解釋

　　為了讓 Amos 使用者具體清楚實際多群組分析的操作與報表解釋，特舉 Neff（1985）針對美國白人與黑人所做的生活心理壓力的比較研究為例子，資料檔案參見附錄五。他的理論提議模式如圖 10-14 與圖 10-15 的壓力模式，模式中的參數設定係 Amos 在執行多群組比較分析之後，自動設定參數之標籤以便於組間參數之等同限制。模式中社經地位（SES）因素由家庭收入（X1）與教育程度（X2）加以測量，年齡（AGE）因無測量誤差其誤差變異量設定為 0，生活改變因素（LIFE CHANGE）則由不悅事件數（Y1）與生活產生變化之事件數（Y2）測量之，心理壓力因素（STRESS）則由生活緊張（Y3）、憂鬱症狀（Y4）與心身性症狀（Y5）測量之。

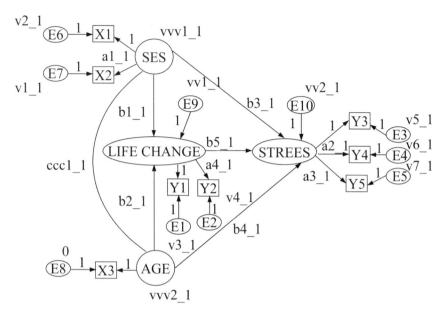

圖 10-14 白人的壓力模式與參數設定：未設限模式

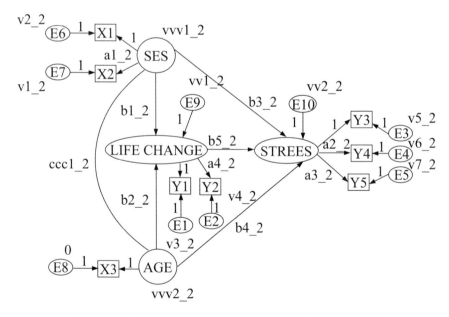

圖 10-15 黑人的壓力模式與參數設定：未設限模式

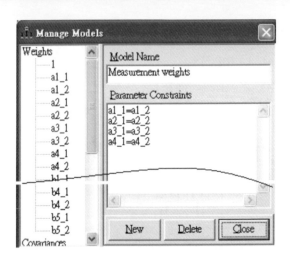

圖 10-16　　因素負荷量不變性設定

　　注意圖 10-14、10-15 中的白人與黑人壓力模式中的相對應參數均開放估計。如欲考驗在測量模式中因素負荷量在組間是否相同，亦可利用 Amos 模式管理視窗（參見圖 10-16），手動進行參數設定。假如因素負荷量在組間不具有不變性，那麼因為組間的測量單位不同，進一步考驗結構模式中的徑路係數是否相等是沒有意義的。

　　假如因素負荷量在組間具有不變性，則可進一步考驗結構模式中的徑路係數是否相等。研究者可利用 Amos 模式管理視窗（參見圖 10-17），進行額外參數之設定。

　　以此類推，研究者可以繼續結構平均數、結構共變數、結構殘差與測量誤差等組間參數不變性之考驗。這種進行組間參數的手動設定方法，費時費力，並易導致設定錯誤。因此，研究者最好使用參見圖 10-12 之多群組分析功能，只要按下 　 後，確認視窗中顯現出來之待考驗模式後，再按下程式執行 　 ，Amos 即會自動進行各個模式在組間參數相等之設定，一次搞定，省時省力。執行估計後，請查看如圖 10-18 中右側介面視窗中待考驗模式的前端是否出現「OK」，假如出現「XX」即表示該模式不可辨識，係一無法估計之模式，需修正模式中的設定方能正常運作。

圖 10-17　因素負荷量與結構係數不變性之設定

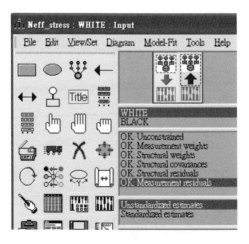

圖 10-18　模式辨識性的檢查

表 10-3　Amos 隔宿模式之比較：未設限模式 vs.負荷量限制模式

Model	NPAR	CMIN	DF	p	CMIN/DF
Unconstrairved	42	69.873	30	.000	2.329
Measurement weights	38	80.602	34	.000	2.371
Structural weights	33	86.162	39	.000	2.209
Structural covariarvoes	30	96.372	42	.000	2.295
Structural residuals	28	113.369	44	.000	2.577
Measurement residuals	21	197.929	51	.000	3.881
Saturated model	72	.000	0		
Indeperderce model	16	1296.985	56	.000	23.160

$$80.602$$
$$-69.873$$
$$10.729$$

假設未設限模式正確

Model	DF	CMIN	p	NFI Delta-1	IFI Delta-2	RFI rho-1	TLI rho-2
Measurement weights	4	10.729	.030	.008	.008	.002	.002
Structural weights	9	16.289	.061	.013	.013	−.005	−.005
Structural covariances	12	26.499	.009	.020	.021	−.001	−.002
Structural residuals	14	43.496	.000	.034	.034	.011	.011
Measurement residuals	21	128.056	.000	.099	.101	.067	.070

　　由於本研究的白人樣本（n=658）與黑人樣本（n=171）係屬大樣本之研究，因此$\Delta\chi^2$亦受樣本大小之影響，當樣本很大時，即使$\Delta\chi^2$值甚小，沒有差異的虛無假設亦可能被拒絕，因此以下之$\Delta\chi^2$的顯著水準定在.01。

　　由表 10-3 知，未設限模式之χ^2達.01 之顯著水準（χ^2=698.73，df=30，p=.000），因此有必要繼續探討到底在何處產生了組間差異。由表 10-3 及圖 10-19 知，未設限模式與負荷量限制模式的考驗結果：這兩個模式並未達到統計上.01 的顯著差異水準（χ^2=10.729，df=4，p=.030），由未設限模式與負荷量限制模式的增值適配指標間之差異介於.002～.008，知兩模式間之增值適配差異量並不大。因此，黑人與白人在測量模式中的徑路係數可視為相等，亦即具有組間不變性，請比較表 10-4 中黑人與白人的徑路係數估計值大小及最後一欄位 MI 值，MI 值均未大於 3.84（α=.05）。因此，這些參數之組間差異並未達到統計上.05 之顯著差異水準（MI 值考驗請參考 Kline, 1998: 183）。當然，這些參數之組間差異亦無法達到統計上.01 之顯著差異水準。

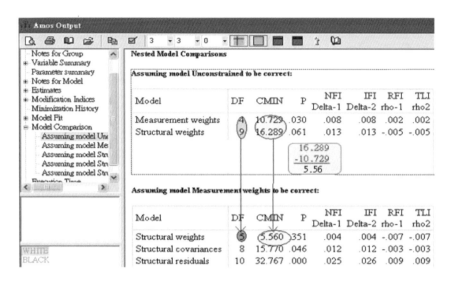

圖 10-19　Amos 隔宿模式之比較：負荷量限制模式 vs.結構係數限制模式

　　因此，黑人與白人在測量模式中的徑路係數亦可視為相等，具有組間不變性。因為有時這一概觀整體性無差異的χ^2考驗，可能會矇蔽特定因素負荷量上之組間效果，研究者可以進行指標層次量尺不變性（Partial measurement invariance）之假設考驗，以考驗不同群體在特定因素負荷量上是否相同的事後考驗（Post hoc comparisons）。欲進行因素負荷量相等的事後考驗，研究者必須查看前一未設限模式 Amos 所提供的「Crtical Ratios for Differenecs between Parameters」（參見圖 10-20）或利用 Amos 所呈現之組間MI值之和加以檢驗之（參見表 10-4），均是便捷的事後考驗法。在多群組的驗證性因素分析中，被限制為組間相等之因素負荷量、測量誤差等的MI指標可用來檢驗哪些組間之參數是否相等（利用卡方考驗，參見 Kline, 1998: 183, 227）。當卡方考驗的臨界值設定為 3.84（α=.05），相關參數之MI指標值小於 3.84，或當卡方考驗的臨界值設定為 6.635（α=.01），相關參數之

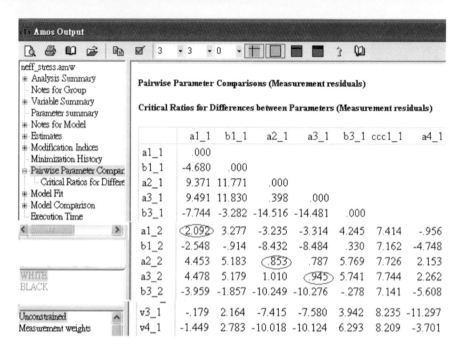

圖 10-20　Amos 組間參數差異值之事後考驗

MI指標值小於 6.635，即可視為此參數係數在組間沒有顯著差異。此種參數的檢驗方法類似於事後考驗，用以檢驗造成組間的差異出自何處。

　　另外，研究者如欲了解原先被設定為 1 的徑路係數是否具有組間不變性，可以更換為其他指標之徑路係數設定為 1，重新分析以考驗原先被設定為 1 的徑路係數是否具有組間不變性（Kline, 1998），或利用組間之MI值直接檢驗之，參見表 10-4 的實例說明。由表 10-4 的MI值亦知，白人與黑人在所有的徑路係數上均未達到統計上.05 或.01 的顯著水準。不過，如以 CR 值為標準，白人與黑人在教育程度上對於社經地位的徑路係數達到統計上.05 的顯著水準（z=2.092，p＜.05），但

表 10-4　黑人與白人的徑路係數估計值

| | 白人 | | | | 黑人 | | | | | |
	Estimate	S.E.	C.R.	p	Estimate	S.E.	C.R.	p	CR	MI
X2 <---SES	.209	.033	6.376	***	.491	.131	3.751	***	2.092	2.995
X1 <---SES	1.000				1.000					3.064
X3 <---AGE	1.000				1.000					.000
Y3 <---STRESS	1.000				1.000					.859
Y4 <---STRESS	.988	.080	12.294	***	1.185	.217	5.467	***	.853	.081
Y5 <---STRESS	1.002	.082	12.247	***	1.229	.226	5.450	***	.945	.286
Y1 <---LIFE CHANGI	1.000				1.000					.019
Y2 <---CHANGI	.657	.115	5.738	***	.809	.218	3.714	***	.616	.031

MI=白人 MI＋黑人 MI

未達.01 之顯著水準。

　　研究者接著可以檢驗黑人與白人在結構模式上的徑路係數是否具有組間不變性。接著,由圖 10-19 知,負荷量限制模式與結構係數限制模式的考驗結果:這兩個模式並未達到統計上.01 的顯著差異水準(χ^2=5.560,df=5,p=.351),由增值適配指標知增值適配量亦增加不大($-.007\sim.004$)。由圖 10-21 知,結構係數限制模式與結構共變數限制模式的考驗結果:這兩個模式之差異比較未達到統計上.01 的顯著水準(χ^2=10.21,df=3,p=.017),由增值適配指標知增值適配量僅增加.004～.008,由此可知組間之結構共變數相等。以此類推,其他更嚴苛的不同模式間之比較,均未具組間不變性(p=.000),請參閱圖 10-21之考驗結果,不再贅述。

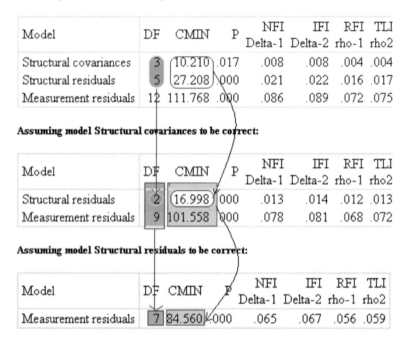

圖 10-21　Amos 隔宿模式之比較：結構係數限制模式 vs.結構共變數限制模
式等之比較

　　過去在考驗限制模式與未設限模式間之差異，都使用$\Delta\chi^2$來考驗。
剛剛我們最先所做不同模式間之比較，即是使用此法。不過，由於
$\Delta\chi^2$亦受樣本大小之影響，當樣本很大時，即使$\Delta\chi^2$值甚小，沒有差
異的虛無假設亦可能被拒絕。Cheung 和 Rensvold（2002）透過模擬研
究探討組間測量不變性（Measurement invariance）時各種適配度指標
之效能，發現有三種指標：CFI、MacDonald 的 Noncentrality（NCI）
與 Steiger 的 Gamma Hat（GH）指標值得推薦用來檢驗 CFA 模式在組
間之不變性，因為這三種指標較不受模式複雜度之影響，跟其他之適

配度指標重疊性較低，與整體性適配度指標相關亦較低。使用時，只要計算這三個指標在設限模式與未設限模式上之差異值，即可判斷組間不變性之虛無假設是否可以接納。接納標準為當 $CFI_{設限-未設限}$ 小於 -0.01，NCI 差異值小於 -0.001，GH 差異值小於 -0.02。可惜 Amos 在考驗多組CFA模式之測量恆等性時並不自動報告這三種指標，Amos 提供 NFI、IFI、RFI、TLI 及 p 值（參見圖 10-19）。因此，研究者可以使用 p 值進行統計之顯著性考驗，或運用 NFI、IFI、RFI、TLI 之設限模式與未設限模式之差異值，如小於-0.05（參考 Little, 1997 之建議），即可接納虛無假設。研究者如欲使用 NCI 與 GH，請利用下列公式計算之：

$$NCI = \exp\left[-\left(\frac{1}{2}\right)\frac{\chi^2 - df}{N-1}\right]$$

$$GH = \frac{p+q}{p+q+2*\frac{\chi^2-df}{N-1}}$$

式中 p+q 為觀察變項數，$\chi^2 - df$ 為 NCP，N 為樣本大小。筆者所設計之 SEMCAI 可以計算這兩個指標，請參閱附錄六之操作說明。

五 即時統計教練

Amos 5.0 在統計報表中的重要參數估計值上，貼心地提供即時之線上說明，讓讀者理解該統計量之意義。讀者只要將游標指向欲了解之統計量，按滑鼠右鍵即會顯示以下圖 10-22 之說明視窗。

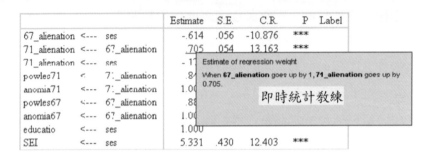

圖 10-22　Amos 統計報表中之即時統計教練

六　Amos Basic 控制指令的即時提示

另一貼心的 Amos Basic 新特色為控制指令之即時提示，可以讓研究者輸入一物件之後，主動出現一指令選擇視窗（參見圖 10-23），供研究者雙擊點選以省去輸入之時間及記憶指令之必要性。

圖 10-23　Amos Basic 控制指令之即時提示視窗

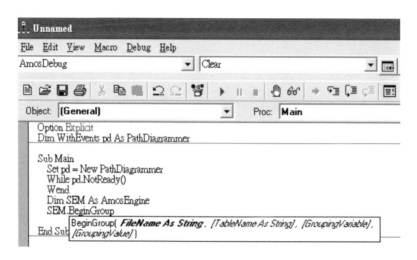

圖 10-24   Amos Basic「on-the-fly」的指令提示列視窗

    另外，為省去研究者記憶程式及查詢語法之苦，當您輸入 Sem.BeginGroup 後，按下 Space 空白鍵，Amos Basic 亦可提供如圖 10-24 中之「on-the-fly」的指令提示列，以便讓您正確輸入未完成的控制敘述。

    指令提示列視窗中的「FileName As String」此一指令在於界定資料檔案，「TableName As String」只在多重資料表中需界定（單組時需省略之），「GroupingVariable」分組變項名稱，「GroupingValue」分組變項值，後兩個指令用於多群組資料分析而且各組之資料又合併在一個檔案內時，連接各組之資料的設定方法。有了圖中「on-the-fly」的指令提示列，省去查詢與記憶程式指令之苦，可謂貼心又聰明之好秘書。

Amos 適配度指標之意義與解釋

::: **重 點 提 示**

一、絕對適配指標。

二、增值／相對適配指標。

三、精簡適配指標。

四、影響模式適配性之因素。

五、模式適配度指標之選擇與限制。

　　適配度（Goodness of fit）考驗旨在了解實際輸入的觀察共變數矩陣與模式所預測的理論共變數矩陣間之一致性。當兩套共變數矩陣間在整體上存在著巨大的差異時，即表示理論模式的不適配。原則上 SEM 適配度考驗前，要先檢查每一測量工具是否具有太大的標準化殘差（> 2.0）及過大的修正指標（> 4.0），其次需要檢查有無不良估計值（Offending estimates or improper solutions）；例如，誤差變異量等於或小於 0（可能由於模式界定錯誤、樣本太小、抽樣變動、多元共線性）、標準化係數過小（需刪除相關變項）或超過 1（會導致負的誤差變異量）、變項分配是否為常態與過大的標準誤（Chen, Paxton, Curran, & Kibby, 2001）。

　　由於模式適配度的評鑑涉及模式的精簡與複雜性、樣本大小、樣本導向與母群導向、常態化、相對性與絕對性、估計方法，沒有一種指標可以涵蓋這麼多的層面（Tanaka, 1993）。因而，Amos 提供為數不少功能不同的適配度指標，這猶如戴多隻錶的師父，假如每一隻錶都指向同一時間，當然看哪隻錶結論都一樣，假如每一隻錶都指向不同時間就會出現下結論之困境。研究者可參考下列之三類 Amos 適配度指標（含絕對性、相對性與精簡性），作全面性（含理論上、統計上及實用上）之評估與比較，以作出適切之結論。以下將 Amos 中常用的各類適配度指標的定義與解釋，逐一加以說明。

一　絕對適配指標（Absolute fit measures）

🖱 Likelihood-Ratio χ^2

LRχ^2 值等於$(N-1)*F_{min}$。Amos 中簡稱 CMIN，愈小愈好，p 值（虛無假設為真時的機率值）最好大於.1 或.2。本考驗對於違反多變項常態性之假設異常敏感，研究者宜先檢驗後再運用之。LRχ^2較適合100～200 人的樣本，因為χ^2的大小會受到樣本大小的嚴重影響，樣本太大時其統計考驗力過強會導致任何模式均被拒絕。另外，模式愈複雜其整體適配性愈佳，因而模式之精簡或實用性亦須同時考慮之。因此，研究者不可僅依賴一種指標作最後之結論，必須考慮多重面向，利用以下諸多指標，輔助研究者作模式適配度的綜合判斷。

🖱 Noncentrality Parameters 與 Scaled Non-Centrality Parameters

前者簡稱 NCP，NCP$=\chi^2-df$，NCP=0 時最適配；後者簡稱SNCP，在 Amos 簡稱 F0，計算公式為 SNCP$=$NCP$/$N$=(\chi^2-df)/$N，兩者適合模式間之比較。注意NCP可以用來計算統計考驗力〔有興趣讀者可以利用SPSS之內建函數計算之：Power$=1-$NCDF.CHISQ(CR$_\alpha$, df, NCP)〕，有利於解釋模式之接納與否（Saris & Satorra, 1993），請看表 11-1：

表 11-1　四種不同 SEM 考驗情境

χ^2	統計考驗力	
	低	高
不顯著	？	接納模式
顯著	拒絕模式	？？

假如 χ^2 統計量小於事先設定之臨界值且統計考驗力也不高時，研究者將面臨無法下結論之困境，因為無法確知到底是因統計考驗力太低，還是模式正確所致。假如 χ^2 統計量大於事先設定之臨界值且統計考驗力也高時，研究者亦將面臨無法下結論之困境，因為無法確知到底是因統計考驗力太高，還是模式界定錯誤所致。假如 χ^2 統計量小於事先設定之臨界值且統計考驗力也高時，因為任何嚴重模式界定錯誤之模式均可偵測出來，所以可以放心接納該模式，是 SEM 研究者最樂於見到的情境。假如 χ^2 統計量大於事先設定之臨界值，而且連統計考驗力不高都能拒絕該模式，SEM 研究者當能確定該模式為非。

Goodness-of-Fit Index

計算公式為 $GFI = 1 - \dfrac{tr\,[\{\Sigma^{-1}(S-\Sigma)\}^2]}{tr\,\{(\Sigma^{-1}S)^2\}}$，Amos 中簡稱 GFI；另一考慮到模式精簡性的 Adjusted Goodness-of-Fit Index（最好 > .90），本指標較不受樣本大小之影響，其計算公式為 $AGFI = 1 - \dfrac{q(q+1)}{2df}(1-GFI)$，Amos 中簡稱 AGFI。注意，由公式知，AGFI 當 q 甚大而 df 甚小時有可能是負值。

Root Mean Square Residuals

此均方根殘差值最好在 .05 以下，愈低愈好，較適合相關矩陣的分析，Amos 中簡稱 RMR，$RMR = \sqrt{\frac{2}{q(q+1)} \sum_{i}^{q} \sum_{j}^{i} (s_{ij} - \sigma_{ij})^2}$，式中 s_{ij} 為樣本共變數矩陣中的第 ij 元素，式中 σ_{ij} 為隱含共變數矩陣中相對應的第 ij 元素，q 為觀察變項數。此外，亦可利用 Amos 的巨集或 Amos Basic 語法程式計算標準化之 RMR，其公式為 $SRMR = \sqrt{\frac{2}{q(q+1)} \sum_{i}^{q} \sum_{j}^{i} (s_{ij} - \sigma_{ij})^2 / s_{ii} s_{jj}}$，因為 RMR 會受到量尺大小之影響，解釋不易，筆者建議使用 SRMR 指標，該值最好在 .05 以下。RMR 或 SRMR 都在評估模式與資料間之整體適配度，研究者可利用共變數矩陣或相關矩陣的殘差分析了解哪一元素或資料點最不適配（注意 ＞.10 以上之元素）。一個好的模式，所有的殘差應接近於 0。因為共變數矩陣殘差分析易受到測量單位之影響，而相關矩陣的殘差分析易受到樣本大小之影響，研究者可改用常態化殘差進行分析，其公式如下：

$$\text{Residual}_{\text{Normalized}} = \frac{(S_{ij} - \hat{\sigma}_{ij})}{\left[\dfrac{\hat{\sigma}_{ii} \hat{\sigma}_{jj} + \hat{\sigma}_{ij}^2}{N} \right]^{1/2}}$$

Root Mean Square Error of Approximation

均方根近似誤在 Amos 中簡稱 RMSEA，$RMSEA = \sqrt{\max\left(\frac{F_{ML}}{df} - \frac{1}{N-1}, 0\right)}$。Amos 並且提供 RMSEA 的虛無假設（$H_{null}$：RMSEA $\leq$ .05）考驗的 p 值：PCLOSE，這是 Amos 中少數能夠加以考驗的指標。此值在 .05 以下表示適配性佳，在 .05～.08 之間其適配性尚可，在 .10 以上表示適配性差（Browne & Cudeck, 1993）。

Expected Cross-Validation Index

等於 AIC/(N−1)，適合模式間之比較，Amos 中簡稱 ECVI，其值愈小愈好。

增值／相對適配指標（Incremental fit measures/Comparative fit indices）

這類指標係針對基準模式或獨立模式（baseline or independent model，假設不存在任何徑路關係）與提議模式（hypothesized model）的比較，以了解提議模式改進適配的相對程度，此種適合於模式適配度比較之指標主要有：

Normed Fit Index

其計算公式為$(\chi^2_{null} - \chi^2_{proposed})/\chi^2_{null}$，Amos 中簡稱 NFI。如該值為.96即表示提議模式接近完全適配模式（Saturated model，包含所有可能的徑路關係），當該值為 0 時，即表示提議模式完全不適配（接近獨立模式）。因此，本類指標的值亦可視為接近完全適配模式的比值。另一將模式自由度列入計算的 Non-normed Fit Index /Tucker-Lewis Index，

其公式為 $NNFI = \dfrac{\dfrac{\chi^2_{null}}{df_{null}} - \dfrac{\chi^2_{proposed}}{df_{proposed}}}{\dfrac{\chi^2_{null}}{df_{null}} - 1}$，Amos 中簡稱 TLI，本指標較不受樣本大小影響。

Relative Fit index

係修正自 NFI，為 Bollen（1989）的相對適配度指標，其公式為

$RFI = 1 - \dfrac{\dfrac{\chi^2_{proposed}}{df_{proposed}}}{\dfrac{\chi^2_{null}}{df_{null}}}$，此值最好＞.90，Amos 中簡稱 RFI。

Comparative Fit Index

適合用在模式發展與小樣本上，其計算公式為 $1 - (NCP_{proposed}/$

NCP_{null}），此值最好＞.90，Amos中簡稱CFI，本指標為母群導向之指標。上述這些增值或相對適配指標，Hu和Bentler（1999）提議其決斷值修正為.95以上，才視為模式適配度佳。

三 精簡適配指標（Parsimonious fit measures）

這些指標都為自由度比值（即考慮到參數估計數目）的加權值。主要精簡適配指標有：

 Parsimonious Normed Fit Index

其計算公式為$(df_{proposed} / df_{null})*NFI$（最好.60以上），Amos中簡稱PNFI，當兩個模式間之PNFI差異值超過.06以上，即可視為具有實質之差異，常用來做競爭模式之比較。

 Parsimonious Goodness-of Fit Index

其計算公式為 $GFI*(2df_{proposed})/[q(q+1)]$，本值愈接近於1.0，表模式愈精簡，Amos中簡稱PGFI（本指標為樣本導向，並將模式自由度列入考慮），可用來做競爭模式之比較。

 Normed χ^2

Amos中簡稱CMIN/DF（自由度列入考慮），此值小於1表示過度適配，大於3則表示模式不適配。因此，此值最好介於1～3之間。

 Akaike Information Criterion

本值愈接近於0，表示模式適配度佳且愈精簡，其計算公式為χ^2＋2*（估計參數數目），Amos中簡稱AIC，適用於非隔宿（non-nested）模式間之比較，本指標較適合於最大概似估計法。另一相關之指標稱為 CAIC，其計算公式為 $\chi^2 + (1 + LnN) *$ (估計參數數目)。

🖰 Bayes Information Criterion

本值愈接近於 0，表示模式適配度佳且愈精簡，其計算公式為 $\chi^2 +$ (估計參數數目) $*Ln(N*q)$，Amos 中簡稱 BIC，它比 AIC 更能挑出更精簡之模式出來。

🖰 Hoelter's CN（Critical N）

其計算公式為 $CN = \dfrac{\chi^2_{critical}}{F_{min}} + 1$，係反應樣本大小適切性的指標，大於 200 時即表樣本已經過大了，在 Amos 中會呈現 Hoelter .05 與 Hoelter .01 兩個水準的樣本數。

ECVI、AIC、CAIC 與 BIC 最適於 non-nested 模式間之比較，若用於評估一個單一模式之好壞，一般都希望這些值應比飽和模式與獨立模式之下的值更小。另外，在平均數結構分析時，Amos 並不提供 GFI，AGFI，RMR 與 PGFI 等適配指標。

四　影響模式適配性之因素

由以上之指標公式知，適配指標之計算均與下述之統計量有關，而所涉及之統計量亦反映出該指標之考慮要素之所在：

㈠χ^2（含虛無及提議模式）。

㈡ DF（含虛無及提議模式）。

㈢ N。

㈣估計參數數目。

㈤觀察變項數。

㈥ NCP。

㈦ F_{min}。

㈧χ^2 臨界值。

(九)模式適配共變數矩陣與樣本共變數矩陣之殘差矩陣。

　　筆者為讓讀者易於掌握各種指標之特色及其考慮之相關因素，特於隨書所附之 Excel 增益集電腦軟體 SEM-CAI 中，撰寫一適配度指標之計算程式，供學習者操作練習，以加深學習效果，其操作方法請參見附錄六。

　　SEM 中的許多適配度指標都考慮到模式複雜度的因素，但成效不彰，Cheung 和 Rensvold（2002）在測量不變性的模擬研究中就發現，一個模式整體適配度會因樣本大小、題目與因素數目的增加，而使許多適配度指標值（RMSEA 除外）變小，這三個因素對各指標值的影響，以題目多寡因素影響最大，因素數目次之，詳情請讀者查看該研究的表 3 分析（Cheung & Rensvold, 2002: 244）。由此觀之，在解釋模式的適配度時不要忽視模式複雜的因素，而僵硬地採用傳統的固定門檻（如 GFI＞.90）去評估模式的優劣或適配與否，否則在較複雜的模式上似乎太嚴苛，在較單純的模式上似乎太寬鬆了。因此，當模式較複雜時（例如，提議模式中含三個因素以上，而每一因素含有三題以上時），此時請依據 RMSEA 進行模式適配度之解釋。

五　模式適配度指標之選擇與限制

　　前述為數不少的指標正反映出，沒有任何一隻錶可以精確告訴我們正確的時間，因此才有必要戴這麼多隻錶。一個理想的指標最好要具備以下之特質：(一)有上下限（最好介於 0 與 1 之間），(二)不受樣本大小影響，(三)抽樣分配之屬性已知，(四)能評估不同層面的特性（Gerbing & Anderson, 1993）及不受模式複雜度影響。但理想歸理想，一個指標要同時具有這些屬性，著實不易。因此，在正式論文中，Kline（1998,

2004）提議至少報告以下四種指標：χ^2、CFI/NFI/GFI、NNFI（在Amos稱呼為 TLI）、SRMR。筆者建議再加上 CAIC/AIC/BIC、ECVI，與RMSEA/PCLOSE指標，似乎已足夠涵蓋研究者之各方面之基本需求，研究者似乎不需要列出 Amos 中所有的適配度指標。不管研究者選用何者為模式適配度之指標，Kline（1998, 2004）提醒大家需注意以下解釋指標之三個限制：

㈠模式適配度指標僅能指出模式整體性之適配程度，無法了解模式內之細部參數之適配性。

㈡適配度指標無法指出研究結果在理論上是否具有意義，或在應用上具有價值（Bollen & Long, 1993）。

㈢模式指標之適配度高並不能保證該模式之預測力亦高（該模式的界定正確），完全適配的模式其預測之殘差亦可能不小。因此，必須同時評估相關之徑路係數之大小（如因果關係強度）、修正指標是否過大（可能起因於多元共線性或誤差間具有相關），或每一因素指標之多寡（通常指標數較少時，適配度會提高）。

事實上，除了統計上之適配度及精簡性分析之外，模式之選擇在最後階段需要研究者客觀之邏輯分析（如合乎常理嗎？應用範疇不會過小或過大嗎？）、價值性分析、推論性與實用性分析。模式適配度好壞之判斷如根據經驗法則二分提議模式為接納或拒絕，似乎顯得武斷些，研究者最好採取機率式的判斷，明智的分析各個理論模式之可接納程度及該理論模式對整個相關知識體系可否產生承先啟後的貢獻。單挑一個理論模式去評估是非常危險的。在SEM分析中，一個模式之適配度佳不代表著該模式之正確性、價值性、推論性或合理性佳，只是研究者尚未找到更好之模式而已，主要之理由有六：

㈠適配度高的模式並不意謂著其模式已被證實為真，它只不過尚未被證明為假而已。因此，競爭模式與對等模式的提出與比較，為尋找較佳模式的可行之道（Tomarken & Waller, 2003）。適配指標僅能排除不佳模式，無法驗證所提模式為最佳，這亦反應 Popper 的否證論觀點：證實一個模式為假比證實其為真容易多了。事實上，無法加以否證的理論應該已不是一種理論而是一個事實了。而且，SEM 分析的焦點在於模式與資料適配的關聯強度，而非其統計考驗結果。更何況 SEM 分析通常需要大樣本才能獲得穩定之結果，導致 χ^2 值很大，欲接納虛無假設也難。此種後果亦在提醒您可能尚有更佳之理論模式更適配該實徵資料。

㈡適配度高的模式不意謂著：外衍變項是形成內衍變項的因（例如，適配好的模式亦可能出現於外衍變項與內衍變項無關的模式上）。

㈢適配度佳的模式可能係因測量模式適配良好且擁有大部分自由度所致，而卻矇蔽了適配不佳的結構模式（Tomarken & Waller, 2003, 2005）。反之，適配度不佳的模式可能係因測量模式不佳所致，而非結構模式有誤。因此，研究者應同時報告適配度指標與徑路係數，或進行效度複核。

㈣大部分行為科學研究的 SEM 分析資料，都來自於相關性的研究。因此 SEM 可能並無法轉換相關性的資料為因果性的結論，足見 SEM 的因果推論植基於好的研究設計，不良研究設計並無法藉著 SEM 轉換其品質。

㈤適配度高的模式不意謂著其預測力高，因為適配度指標僅能說明參數估計值與樣本共變數間之適配程度，並無法說明該模式可以預測潛在變項或測量指標之程度。因此，一個適配度甚高的理論模式，其相關之因素負荷量與 R^2 亦可能很低，亦可能漏掉了重要的研究變項（Tomarken & Waller, 2003, 2005）。過度依賴適配度指標而忽視參數估計值之大小亦會陷入與過去 ANOVA 分析過度依賴 p 值而忽視效果值之相同窘境。

㈥適配度高的模式不意謂著其推論性（generalizability）佳。一個有效的模式不僅要與目前之觀察資料的組型相適配，尚需與未來資料樣本的組型相適配，亦即這個模式需具有預測力。一般來說，模式之適配性與使用之參數數目成正比，但卻與模式之推論性成曲線關係（Myung, 2004）。由圖 11-1 中 A 模式知，其模式推論性、適配度與模式複雜度均差，由 B 模式知，其模式適配度與模式複雜度均適中但其推論性卻最高，由 C 模式知其模式適配度最高但其模式之推論性並不很高。因此，研究者不應一味追求模式之適配性，而忽略了模式之推論性與精簡性。模式適配度高但推論性不高或精簡性不佳的模式，其實用性將較差。這亦反映出模式的適配度達到某一水準之後，其複雜性可能會破壞該模式之實用性。

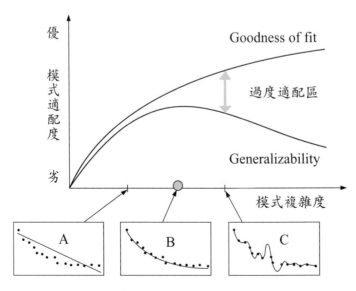

圖 11-1　模式適配度與模式複雜度之關係（修訂自 Myung, 2004 之 PPT）

其他重要 Amos 議題

一 樣本大小

　　為了達到適當的統計考驗力（如.80以上）及穩定的相關或共變數矩陣，探索式因素分析時，樣本大小需大於觀察變項的數目，且受試者與試題數的比值最好為 10：1 以上（Nunnally & Berstein, 1994），即使題目少於 10 題，受試者也應在 100 人以上。至於驗證性因素分析樣本大小的決定，需依照下列四大因素而定（Hair, Anderson, Tatham, & Black, 1998）：

　㈠模式大小：受試者與自由估計參數的比值最好為 10：1 以上，即使參數少於 10，受試者也應在 100 人以上，否則所獲得的相關矩陣因抽樣誤差過大而將相當不穩定。

　㈡模式之界定誤差（Missing constructs）：當有模式界定誤差（如遺

漏重要變項）之可能時，盡可能增大樣本。

㈢常態性與否：偏離常態時，儘量增大樣本，例如受試者與估計參
數的比值最好 15：1 以上。

㈣視估計方法而定，MLE 是最常見的估計法，人數可低至 200，但
最好大於 500。ADF 則需更大樣本數。

此外，Fabrigar、Wegener、MacCallum 和 Strahan（1999）認為樣
本大小之決定亦應考慮到測量變項之屬性。他們認為題目之共同性愈
高（大於.70），所需的樣本則可小至 100；共同性介於.40～.70 之間
時，樣本數在 200 人以上即可；共同性小於.40 時，樣本數則需 400 人
以上。研究者如欲考慮及統計考驗力，則請參閱 MacCallum、Browne
和 Sugawara（1996）的論文及論文之後所附的 SAS 程式，該程式可以
利用 RMSEA 的估計值計算出與統計考驗力相對應之最低樣本大小。

常態分配考驗與測量量尺屬性

常態性分配與連續性量尺是 SEM 分析的兩大基本假設。常態性分
配的基本假設涉及單變項之常態分配與多變項常態分配。通常單變項
常態分配符合時，多變項常態分配通常亦會成立，但不一定永遠為真。
較保險的做法是兩種型態的分析都做。變項違反常態性之基本假設時，
研究者應先檢查資料中有無極端值存在，假如沒有，可以使用統計方
法將非常態分配的變項進行資料之轉換、也可以使用較具強韌性之參
數估計法（如 ADF），或使用 Amos 所提供的資料複製（boot-
strapping）方法，產生較穩定的參數估計值。通常在類別或次序性變
項上這個假設亦常會出現違反現象，研究者可以使用 Amos 5.0 所提供
的常態分配與極端值考驗檢驗之（點選圖 12-1 中的「Tests for normality

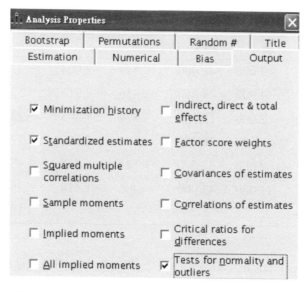

圖 12-1　Amos 中常態分配與極端值考驗之設定

and outliers」選項），使用起來甚為便利。不過需要使用原始資料矩陣且沒有缺失值（可刪去或以平均數取代之），Amos才能進行常態分配與極端值分析，參見附錄三。

　　SEM分析的另一基本假設是觀察變項需為連續性量尺，因為潛在變項是連續性變項時，其觀察變項才可能出現任何值。根據筆者之經驗，使用類別或 Likert-type 量尺進行因素分析，常會產生難度因子或相關偏低的資料矩陣，導致原來的理論架構不是被扭曲，就是產生過多特徵值較小的的虛假因子。因此，使用變項之測量量尺最好為連續性量尺，如為 Likert-type 量尺，其量尺最好使用 6 或 7 點之量尺，以能符合這些測量屬性之要求，亦能減少資料過度偏態之現象。接著，並計算其多分相關（Polychoric correlations）係數，再進行因素分析；當變項之量尺超過 7 點以上時，則可視為連續性量尺，是一種潛在特

表 12-1　Amos 常態性考驗與極端值的檢視

變項	極小	極大	skew	c.r.	kurtosis	c.r.
wordmean	2.000	41.000	.575	2.004	−.212	−.370
sentence	4.000	28.000	−.836	−2.915	.537	.936
paragrap	2.000	19.000	.374	1.305	−.239	−.416
lozenges	3.000	36.000	.833	2.906	.127	.221
cubes	9.000	37.000	−.131	−.457	1.439	2.510
visperc	11.000	45.000	−.406	−1.418	−.281	−.490
Multivariate					**3.102**	**1.353**

質分析（Latent trait analysis）模式。此種現象亦會出現其他類型的 SEM 分析上，研究者於資料蒐集前即應謹慎考慮之。此種視觀察變項為連續性變項的分析模式在 LISREL、Mplus、EQS 均可進行，但 Amos 尚未提供此功能。

　　表 12-1 係 Amos「常態分配與極端值考驗」之報表內容的例子。

　　表 12-1 中的第一個變項 wordmean 的極大與極小值分別為 41.000、2.000。其偏態係數為 .575，峰度係數為 −.212，常態分配時這兩個值應接近於 0。Kline（1998）指出偏態指數大於 3，峰度指數大於 8，即達關切程度，尤其需注意峰度大於 20 即屬嚴重程度。研究者可依據此標準進行變項的刪除或資料轉換。本表中的 c.r. 代表偏態係數或峰度係數除以標準誤之臨界值。注意，這些單變項的 c.r. 值可能會因樣本過大而誤警（統計考驗力過大），有時研究者不如使用圖形散佈圖或盒鬚圖，進行裸眼觀察當較能反映真相。表中最後一行為 Mardia's 多變項峰度係數（3.102）及其臨界值（1.353），當其 c.r. 值大於 2 時，即暗示有些單變項可能具有極端值。一般來說，資料偏態的處理較容易，峰度異常的處理則較不易經由資料轉換或移除的方式來處理，而且較易影

響參數估計值（邱皓政，2003）。因此，峰度異常的偵測不能等閒視之。多變項峰度係數的計算公式為：

$$\frac{1}{N}\sum_{i=1}^{N}[(x_i-\bar{x})'\hat{S}^{-1}(x_i-\bar{x})]^2-\frac{p(p+2)(N-1)}{N+1}=3.102$$

式中 $\hat{S}^{-1}$ 係母群共變數矩陣的不偏估計值，x_i 為 p 個觀察變項的第 i 個觀察值向量。當多變項峰度之 c.r.值大於 1.96，即表示有些單變項違反常態分配的假設，研究者需要進一步去探查到底哪一變項發生問題。違反多變項常態分配的假設會高估χ^2值及低估參數估計值之標準誤的後果。因此，多變項常態分配的假設考驗應是SEM分析的例行檢查工作。

表 12-2 提供額外之常態性資訊，Amos 計算出每一觀察值遠離群體形心（樣本平均數）之 Mahalanobis d^2 距離，並由大而小加以排序。請注意每一觀察值遠離形心之 Mahalanobis d^2 與其他觀察值遠離形心之 Mahalanobis d^2 的相似性，差異甚大時可能即為極端值。表 12-2 僅列出前 6 個較異常之觀察樣本。假如一個個案的 d^2 相對應之機率 p 值小於 .001（採取較保守的顯著水準），即可被視為一個多變項極端值的個案（Multivariate outlier），而與其他的個案有顯著差異。d^2 統計量之分

表 12-2　Amos 極端值的檢視與多變項 d^2 考驗

觀察值	Mahalanobis d^2	p1	p2
42	18.747	.005	.286
20	17.201	.009	.130
3	13.264	.039	.546
35	12.954	.044	.397
28	12.730	.048	.266
23	12.262	.056	.229

配為 χ^2 分配（df＝變項數）。因此，研究者如感興趣的話，可利用 SPSS 的內建函數：$1 - CDF.CHISQ\,(d^2, df)$，計算表 12-2 中的 p1 機率值。

　　表 12-2 中顯示出編號 42 號與形心之距離最遠，表中 p1 欄位的第一行顯示出，當常態分配假設為真的話，任一資料點的多變項 Mahalanobis d^2 距離會超過 18.747 的機率是.005，一般 p1 欄位之機率很小乃是預料中事。表中 p2 的假設考驗係植基於抽取樣本點的順序統計量，由 p2 欄位顯示出，假設常態分配為真的話，排序最大的 Mahalanobis d^2 距離（本例為 42 號個案）會超過 18.747 的機率是.268（p2 條件機率可視為是一種 order statistics）。表 12-2 的第二行編號 20 號顯示出，當常態分配成立的話，任何 Mahalanobis d^2 距離會超過 17.201 的機率是.009；而排序次大的 Mahalanobis d^2 距離會超過 17.201 的機率是.130。通常 p2 值比 p1 值更能反映非常態分配之個案。因此，當 p2 欄位中的 p 值甚小時（例如小於.05），即表示該觀察值極可能為極端值（outlier）。就本例而言，假設常態分配為真的話，p2 欄位中的機率均甚大，因此，沒有證據顯示這六個最異常的觀察值可視為極端值。如果發現極端值之個案，最簡便的方法是刪除它，並比較刪除前後結果之差異狀況，當然如確定是資料輸入錯誤或受視作答異常所致，您即可安心的加以刪除。刪除時最好一次刪除一個，逐步檢視其後的 d^2，才不致作出錯誤之決定。因為多變項極端值常會發生刪掉其中一個極端個案，另一個較接近的個案即會變成極端個案（例如最極端與次極端相隔甚遠時）；同樣的有時兩個個案只有同時存在才會同時變成極端值，如刪去其中一個，另一個即會變成正常之個案。

　　在刪除一個極端值或個案之前，亦應認真思考這樣的極端值具有重要的意義嗎？它可提供額外之訊息嗎？它真的是極端的個案嗎？有時某些個案就多變項而言是極端值，但就單變項而言卻不是極端的個案。請看圖 12-2 的實例，實例中的雙變項極端個案出現在圖中的右上角，但就 X 或 Y 而言都不是最極端個案。這反映出一個迷思：多變項極端值必有單變項極端值。但是單變項極端值不必然為多變項極端值。因此，進行 SEM 分析時，最好能配合多變項的極端值考驗，單變項的正常個案診斷亦不能保證在多變項上亦是正常。因此將 Kline（1998）的看法：「當多變項常態分配成立時表示：所有單變項之常態分配成立、任何變項之聯合分配為常態分配成立、所有雙變項間為線性且具有等分散性」，反過來說就不一定永遠為真。

　　違反常態分配之假設會出現以下幾種後果：

㈠整體適配度之 χ^2 值過大，因而失去找到適配模式之機會或誤導研究者去修正模式。

㈡適配度指標如 TLI 或 CFI 會出現低估現象。

㈢個別參數值之標準誤出現過小之現象，會導致該參數估計值達到統計上之顯著水準，而接納實質上沒有意義的參數（Byrne, 2001）。

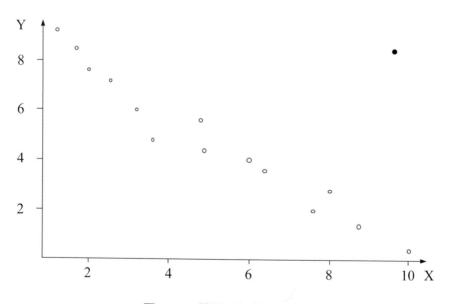

圖 12-2　雙變項極端個案

　　一般在處理資料非常態時，有以下幾種做法：

㈠連續變項時，研究者可以選用不受常態分配限制的 ADF/WLS 估計法，或使用 Satorra 和 Bentler（1994）的 Scaled χ^2 與 Robust 標準誤（Amos 目前不提供，請改用 LISREL、EQS、MPLUS），或使用 bootstrapping 後的校正標準誤；另外，亦可運用統計方法對於非常態分配的變項進行資料之轉換。

㈡類別或次序性時，研究者可以選用 Mplus 的 CVM（Categorical Variables Model，類別變項模式），但 Amos 目前不提供此分析方法，是一大弱點，造成使用者極大不便。此法類似過去研究者的做法：先計算多分相關矩陣，再使用 ADF/WLS 估計法。如果這些要求不易做到或因使用多分相關矩陣分析卻產生非正定矩陣時，研究者則可考慮使用題組因素分析。

㈢利用統計方法進行資料轉換，資料之常態性轉換方法視資料分配之特性而定，原始資料分配為低闊峰時可取倒數，原始資料分配為負偏時可取平方根，原始資料分配為正偏時可取對數（Hair, Anderson, Tatham, & Black, 1998）。

㈣利用 Amos 所提供的 Bootstrapping 方法，所謂 Bootstrap samples 是指以原來的樣本為抽樣之母群，採用置還隨機抽樣抽取同一大小之樣本，如此重複此步驟所得之樣本稱為 Bootstrap samples 或稱為 multiple subsamples of the same size。接著進行每一 Bootstrap 樣本之參數估計，最後計算每一參數的平均值與標準誤。例如，由圖 12-3 知，研究者希望利用 Amos 進行 200 個 Bootstrap 樣本的參數估計，估計方法選定為 ML 法。另外，假如研究者同時點選所有的估計方法，即可進行比較不同估計方法所得的差異函數，以進行模式的選擇。

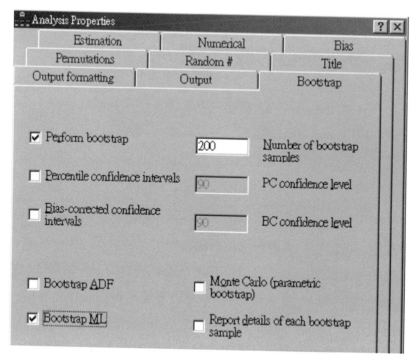

圖 12-3　Amos 的 Bootstrap 樣本的產製與估計法之設定

　　另外，不少研究者將次序性變項視為連續變項處理，Bollen（1989）指出可能會產生以下後果：1.過度的偏態與峰度會嚴重影響 χ^2 與參數之 z 考驗；2.跟類別之大小比較起來，χ^2 值更易受到偏態與峰度的影響；3.標準化係數估計值有變小之趨勢，尤其類別數很小時；4.更易產生測量誤差相關之現象。因此，研究者在測驗編製之初期即應考慮儘量增加次序性量尺之類別數，當能減低上述之困擾。

三　潛在變項的測量單位

在 CFA 分析中，研究者需事先界定潛在變項的測量單位。其理由為：潛在變項 η 與 ξ 無法觀察的到，其量尺刻度無法確定，我們必須界定其原點與測量單位，才能估計潛在變項的變異數與徑路係數，以界定其結構模式為可辨認的模式。

界定潛在變項的測量單位之方法有二：

㈠選定一個最能代表潛在變項的觀察變項，將其 Λx 與 Λy 值加以固定（通常設定為 1，會使相關之因子具有相同之平均數），誤差項的廻歸係數亦設定為 1，才能進行其餘的參數估計，或；

㈡將潛在變項標準化（如具有相同之變異量或固定為 1）。但只能對 ξ 變項加以界定（此時可估計其所屬的所有因素負荷量），η 變項則無法做到。因為 η 的共變數矩陣並非自由參數矩陣，可以任意加以設定。

上述這兩個參數種方法只能兩者選一進行估計，因為因素負荷量與變異量互為對方之函數，無法同時估計之。

四　Greek 字母發音及意義

在 SEM 分析的報表與文章中，常會見到我們不熟悉的希臘字母，出現在結構方程模式及廻歸方程模式中，一般讀者均可能對文意失去理解力而不知所云。因此，初學者對於這些常用之 Greek 字母發音及意義的理解，乃是閱讀 SEM 文獻的先備條件。茲將其運用慣例、發音及所代表之意義說明如下：

- ξ (ksi)＝外衍因素（exogenous factor），為自變項，外衍指標通常以 X 表示之。

- η (eta)＝內衍因素（endogenous factor），為依變項，內衍指標通常以 Y 表示之。

- λ (lambda)＝內、外衍（Y or X）變項之因素負荷量，其大寫符號 Λ 代表素負荷量矩陣。

- φ (phi)＝外衍因素間之相關，其大寫符號 Φ 代表外衍因素間之共變數矩陣。

- γ (gamma)＝內、外衍因素間之徑路係數，其大寫符號 Γ 代表徑路係數矩陣。

- β (beta)＝內衍因素間之相關，其大寫符號 β 代表因素間之共變數矩陣。

- δ (delta)＝外衍變項之測量誤差。

- ε (epsilon)＝內衍變項之測量誤差。

- ζ (zeta)＝潛在因素之殘差。

- ψ (psi)＝潛在因素之殘餘誤差之共變數矩陣。

- Θ (theta)＝觀察變項之測量誤差之共變數矩陣（含 Θ_ε、Θ_δ）。

慣例上，大寫之希臘字母表示矩陣（粗體），而小寫之希臘字母代表矩陣內之元素。希臘字母後括弧內之英文字，係該希臘字母之英文發音。另外，矩陣之足標如為 p，代表外衍指標數目，如為 q，代表內衍指標數目；矩陣之足標如為 m，代表外衍因素數目，如為 n，代表內衍因素數目。

五　Amos 處理漏失值方法

通常處理漏失值方法有五種：Listwise 刪除法、Paiw-wise 刪除法、平均值／廻歸估計值取代法、反應型態類似取代法與 Full information maximum likelihood 法（即 ML 估計法）。Listwise 刪除法易導致樣本過小或偏差，Pais-wise 刪除法可能導致非正定矩陣。根據 Arbuckle 和 Worthke（1999）的研究結論：在遺漏值是隨機的條件下，ML 的估計值偏差最小，因此以有效運用所有觀察資料中之資訊 Amos 使用 ML 法處理遺漏值，Amos 偵測 SPSS 的遺漏值是看 SPSS 的原始資料檔案中有無「‧」或系統遺漏值，假如是 ASCII 資料是用連續的「，，」表示遺漏值。使用 Amos 5.0 Graphics 進行資料不全的統計分析前，務必在分析特性（Analysis properties）之視窗中點選㈠「Maximum Like-lihood」、㈡「Estimate means and intercepts」及㈢「Fit saturated and independent models」等三個按鈕。如欲使用 Amos Basic 進行資料不全的統計分析，則比較麻煩，除需設定與 Amos Graphics 內容相當之設定外，尚需手算 χ^2 值（內定模式的 Log 概似值減去飽和模式的 Log 概似值），及手算自由度（為前述兩個模式參數之差）。AMOS 6.0 版提供三種新的缺失資料替代法：Regression、Stochastic regression 與 Bayesian 等三種取代法。

六　Amos 處理非線性資料及交互作用的方法

　　雖然線性亦是SEM之基本假設，但是經過適當之資料處理之後，Amos亦可分析資料中非線性資料及交互作用的效果，參見圖 12-4。其中 x^2 用以處理非線性效果，xy 用以處理交互作用之效果。

　　以下以林清山（1993）《教育統計學》中「例 19-1」為例子，對照說明如何使用 Amos 進行共變數分析前之斜率同質性之考驗。該例子中研究者想研究演講法、編序教學法，和啟發式教學法對小學數學科學習成績的影響。為害怕智力會影響研究結果，乃利用智力分數當共變項，進行共變數分析。延用迴歸分析進行分析共變數分析的做法，需使用兩個虛擬變項（x1 與 x2）代表這三個組別，且為了檢驗是否違

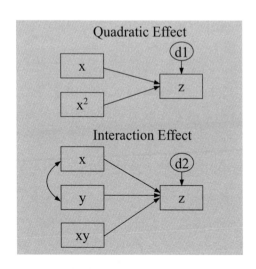

圖 12-4　Amos 處理非線性資料及交互作用的徑路圖

	x1	x2	智力	數學成績	int1	int2
1	1	0	3	5	3	0
2	1	0	1	2	1	0
3	1	0	2	4	2	0
4	1	0	4	3	4	0
5	1	0	3	6	3	0
6	1	0	5	7	5	0
7	0	1	4	13	0	4
8	0	1	3	11	0	3
9	0	1	2	10	0	2
10	0	1	6	12	0	6
11	0	1	5	12	0	5
12	0	1	7	14	0	7
13	0	0	10	14	0	0
14	0	0	6	11	0	0
15	0	0	12	15	0	0
16	0	0	10	12	0	0
17	0	0	7	12	0	0
18	0	0	9	14	0	0

圖 12-5　SPSS 原始資料（數學科學習）矩陣之輸入格式

反斜率同質性之基本假設，特別建立兩個交互作用項（int1 與 int2），亦納入預測變項中。int1 為 x1 與智力之交乘積，int2 為 x2 與智力之交乘積。茲將組別變項及交互作用項，登錄如圖 12-5 中 SPSS 之建檔資料與變項設定。

　　現在，我們要利用這兩個虛擬變項與智力變項當作預測變項，數學成績當作效標進行迴歸分析。特別建立之兩個交互作用項（int1 與 int2），亦納入預測變項中，設計之徑路如圖 12-6，其統計分析之結果如圖 12-7。

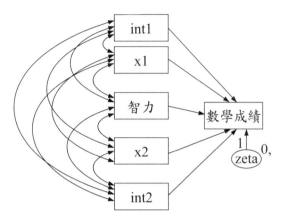

圖 12-6　斜率同質性考驗之徑路設計圖

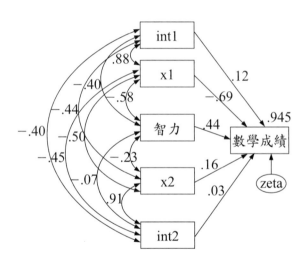

圖 12-7　斜率同質性之考驗結果

接著，排除兩個交互作用項，再進行廻歸分析，徑路設計與分析結果參見圖 12-8 與圖 12-9。比較圖 12-7 與圖 12-9 中之 R^2 值：.9453 與.9429（此兩個值為更精確之值，可由 Amos 小數位數控制表單查看），知其 R^2 改變量為.0024。研究者可由此值進行斜率同質性之考驗，F 考驗結果為：.263 $\left[F = \dfrac{\frac{.0024}{(3-1)}}{\frac{(1-.9453)}{3(6-2)}} = .263 \right]$。

　　查表知其臨界值為 $F_{.95}(2,12)=3.89$，顯示三組的斜率沒有顯著差異。研究者可安心進行共變數分析，而不必理會組別與智力間的交互作用。因此，由圖 12-9 知，智力與組別對於數學成績之預測力為.943（R^2）。

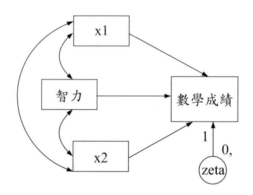

圖 12-8　共變數分析徑路設計圖

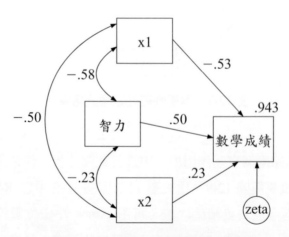

圖 12-9　標準化共變數分析結果

CHAPTER 13 | SEM 專有名詞釋義

∴ 重 點 提 示

一、SEM 與 SEM 之父。

二、模式之辨識性。

三、因素或因子。

四、因素結構負荷量。

五、因素組型負荷量。

六、難度因子。

七、原因指標。

八、效果指標。

九、特殊灌水因素。

十、標準化估計值。

十一、多層次因素分析。

十二、非正定矩陣。

為利於初學者對於 SEM 或 CFA 文獻及研究結果之閱讀理解，本章針對一些SEM統計與測驗相關之術語做進一步的補充說明，以便讀者快速查考。

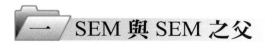
一　SEM 與 SEM 之父

SEM 起源於 JKW 統計模式（Jöreskog-Keesling-Wiley model）。

SEM 係由於 LISREL（Linear Structural RELationships）程式的普及而熱門，該程式為 Jöreskog（1970）草創，於 1979 年由 Jöreskog 和 Sörbom 正式發行。Karl Jöreskog 係瑞典人，大學畢業後原本要在一間文法學校當實習教師。不巧有位在統計實驗室工作的朋友，因長期之蜜月旅行，拜託他在暑假中暫時代理其工作。因此，Jöreskog 將教學實習延期。因為他適時地展露了無限的統計才華，當暑假結束時，統計系主任和他說："We cannot let you become a grammar school teacher!"希望他繼續留在統計系當博士班研究生。此後即開啟了他日後統計工作的生涯，Jöreskog 可謂遇到貴人才能成為 SEM 之父。

二 模式之辨識性

SEM 為線性聯立方程式之集合，假如參數無唯一解，即會發生不可辨識（not identified）。為了解一組方程式，必須有足夠的資訊〔如已知數據（known values）或限制（constraints）〕，才能估計出未知參數，此乃 SEM 模式辨識問題。除非這組方程式可以辨識，否則不管您有多少觀察值亦無法獲得正確的參數估計值。假如模式中每一未知參數均有一最適值（optimal value），則該模式為可辨識。假如該模式為可辨識，通常其最大可能性迭代解法為可聚斂而可得到一最佳解（optimal solution），此參數估計值為該資料的最適配值。例如：$x + 3y = 4$，即有無限最佳解（如 $x = 1$，$y = 1$ or $x = 4$，$y = 0$）。這個方程式被稱為無法辨識（not identified）或不可辨識（underidentified），因為未知數比已知數還多。再如下列方程組：

$x + 3y = 4$

$3x - 3y = 12$

現在，已知數（方程式個數）等於未知數（x和y），即有一最佳解（x＝4，y＝0）。此聯立方程式為「恰可辨識」（just identified），這是一種完全適配的模式（df＝0），因而沒有剩下任何資訊可供模式與資料適配性之考驗。SEM 程式均要求每一方程式需為「可辨認」（identified）。意指在 SEM 模式中的每一個參數估計至少有一唯一解。SEM模式中的每一個參數估計僅有一唯一解，稱做「恰可辨識」。SEM模式中的每一個參數估計有無數解，稱做「不可辨識」（例：$x+2y=7$ 為無數解）。SEM 模式中的每一個參數估計值超過一個解（但含一最佳解），稱做「過度辨識」（overidentified）。恰可辨識及過度辨識的模式均為可辨識的模式，模式不可辨識常利用下列方法加以解決：

㈠限制模式中部分的參數。

㈡刪除部分徑路或係數。

㈢固定潛在變項的測量誤差。

一般的研究者都希望他的提議模式為過度辨識模式，其自由度大於 0，以便考驗模式與資料間之適配性（余民寧，2006）。

三 因素或因子（factor）

因素或因子係從一組變項間關係，粹取出來的向度或建構，統計上該因素係由因素負荷量（變項與因素之相關）所界定。這些粹取出的潛在因素，必須再利用外在之效標加以驗證，才能確認。例如，研究者發現有智力因素存在，可由受試者在其他工作表現或測驗成績等確認之。

四　因素結構負荷量（factor structure load-ings）

　　進行斜交轉軸時，會產生因素結構矩陣與因素組型矩陣。在圖 13-1 中，題目 C1 在轉軸 I'上的因素結構負荷量，可由 C1 劃一垂直於轉軸 I'的直線，其與 I'之交叉點即為因素結構負荷量。

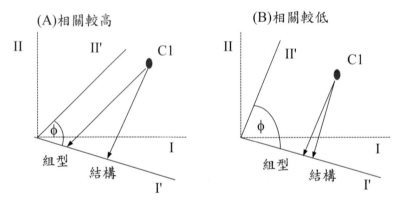

圖 13-1　因素結構與因素組型

五　因素組型負荷量（factor pattern load-ings）

　　題目 C1 在轉軸 I'上的因素組型負荷量，可由 C1 劃一平行於轉軸 II'的直線，其與 I'之交叉點即為因素組型負荷量。當因素間相關愈大時，因素結構負荷量與因素組型負荷量的差異即愈明顯，請比較圖 13-1 中(A)與(B)內 C1 的兩種負荷量，圖(A)中之差異顯著大於圖(B)中之差異（欲知端詳，請參看 Nunally & Bernstein, 1994 心理計量學專書）。

另外，研究者亦可從圖 13-2 中題目之間的關係向量與夾角，評估兩個題目之間的關係方向與強度。兩個題目與原點之間的夾角愈小（θ1），其關係愈密切（v1 vs v5），兩個題目與原點之間的夾角大於 90 度（θ2），其關係為負相關（v3 vs v4），而兩個題目與原點之間的夾角接近 90 度（θ3），其相關係數接近 0（v4 vs v5）。兩個題目之間的相關係數可由夾角 cos（θ）與這兩個題目之向量長度的交乘積計算出來，而這兩個題目之向量長度等於其共同性之平方根（Nunnally & Bernstein, 1994）。當兩個題目之向量都為單位長度（=1）時，其相關係數即等於 cos（θ），亦即鄰邊與斜邊之比值。換言之，等於原點與 p 點（v1 與因素 2 之垂線交點）之距離。由此觀之，當向量都為單位長度時，可以得到三點結論：㈠夾角愈小的相關愈大；㈡夾角超過 90 度者為負相關；㈢夾角等於 90 度者為獨立無關。

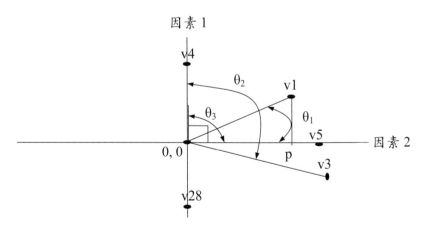

圖 13-2　題目之間的關係向量與夾角

六　難度因子

　　當測驗題目不是連續性量尺時，難度相似的題目間之相關通常會比難度相異的題目間之相關高。因此，即使所有題目均在測同一特質或能力，那些較容易或較多人同意的題目會產生所謂的易度因子，同樣的那些較困難或較少人同意的題目會產生所謂的難度因子（Nunnally & Bernstein, 1994: 318），此類因子可觀察其所屬之題目難度確認出來。此種因題目難度特徵（而非來自題目內容）之相似與否所產生的因素，統稱為難度因子。

七　原因指標（cause indicators）

　　當一個心理建構是外顯指標的結果時，這些外顯指標就稱為原因指標（Bollen, 1989）。例如圖 13-3 中，造成生活壓力的原因可為失業、離婚、生病及喪偶四個外顯指標，即生活壓力的原因指標（Bollen & Lennox, 1991）。這四個指標並非測量相同之潛在構念。這個生活壓力的建構屬性顯然是一個多維度的建構，因此外顯指標間不一定需要具有高相關，此類建構的測量與傳統的單維度建構之測量顯然不同。利用原因指標建構出來的測驗，在研究文獻上有時又稱之為指標（index），而利用效果指標建構出來的測驗則稱之為量尺（scale）。傳統的信、效度概念不適用在這類測驗的編製上（Bollen & Lennox, 1991）。由此觀之，傳統之內部一致性指標（如 Cronbach α），不適用於原因指標的量表上。

　　上述的測量模式可由以下廻歸方程式表示之：

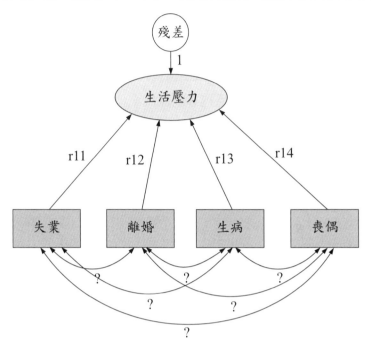

圖 13-3　生活壓力的原因指標

生活壓力＝r11*失業＋r12*離婚＋r13*生病＋r14*喪偶＋殘差

　　利用此公式即可測出依個人的生活壓力指標。一般來說，研究者都希望預測變項需與效標具有密切相關，但預測變項間則不可有高度相關。建構一個有效的原因指標，基本上偏重廣度而不要把重要的預測變項遺漏了，但也不要把不重要的預測變項納進迴歸方程式中。

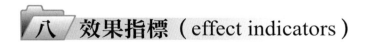

八　效果指標（effect indicators）

　　當一個心理建構被視為外顯指標的因時，這些外顯指標就稱為效果指標或反映指標（reflective indicators），亦即心理建構為外衍變項，而外顯指標為內衍變項（Bollen, 1989）。一個外顯指標到底是因或是果或兩者皆是，乃是研究者確定因果模式前必須先考慮的問題。傳統的信、效度概念最適合於這類效果指標量表的編製上（Bollen & Lennox, 1991）。效果指標之建構偏重內容的深度，但內部一致性過高反而可能會破壞建構的效度。

九 特殊灌水因素（bloated specific）

特殊灌水因子係由 Cattell（1978）所創用，用來說明測驗編製者針對一個行為特徵，利用不同措辭而擬定出題目內容相似的改述題目（Virtual paraphrases of each other），導致題目內容過度窄化，此種高度內部同質性之特殊變異量自必形成同一因子，但卻與其他因子或外在效標無任何關聯，這是因素分析時需高度小心的問題。譬如，在編製外向量表時，Kline（1994）指出一個研究者可能為了描述一個外向行為表徵：喜歡吵雜的歡樂時光，撰寫出以下 7 個換湯不換藥題目，即可能冒出一個特殊灌水因素：

- 我喜歡吵雜的舞會
- 我喜歡人多的酒吧夜晚
- 我喜歡活在人群之中
- 我喜歡熱鬧吵雜的人群
- 我喜歡與一群人談天說笑
- 我討厭獨處
- 我無法忍受呆坐不做事

由此觀之，題目在因素上具有高負荷量之外，尚需了解該因素的測量內涵是什麼。特殊灌水因子與共同因素的分野，是特殊灌水因素可能與其他因素及外在效標並無任何關聯，因此特殊灌水因素是一種與建構不相干的因素。這是信度過高可能導致效度降低的實例，題目內容的廣度與深度應取得平衡點。

十　標準化估計值（standardized estimates）

　　標準化估計值是利用相關矩陣的分析結果。如同迴歸分析一樣，標準化估計值用來比較獨立變項的相對重要性，換言之，標準化估計值可用以在單組研究中某一內衍變項（A given endogeneous variable）的直接效果。在 Amos 的報表中，標準化估計值是以「standardized regression weights」表示之。例如在圖 13-4 中，spatial 每增加一個單位量，visperc 就會增加.70 個單位量。visperc 指標上方的.49 乃是.70 的平方值，代表 visperc 的 49%變異量可由 spatial 加以解釋。與 visperc 指標相關的獨特因素 err_v，包含測量誤差、特殊變異量與隨機誤差。因此，假如 err_v 只包含測量誤差.51（=1 − .49）的話，visperc 變項的下限信度估計值為.70。誤差變項對於各相關指標的徑路係數稱為殘差徑路係數（residual path coefficient），一般的統計程式均設定為 1，以便估計其誤差變異量。指標的徑路係數與誤差變異量互為函數，因而無法同時估計之。由圖 13-4 知，err_v 對於 visperc 的誤差變異量等於.51（=1 − .49），其餘各指標變項的誤差變異量可如法炮製求得。注意，Amos 並不會在報表中輸出這些誤差變異的值，研究者必須自行計算之。

　　假如研究者將誤差變項的變異量設定為 1，亦可估計出殘差徑路係數。例如，err_c 之估計值等於 $1 - R^2$ 的平方根（=.76），參見圖 13-5。在標準化的情境下，各變項間之徑路係數相當於兩變項間之積差相關。

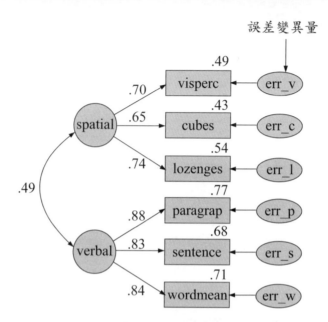

圖 13-4　標準化參數估計值（殘差徑路係數=1）

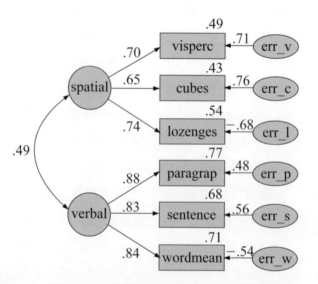

圖 13-5　標準化殘差徑路係數估計值（誤差變異量=1）

因此，由圖 13-5 可知，spatial 與 cubes 的相關為.65，而 err_c 與 cubes 的相關為.76。

土　多層次因素分析（multilevel fcator analysis）

　　在社會科學的研究中，許多的研究資料（如組織心理學）皆來自於階層式的抽樣結構或叢集抽樣，而非來自於簡單隨機樣本結構。因此，社會科學的研究資料常違反觀察值需獨立無關之基本假設，而常導致低估抽樣變異量，因而產生過多的虛假顯著結果。解決方法之一為使用多層次統計分析，有名的 HLM 軟體即是分析多層次資料之利器之一。因素分析雖然較不重視顯著性考驗，但在因素分析的應用上，一般均在探究個體（如學生）層次的因素結構（individual correlations），不過機構（如學校）層次的生態結構（ecological correlations）分析亦不容忽視，因而 Muthen（1989, 1991）首先倡議多層次共變數分析或因素分析，是繼 HLM 之後的另一重大貢獻。初學者建議先閱讀，Duncan、Duncan、Alpert、Hops、Stoolmiller 和 Muthen（1997），Farmer（2000）與 Reise、Ventura、Nuechterlein 和 Kim（2005）等文章對於多層次因素分析的實例解說，再閱讀 Zimprich、Perren 和 Horung（2005）針對自尊量表進行二階驗證性因素分析的實例，當能速解大部分疑惑。以下僅就其基本概念與如何使用 Amos 進行多層次因素分析的過程，簡略說明如下：

　　設有三個樣本共變數矩陣 S_T、S_{pw}、S_B 界定如下：

$$S_T = \frac{\sum\limits_{g=1}^{G} \sum\limits_{i=1}^{N_g} (Y_{gi} - \overline{Y})(Y_{gi} - \overline{Y})'}{N-1} \quad , \quad S_{pw} = \frac{\sum\limits_{g=1}^{G} \sum\limits_{i=1}^{N_g} (Y_{gi} - \overline{Y}_g)(Y_{gi} - \overline{Y}_g)'}{N-G} \quad ,$$

$$S_B = \frac{\sum\limits_{g=1}^{G} (N_g)(\overline{Y}_g - \overline{Y})(\overline{Y}_g - \overline{Y})'}{G-1}$$

因為聯合組內共變數矩陣 S_{pw} 是母群組內共變數矩陣 Σ_w 的不偏估計值，因此我們可以直接利用 S_{pw} 估計 Σ_w。不過，組間樣本共變數矩陣 S_B 並不是母群組間共變數矩陣 Σ_B 的估計值，而是 $\Sigma_w + c\,\Sigma_B$ 的估計值。式中 c 為一常數，可由下式求得：

$$c = \frac{N^2 - \sum\limits_{g=1}^{G} N_g^2}{N(G-1)}$$

c 為校正因素，Muthen（1991）特稱之 Ad hoc Estimator，為各組人數的函數，利用此特殊估計值可以有效改善不等組時 ML 之估計速率與非正定矩陣問題。等組時，c 等於各組人數大小；不等組且各組人數很大時，c 接近於各組人數大小的平均數。Muthen（1991, 1994）指出 S_{pw} 係 Σ_w 的 ML 估計值，Σ_B 的 ML 估計值為 $\dfrac{S_B - S_{pw}}{c}$。根據此關係與校正估計值，下列極小化適配函數可以求得 MUML（Muthen's limited information estimator）估計值：

$$G\left\{ \ln|\Sigma_w + c\,\Sigma_B| + trace\left[\frac{S_B}{(\Sigma_w + c\,\Sigma_B)} \right] - \ln|S_B| - p \right\} +$$

$$(N-G)\left\{ \ln|\Sigma_w| + trace\left[\frac{S_{pw}}{(\Sigma_w)} \right] - \ln|S_{pw}| - p \right\}$$

式中 G 係組別數，p 為變項數，N 為全體觀察值總數。此 ML 適配函數類似傳統之雙母群共變數結構分析，前半段 S_B 可視為第一群組，後半段 S_{pw} 可視為第二群組。因此，研究者可以利用 Amos 軟體，進行多群體共變數結構分析以估計多層次因素分析的準 ML 參數值

（quasi-maximum-likelihood estimator）。惟此 ML 估計法僅使用在平衡組設計上，但是如果組間的樣本大小沒有巨大的差異，所獲得的參數值與標準誤大致接近精確值（Hox, 1993, 1995）。一般來說，多層次之因素分析比單層次因素分析更易導致參數估計無法收斂之現象，因此研究者宜注意高層次之組別數是否太小（如小於 50）或需提供較佳之參數估計的起始值，可試試單階因素分析之參數估計值。

　　以下，以二層次因素分析為例（第一層次為學校內，第二層次為學校間），學生的作答反應可以下式表示之：

$$y_{ig} = v + y_{Bg} + y_{Wg}$$

　　式中 v 為整體平均數，y_{Bg} 為學校間對於個別學生反應的貢獻量，y_{Wg} 為學校內對於個別學生反應的貢獻量。y_{ig} 的變異數──共變數矩陣可以分解為：$\Sigma_T = \Sigma_B + \Sigma_W$。寫成因素分析的模式：$\Sigma_W = \Lambda_W \Phi_W \Lambda'_W + \Theta_W$，$\Sigma_B = \Lambda_B \Phi_B \Lambda'_B + \Theta_B$。據此，學生的作答反應可以改寫成下式：

$$y_{ig} = v + \Lambda_W \eta_{Wig} + \varepsilon_{Wig} + \Lambda_B \eta_{Bg} + \varepsilon_{Bg}$$

　　式中 η_{Wig} 代表學生層次的效果，η_{Bg} 代表學校層次的效果，而 Λ_W 代表學生層次的因素負荷量，Λ_B 代表學校層次的因素負荷量，而 ε_{Wig} 代表學生層次的獨特變異量，ε_{Bg} 代表學校層次的獨特變異量。

　　Reise、Ventura、Nuechterlein 和 Kim（2005）及 Muthen（1994）建議多層次因素分析前，最好先採取以下四個步驟進行檢驗：

（一）進行傳統的探索式因素分析或 CFA 分析，分析的資料為 S_T 共變數或相關矩陣。這一步驟可用來初步了解潛在因素結構是什麼，因此筆者建議使用探索式因素分析。

（二）進行組間變異量的估計，以確定是否要進行多層次因素分析。研究者可以檢驗（$\Sigma_B = 0$），亦可計算 ICC（Intraclass correlations）：

$$ICC = \frac{(S^2_{組間} - S^2_{組內})/c}{[(S^2_{組間} - S^2_{組內})/c] + S^2_{組內}}$$

Muthen（1991）建議計算 ICC 時最好將獨特變異量從分子與分母中的變異量中加以排除（Zimprich, Perren, & Horung, 2005）。當 ICC 接近於 0 時，當然就沒有必要繼續進行多層次因素分析。ICC 值過大時常導致 CFA 模式之適配度下降（Toland & De Ayala, 2005），因而研究者對於 ICC 大小的估計不能等閒視之。

㈢進行傳統的探索式因素分析或 CFA 分析，分析的資料為 S_w 共變數或相關矩陣，以初步了解組內之因素結構。筆者亦建議使用探索式因素分析即可。

㈣進行傳統的探索式因素分析或 CFA 分析，分析的資料為 S_B 共變數或相關矩陣，以初步了解組間之因素結構。筆者亦建議使用探索式因素分析即可。

研究者可利用 Muthen（1991）的 SOURCEBW 程式或利用 SPSS 的 GLM 多變項副程式（需額外點選其 SSCP 矩陣選項）計算前述之 S_B（利用受試者間 SSCP/$df_β$ 求得）、S_w（查看受試者內 SSCP 的共變數矩陣／dfw）與 ICC（查看 SPSS 報表中調整後之 R^2）。利用前述四個檢驗的初步結果後，即可繪製組間結構徑路圖與組內結構徑路圖（參見圖 13-6 與圖 13-7 之數學與英文 6 個指標之實例），再聯結相對應之組間共變數矩陣與聯合組內共變數矩陣資料後（請參見光碟中之 JSP-Between 與 JSP-Within 二個 SPSS 資料檔），即可利用 Amos 進行多層次因素分析。進行多層次因素分析時，需利用 Amos 的多群體共變數結構分析功能。由圖 13-6 與圖 13-7 知，第二群組組內結構為第一群組組間結構之一部分，相同結構部分的兩組參數需限制為相等。第一群組組間結構涉及 $\Sigma_w + c\Sigma_B$ 參數的估計，注意組間結構徑路係數 $\sqrt{c}$ 的常數設定；第二群組組內結構涉及 Σ_w 參數的估計。由此觀之，要利用

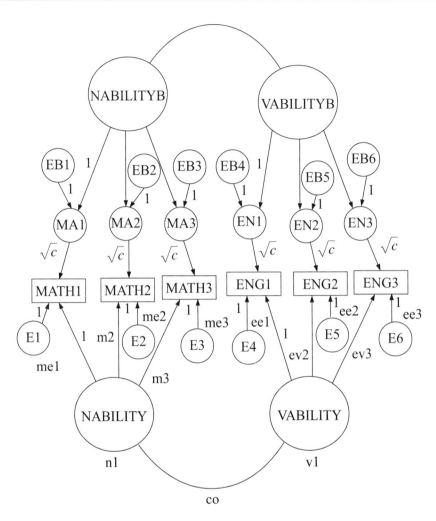

圖 13-6　組間結構徑路圖

Amos 進行多層次因素分析似嫌繁複，而且當不等組時所得之標準誤與 χ^2 並非不偏估計值，且易產生非正定矩陣問題。目前 MPLUS 及 LIS-REL 等軟體已能提供不偏標準誤與 χ^2 的估計值之多層次因素分析副程式與更方便之資料分析結構（Mels, 2004）。亦盼不久將來 Amos 亦能

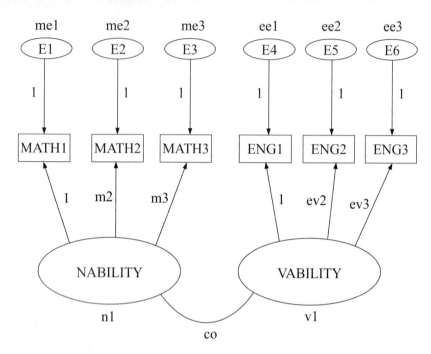

圖 13-7 組內結構徑路圖

註：採自 *LISREL for Windows: Getting Started Guide*(p.18), Mels, G., 2004. Lincoln-wood, IL: Scientific Software International.

提供更方便與正確之多層次因素分析功能。

　　由於前述 Amos 使用準 ML 參數（MUML）值，傳統適配度指標（如 SRMR, CFI）須根據真正 ML 參數值並不能用來評鑑多層次之因素分析模式，研究者只能運用χ^2的估計值與R^2或組間與組內相關矩陣之殘差分析了（Muthen, 1998）。此外，因為過大的樣本及階層關係之資料，通常會導致偏高的χ^2的估計值。因此，評鑑多層次之因素分析模式似乎只能依靠 R^2 或組間與組內相關矩陣之殘差分析（Farmer, 2000），其他的適配指標只能當作粗略性的參考。Muthen等人所開發之 MPLUS 程式，最近已提供一些新開發的適配度指標可供來作多層次模式評鑑用。筆者利用前述 JSP-Between 與 JSP-Within 資料檔，使用 Amos 與 MPLUS 所跑出來 χ^2 值甚為接近（分別為 77.91 與 78.02）。在執行 MPLUS 分析時，其估計方法請採 MUML 估計法。

圖 13-6 的組間結構徑路圖中，另外建立了 6 個潛在變項（Ma1～Ma3，En1～En3），用以捕捉常數 c 的權重，本例中 c=18.359。

組內結構僅涉及單層次 CFA 分析，亦即組間之結構係數及變異量均設定為 0，或直接使用圖 13-7 的徑路設計。

研究者如欲使用 Amos Basic 進行資料分析，前述組間及組內的結構設計，可撰寫相關程式如下：

```
Option Explicit
Sub Main
    Dim Sem as New AmosEngine
    SEM.TextOutput
    Sem.Standardized
    SEM.BeginGroup "C：\Program Files\SPSS\多變項\JSP-BETWEN.SAV"
    SEM.GroupName "BETWEEN GROUP MODEL"
    SEM.Structure "MATH1=(√C) MA1+(1)NABILITY +E1(1)"
    SEM.Structure "MATH2=(√C) MA2+(M2)NABILITY +E2(1)"
    SEM.Structure "MATH3=(√C) MA3+(M3)NABILITY +E3(1)"
    SEM.Structure "ENG1=(√C) EN1+(1)VABILITY +E4(1)"
    SEM.Structure "ENG2=(√C) EN2+(EV2)VABILITY +E5(1)"
    SEM.Structure "ENG3=(√C) EN3+(EV3)VABILITY +E6(1)"
    SEM.Structure "MA1=(1)NABILITYB+(1)EB1"
    SEM.Structure "MA2=NABILITYB+(1)EB2"
```

SEM.Structure "MA3=NABILITYB+(1)EB3"

SEM.Structure "EN1=(1)VABILITYB+(1)EB4"

SEM.Structure "EN2=VABILITYB+(1)EB5"

SEM.Structure "EN3=VABILITYB+(1)EB6"

SEM.Structure "NABILITY(N1)"

SEM.Structure "VABILITY(V1)"

SEM.Structure "E1(ME1)"

SEM.Structure "E2(ME2)"

SEM.Structure "E3(ME3)"

SEM.Structure "E4(EE1)"

SEM.Structure "E5(EE2)"

SEM.Structure "E6(EE3)"

SEM.Structure "NABILITYB <-> VABILITYB"

SEM.Structure "NABILITY <-> VABILITY(CO)"

SEM.Structure "NABILITY <-> VABILITYB(0)"

SEM.Structure "VABILITY <-> NABILITYB(0)"

SEM.Structure "NABILITY <-> NABILITYB(0)"

SEM.Structure "VABILITY <-> VABILITYB(0)"

SEM.BeginGroup "C：\Program Files\SPSS\多變項\JSP-WITHIN.SAV"

SEM.GroupName "WITHIN GROUP MODEL"

SEM.Structure "MATH1=(1)NABILITY +E1(1)"

SEM.Structure "MATH2=(M2)NABILITY +E2(1)"

SEM.Structure "MATH3=(M3)NABILITY +E3(1)"

SEM.Structure "ENG1=(1)VABILITY +E4(1)"

SEM.Structure "ENG2=(EV2)VABILITY +E5(1)"

SEM.Structure "ENG3=(EV3)VABILITY +E6(1)"

SEM.Structure "NABILITY(N1)"

SEM.Structure "VABILITY(V1)"

SEM.Structure "E1(ME1)"

SEM.Structure "E2(ME2)"

SEM.Structure "E3(ME3)"

SEM.Structure "E4(EE1)"

SEM.Structure "E5(EE2)"

SEM.Structure "E6(EE3)"

SEM.Structure "NABILITY <-> VABILITY(CO)"

End Sub

士 非正定矩陣（nonpositive definite matrices）

　　研究者進行共變數結構分析時，經常會碰到非正定矩陣的警告資訊。在 Amos 的報表中，會出現以下之警訊："The following covariance matrix is not positive definite."接著，會出現"This solution is not admissible."這意味著您的共變數矩陣為非正定矩陣，所得的參數解超出合理的範圍。

　　以下以二次式（quadratic forms）函數來做非正定矩陣的定義。設有一個二次式 x'Ax 中, x 為一向量，而 A 為對稱性矩陣，因為將此矩陣展開後含有平方與交乘積項，故稱為二次式。假如 x'Ax ≥ 0 且 x ≠ 0，A 矩陣稱為半正定矩陣（semi-definite, or non-negative definite，簡稱 n.n.d.矩陣），A 的特徵值不是正的就是 0。假如 x'Ax > 0 且 x≠0，A 矩陣稱為正定矩陣（positive definite，簡稱 p.d.矩陣），所有的特徵值均大於 0。假如 A 為非正定矩陣，A 的特徵值中至少有一特徵值為負的。進行因素分析或SEM分析時可能產生非正定矩陣的問題，主要原因有（李茂能，2003）：

1. 共變數矩陣對角線上的變異數為負值，可能原因有資料輸入錯誤與模式界定錯誤。

2. 違反三角不均等條件：共變數矩陣內的共變數受限於其對角線上的變異數大小（不能大於個別變項變異數的平均值），在相關矩陣中，需符合三角不均等條件（黃芳銘，2004）。如 r_{13} 需介於

$$r_{13}r_{23} \pm \sqrt{(1 - r_{12}{}^2)(1 - r_{23}{}^2)}$$

   違反三角不均等條件主要係部分缺失值所致，樣本夠大可使用表列（list-wise）全部刪除法，使用配對（pair-wise）刪除法易導致超出合理範圍的相關計值（Kline, 1998）。

3. 使用多分或四分相關矩陣時（尤其含有很多變項時）。

4. 變項為常數時。

5. 線性相依、極端值、或樣本數比變項數還少、模式界定錯誤等等。

　　Wothke（1993）提到一種快速解決非正定矩陣的方法：脊常數法（ridge constant）。脊常數法係針對待分析矩陣的對角線元素乘以一常數之後，以便加上原矩陣之對角線。此一步驟可一再重複直到負的特徵值消失為止。LISREL 7 已提供此功能，供使用者選用。LISREL 之內定脊常數起始值為.001，假如加上脊常數之後，該矩陣仍非正定矩陣的話，LISREL 會自動將先前之脊常數乘上 10 倍，一直到變成正定矩陣為止。遇到非正定矩陣時，研究者不妨試試看。不過本法只在治標不治本，亦無法找出問題之根源。Amos 6.0 版起，亦可在 Bayesian SEM 視窗勾選 Admissibility test，已可解決此一問題。

CHAPTER 14 結 語

　　經由前面各章對於 Amos 的簡介與應用說明，讀者不難發現 Amos 以其友善之使用者圖形介面與體貼的程式設計，已贏得您的青睞。但盼您不只在閱讀本書各章節中，常有茅塞頓開的快感，筆者深信當您讀完本書之時，亦是 Amos 帶您登堂入室的喜悅時刻。

　　自從 Spearman（1904）利用探索式因素分析研究智力結構以來，一直到 Jöreskog（1973）使用因素分析進行假設考驗，產生了所謂的驗證性因素分析，使得因素分析的運用更深入與廣泛。這百年間因素分析被用來進行模式發展與模式驗證的研究汗牛充棟，不勝枚舉，光以心理學資料庫（PsycINFO）為例，截至 2005 年 10 月底就有 2,957 篇論文以驗證性因素分析為資料分析方法。因素分析最常被用來進行題目之篩選、測驗結構之分析，及測量工具之信、效度考驗，沒有它，測量工具的品質常無法獲得保障。沒有高品質的測量工具，也易導致前後不一致的研究結論。足見其對於測驗編製的地位，是量化研究者不可或缺的統計方法。繼項目反應理論（item response theory）之後，因素分析堪足堪當代測驗界的另一次工業革命。但測驗編製之藍圖植基於相關建構之理論，而該理論內涵之合理性與周延性需以實徵性資料去佐證及修勻，因而探求建構真相的第一步驟在於利用歸納法建立根基穩固的理論模式（SEM 的靈魂），第二步則在於根據所提出之理論，衍生假設並加以驗證（SEM 的骨架）。研究者常需在兩者間交替追求真理，而探求人性真面貌在社會科學之路更常是一條永無止境的歷程。涉及測量人類心理建構的測驗編製，常是一項科學與藝術的工作，使得測驗編製者在擬題時更需具備批判性思考、創造力、洞察力與博學多聞的能耐，才能產出高品質的試題。測驗品質的好壞首賴測驗編製者對實質領域的專精，心理計量學與統計學只能充當測驗品質之試劑，測驗品質並無法賴以催生或維生，盲目地分析一些試題內容不良或不明的試題，期盼能跑出有意義的因素來，可謂緣木求魚。

因此，不管是建立模式的探索式因素分析或檢驗模式的驗證性因素分析，只能針對編製者研擬之測驗內容加以修剪、取捨與統計歸類，並無法檢驗這些測驗題目之歸屬是否符合實徵之意義。換言之，研究者需同時考慮及分析概念內容上之同質與統計實徵上之適配，當兩者一致時方能確認每一測驗題目歸屬某一因素的正確性與意義性，假如不同時就要靠研究者在該領域專業之的明智判斷與正確之洞察力了。因為驗證性因素分析只能排除不佳模式，並無法證實某一模式為最佳，而且即使驗證性因素分析驗證了新量表的因素結構，此種證據亦不足以證明該量表是有效的工具（Kline, 1994），因為這些因素結構可能出自於人為因素（如 bloated specific 與 response set）。又因為心理測驗涉及難以捉摸的人性，欲測量人性比自然界物性的直接測量來的困難。誠如張春興（2000）所言：「難識人性真面貌，只緣心在人性中」的無奈。這正反映出沒有單一的模式可以充分說明人性的現實，每一個提議的模式可能只反映出真相的片段而已。由此觀之，測驗編製的工作很難周延而客觀的去量化人性，這項工作必然充斥著多元性、未定性、爭論性與主觀性，這項無奈可能要等到有朝一日能夠直接利用科學儀器測量人性時，才能解除。

最後，再度以 Tomarken 和 Waller（2005）針對於 SEM 的優點、限制與迷失所提出的忠告，提醒讀者SEM雖然能同時分析指標的測量模式與因果的結構模式，但它無法證明一個理論為真，它只協助我們證明一個理論是否為真；一個適配度高的模式亦可含有微弱的徑路係數及甚小的效標解釋變異量；它也無法彌補研究設計上之缺失（如重

要變項之遺漏）或限制（如僅具相關性研究資料）。因此，切勿把
SEM視為統計分析的萬靈丹，實驗設計及心理計量學亦是研究者需加
以善用的良藥。

　　探索式、驗證性因素分析雖深受廣大國內外研究者之青睞，但因其特性、相關演算法的複雜性與多元性，及解釋上之爭論性，致使使用者常迷失在因素分析的叢林中（Kline, 1994, 1998）。筆者認為因素分析這把鑰匙，可以開啟真相之門，亦可關閉真相之門，端看您的正用或誤用。以下整理出筆者常遇到或被問到的問題，彙整一起供查考練習與省思，看看您是否仍被困在因素分析的叢林中。

🖱 測驗的因素結構的探索，應使用探索式因素分析（EFA）或驗證性因素分析（CFA）？

🖱 一個 CFA 分析中共有 4 個變項，請問此變異數—共變數矩陣的獨特觀察值有多少？您是如何計算的？

🖱 請計算 $A = \begin{bmatrix} 38.573 & 8.95 \\ 8.95 & 1.952 \end{bmatrix}$ 的行列式值及特徵值，並思考為何 A 矩陣在 Amos 的報表中會出現以下之警訊："The following covariance matrix is not positive definite." 或 "This solution is not admissible."？前述之非正定矩陣或不合理參數估計值有可能是模式界定錯誤、樣本過小或缺失值所造成的嗎？

🖱 當您所分析的矩陣含有「負的誤差變異數」或所分析的潛在因素的共變數矩陣為「非正定矩陣」時，為何 Amos 會出現 "This solution is not admissible." 的警訊？

🖱 何謂多層次因素分析？主要用途何在？

🖱 因素分析後需要轉軸嗎？轉軸時要用正交或斜交轉軸呢？而

轉軸的目的何在？

斜交轉軸後，要看因素組型矩陣（猶如迴歸係數）？還是看因素結構矩陣（猶如相關係數）？

斜交轉軸的度數如何控制，亦即因素間的相關要多大最能達到簡單原則？

為什麼過去測驗之因素結構常不能再複製？

為什麼 SEM 程式有時會出現不能收斂的現象？

為什麼 SPSS 會產生"Ill-conditioned matrix"之警訊？

因素負荷量多大才有意義？與樣本大小有關嗎？

建構效度的考驗需用 EFA 或 CFA？為什麼？

如何確定因素之個數？哪一方法較適切？

Amos Graphics 與 Amos Basic 的適用時機為何？各有何優缺點？

如何在 Amos 中進行資料檔案之連接？在 Amos 中如何進行初始值之設定？

為什麼 CFA 不適合用於測量工具的初期發展階段？

什麼時候需要使用相關矩陣進行資料分析？什麼時候需要使用共變數矩陣進行資料分析？

為什麼需要使用較大的樣本進行因素分析？

為何進行因素轉軸前需先確立抽取因素之個數，才能獲得正確之分析結果？

斜交與正交轉軸的使用時機何在？各有何優缺點？

為什麼因素分析後的顯著性考驗並不是很重要？

當一個題目橫跨在不同因素上（皆具高負荷量）時，該如何解決？

何謂誤差相關（correlated error）？測量誤差間出現顯著的相關，其可能的原因有哪些？

為什麼進行 SEM 分析前，需先檢查資料的常態性及極端值？有哪些嚴重的後果？如何解決？

SEM 模式中的截距可以反應測量工具的難易程度嗎？還是因素負荷量？

為什麼因素負荷量不高、R^2 不高之下，模式之適配度仍可很高？這對 SEM 研究者有何啟示？

您贊成理論模式的再修正嗎？為什麼？

適配度高的模式，一定是最具推論性的模式嗎？有無方法可以檢驗提議模式之推論性？

理論模式修正的主要方法有哪些？

如何利用修正指標及標準化殘差矩陣進行模式內部之修正？修正指標及「Par Change」均可用來進行模式修正嗎？

理論建構未能解釋到的變異量在不同變項上發生共變之現象，我們稱此共變量為什麼？

如何利用 Amos 進行多群組模式不變性分析？其組間之參數等同限制是如何進行的？

如何利用 Amos 中進行隔宿（nested）模式與非隔宿（non-nested）模式的分析？

CFA 之適配度的指標何其多，需要全部呈現嗎？到底要報告哪些指標？

原因指標（cause indicators）與效果指標（effect indicators）兩

者有何差異？例如，教育研究者常用「教育程度、收入、職業聲望」做為社經地位（SES）的指標，請問這三個指標是哪一類型指標？

🖱 何謂建構信度（construct reliability）？它如何計算？

🖱 傳統的信度指標 Cronbach α 適用於原因指標的量表上嗎？為什麼？

🖱 Amos 如何處理漏失值？為何處理漏失值時，Amos 會要求您使用原始資料進行統計分析？

🖱 如何利用 Amos 之 χ^2 差異考驗，檢驗因素間是否為正交（the orthogonality test）？

🖱 請利用 Amos Basic 的線上協助（尤其是 AmosEngine Methods 部分），說明以下 Amos Basic 程式中 ❶ 至 ❹ 各行程式的用途。

```
Option Explicit
' Example 15： Model A
' Factor analysis with structured means
' Holzinger and Swineford (1939) Grant-White sample.
' Raw data of 73 female and 72 male students.
Sub Main（）
    Dim Sem As New AmosEngine
    Sem.TextOutput
    Sem.Standardized
    Sem.Smc
    Sem.ModelMeansAndIntercepts
    Sem.BeginGroup "Grnt_fem.sav"
```

Sem.GroupName "Girls"

Sem.Structure "visperc=(int_vis)+(1) spatial + (1) err_v"

❶ Sem.Structure "cubes =(int_cub) + (cube_s) spatial + (1) err_c"

Sem.Structure "lozenges= (int_loz) + (lozn_s) spatial + (1) err_l"

Sem.Structure "paragrap = (int_par) +(1) verbal+ (1) err_p"

Sem.Structure "sentence= (int_sen) + (sent_v) verbal+ (1) err_s"

Sem.Structure "wordmean=(int_wrd) + (word_v) verbal+ (1) err_w"

❷ Sem.Mean "spatial", "mn_s"

Sem.Mean "verbal", "mn_v"

Sem.BeginGroup "Grnt_mal.sav"

Sem.GroupName "Boys"

Sem.Structure "visperc= (int_vis) +(1) spatial + (1) err_v"

❸ Sem.Structure "cubes = (int_cub) + (cube_s) spatial + (1) err_c"

Sem.Structure "lozenges= (int_loz) + (lozn_s) spatial + (1) err_l"

Sem.Structure "paragrap = (int_par) +(1) verbal+ (1) err_p"

Sem.Structure "sentence= (int_sen) + (sent_v) verbal+ (1) err_s"

Sem.Structure "wordmean=(int_wrd) + (word_v) verbal+ (1) err_w"

❹ Sem.Mean "spatial", "0"

Sem.Mean "verbal", "0"

End Sub

🖰 請利用 Amos Basic 的線上協助（尤其是 AmosEngine Methods 部分），說明以下 Amos Basic 程式中❶～❿各行程式的用途。

Sub Main

❶ Dim Sem As New AmosEngine

❷ Sem.TextOutput

❸ Sem.ModelMeansAndIntercepts

Sem.BeginGroupEx mmEXCEL97, Sem.Dir & "Examples\UserGuide. xls", Fels_fem"

❹ Sem.Mstructure "academic (4) "

❺ Sem.Mstructure "athletic"

❻ Sem.Mstructure "attract (abc)"

❼ Sem.Mstructure "gpa (abc)"

❽ Sem.Mstructure "height (20?)"

❾ Sem.Mstructure "weight (xyz : 10)"

❿ Sem.Mstructure "rating (xyz: 10)"

End Sub

請利用 Amos 4.0 手冊中實例 12 之理論模式及資料（參見表 15-1 與圖 15-1），利用 Amos Graphics 與 Amos Basic 進行多群組之因素分析，考驗其因素結構之組間不變性及因素負荷量之組間不變性。接著如發現這兩種不變性考驗均未達統計上的.05 顯著水準，請繼續考驗組間平均數之差異是否達到 0.5 個併組標準差以上（依 Cohen 標準屬中效果值）。又假如發現男女生之因素結構不同時，比較男女生之因素平均數具有意義嗎？

表 15-1　Amos 手冊中實例 12 之資料

各變項間相關：男生（N=72）					
VIS-PERC	CUBES	LOZ-ENGES	PARA-GRAPH	SEN-TENCE	WORD-MEAN
VISPERC　1.00					
CUBES　.161	1.00				
LOZENGES　.408	.348	1.00			
PARAGRAPH　.373	.269	.411	1.00		
SENTENCE　.254	.143	.276	.705	1.00	
WORDMEAN　.426	.214	.364	.674	.666	1.00
平均數　29.8472	24.9028	17.1111	9.3056	18.3889	16.5417
標準差　6.9498	4.3836	8.6131	3.0657	4.1843	7.5376

各變項間相關：女生（N=73）					
VIS-PERC	CUBES	LOZ-ENGES	PARA-GRAPH	SEN-TENCE	WORD-MEAN
VISPERC　1.00					
CUBES　.483	1.00				
LOZENGES　.492	.492	1.00			
PARAGRAPH　.343	.211	.326	1.00		
SENTENCE　.367	.179	.335	.724	1.00	
WORDMEAN　.230	.184	.369	.743	.696	1.00
平均數　29.3151	24.6986	14.8356	10.5890	19.3014	18.0137
標準差　6.9159	4.5329	7.9110	3.5623	5.0544	8.3191

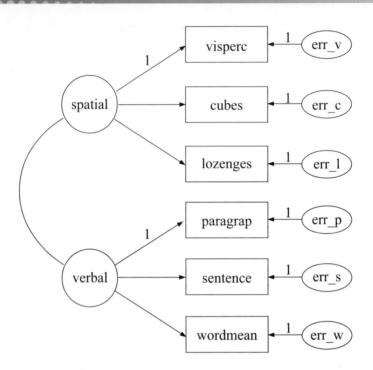

Example 12: Factor analysis: Boys' sample Holzinger
and Swineford (1939)

圖 15-1 　 Amos 手冊中實例 12 之理論模式

SAS Macro 程式：計算四分或多分相關矩陣與因素分析（修訂自 SAS POLYCHOR macro Version 1.4）

```
%macro polychor (
        data=_last_,
        Var=_numeric_,
        out=_plcorr,
        type=corr,
        converge=.0001,
        maxiter=60
        ) ;

options nonotes ;
%let ver=1.4 ;
%if &data=_last_ %then %let data=&syslast ;
/* Verify that TYPE=CORR or DISTANCE */
%if %upcase（&type）ne CORR and %upcase（&type）ne DISTANCE
%then %do ;
  %put POLYCHOR&ver ERROR： TYPE= must be CORR or DISTANCE. ;
  %goto exit ;
%end ;
data _null_ ;
  set &data ;
  array x{*} &Var ;
  length name
%if &sysver >= 7 %then %str（$32. ;）; %else %str（$8. ;）;
  if _n_=1 then
  do i=1 to dim（x）;
```

```
      call vname (x{i} , name) ;
      call symput ('_v'||trim (left (put (i,4.) ) ) , name) ;
   end ;
   p=dim (x) ;
   call symput ('_p',trim (left (put (p,4.) ) ) ) ) ;
   run ;
%let noconv=0 ;
%do _i=1 %to &_p ;
%do _j=&_i+1 %to &_p ;
   proc freq data=&data noprint ;
      tables &&_v&_i * &&_v&_j / plcorr
      %if &converge ne %then converge=&converge ;
      %if &maxiter  ne %then maxiter=&maxiter ;
       ;
      output out=_tmp plcorr ;
      run ;
   data _null_ ;
      set _tmp ;
      if _plcorr_=. then do ;
         call symput ('noconv','1') ;
         put "POLYCHOR&ver : Polychoric correlation computations did not
         converge"
             " for variables" ;
         put "&&_v&_i and &&_v&_j." ;
      end ;
      value=   %if %upcase (&type) =CORR %then _plcorr_ ;
               %if %upcase (&type) =DISTANCE %then 1-_plcorr_**2 ;
       ;
      call symput ("p&_i._&_j", value) ;
      run ;
%end ;
%end ;
%if &noconv=1 %then %do ;
   %put POLYCHOR&ver : Some correlations were not estimated and were
   set to missing. ;
   %put %str (            ) You can try to estimate the missing correlations by
   using the ;
```

```
    %put %str (              ) PLCORR option in PROC FREQ and adjusting the
    CONVERGE=and/or ;
    %put %str (              ) MAXITER= options.  See the POLYCHOR macro
    description for details. ;
%end ;
data &out
    %if %upcase (&type) =CORR %then %do ;

      ;
      _TYPE_='CORR' ;
      length _NAME_
    %if &sysver >= 7 %then %str ($32. ; )  ; %else %str ($8. ; )  ;
    %end ;
    %if %upcase (&type) =DISTANCE %then %str ( (type=distance) ; ) ;
    /* Create matrix */
    array x{*}      %do i=1 %to &_p ;
                        &&_v&i
                %end ;
      ;
    do i=1 to dim (x)  ;
      do j=1 to i ;
        /* Set diagonal values */
        if i=j then x{j}=  %if %upcase (&type) =CORR %then 1 ;
                           %if %upcase (&type) =DISTANCE %then 0 ;
        ;
        /* Set lower triangular values */
        else
        x{j}=symget ("p"||trim (left (put (j,4.) ) ) )||"_"||trim (left
        (put (i,4.) ) ) ) ;
      end ;
      /* Create _NAME_ variable for CORR data sets */
      %if %upcase (&type) =CORR %then
        %str ( _NAME_=symget ("_v"||trim (left (put (i,4.) ) ) ) ; ) ;
      drop i j ;
      output ;
    end ;
    run ;
/* Add _TYPE_=MEAN, STD and N observations to CORR data sets */
```

```
%if %upcase（&type） =CORR %then %do ；
  proc summary data=&data ；
    Var &Var ；
    output out=_simple（drop=_type_ _freq_ rename=（_stat_=_
    TYPE_））；
    run ；
  data &out（type=corr）；
    set _simple（where=（_type_ in（"," ,"")））&out ；
/* 使用 Amos 時上式括弧內文字請替換為（where=（_type_ in（'N','
MEAN','STD')）） */ run ；
%end ；
%if &syserr=0 %then
%if %upcase（&type） =CORR %then %do ；
  %put ；
  %put POLYCHOR&ver ： Polychoric correlation matrix was output to data
  set
  %upcase（&out）. ；
  %put ；
%end ；
%else %do ；
  %put ；
  %put POLYCHOR&ver ： Distance matrix based on polychoric correla-
  tions was output ；
  %put %str（          to data set %upcase（&out）.）；
  %put ；
%end ；
%exit ：
options notes ；
%mend polychor ；
Data NS ；
Infile "c ：\NumberSense.dat" ；
/* 原始資料檔名稱與路徑*/
input（x1 - x55）（1.0）；
%polychor（）；
data ； set _plcorr ；
file "c ：\plcorr.dat" ；
/* 存多分矩陣之資料檔名稱與路徑*/
```

```
put _name_ ＄x1-x55；
/* 原始資料檔中之變項名稱*/
Data pc（type＝corr）；
_type_＝"corr"；
infile "c：\plcorr.dat" lrecl＝500；
input _name_ ＄x1-x55；
/* proc factor method＝p min＝1 rotate＝varimax corr； */
/* proc factor method＝prinit min＝1 rotate＝varimax corr； */
proc factor method＝p min＝1 rotate＝promax corr；
run；
```

附錄二

如何利用 LISREL/PRELIS、MPLUS 跑出多分相關與考驗常態性基本假設步驟

1.）PRELIS 程式設計

一、點選「New」

二、點選「Syntax Only」

三、撰寫 SIMPLIS 語法程式

四、執行 點選「Run PRELIS」或按 F7

2.) Mplus 程式設計

TITLE： Number Sense Data ； Note that this program has saved out
　　　　the polychoric correlation matrix in a file called test.pcm ；
DATA：
　FILE IS "C：\Documents and Settings\USR1\桌面\NS2.dat"；
VARIABLE：
　NAMES ARE q1 q2 q3 q4 q5 q6 q7 q8 q9 q10 q11 q12 q13 q14 q15 q16
q17 q18 q19 q20 q21 q22 q23 q24 q25 q26 q27 q28 q29 q30 q31 q32 q33
q34 q35 q36 q37 q38 q39 q40 q41 q42 q43 q44 q45 q46 q47 q48 q49 q50
q51 q52 q53 q54 q55 ；
　USEVARIABLES ARE q2 q3 q4 q5 q6 q9 q10 q11 q12 q13 q14 q15 q16
q17 q18 q20 q21 q22 q24 q25 q26 q29 q30 q31 q32 q33 q34 q35 q36 q37
q38 q39 q40 q41 q43 q44 q45 q46 q47 q48 q49 q50 q51 q52 q53 q54
q55 ；
CATEGORICAL Q2-Q55 ；
ANALYSIS：
　TYPE=BASIC ；
　ESTIMATOR IS ULS ；
　ITERATIONS = 1000 ；
　CONVERGENCE = 0.00005 ；
SAVEDATA：
　　　FORMAT IS F5.3 ；
　　　SAMPLE C：\TEST.PCM ；

MPLUS 輸出之結果：

0.10000000E + 01	0.17878512E + 00	0.10000000E + 01	−0.13240359E + 00	−0.10376210E + 00
0.10000000E + 01	0.41087352E − 01	0.10025589E + 00	0.19606605E + 00	0.10000000E + 01
0.30412062E + 00	0.31043521E + 00	−0.31079120E − 01	0.39442155E + 00	0.10000000E + 01
−0.22733254E − 01	0.76295126E − 01	0.35109069E − 01	−0.15544872E + 00	0.10457349E + 00
0.10000000E + 01	.	.	.	.

再將上述之資料矩陣整理如下之對角線矩陣

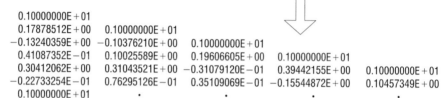

```
 0.10000000E + 01
 0.17878512E + 00    0.10000000E + 01
−0.13240359E + 00   −0.10376210E + 00    0.10000000E + 01
 0.41087352E − 01    0.10025589E + 00    0.19606605E + 00    0.10000000E + 01
 0.30412062E + 00    0.31043521E + 00   −0.31079120E − 01    0.39442155E + 00    0.10000000E + 01
−0.22733254E − 01    0.76295126E − 01    0.35109069E − 01   −0.15544872E + 00    0.10457349E + 00
 0.10000000E + 01         .                   .                   .                   .
```

附錄三

Amos Basic 程式範例：
Number Sense 五因素模式

```
Sub Main
    Dim Sem  As New AmosEngine
    Sem.NormalityCheck
'需使用原始資料檔，以便進行資料之常態性及極端值的考驗
    Sem.TextOutput
    Sem.Standardized
    Sem.Smc
    Sem.BeginGroup"C：\2.sav"
    Sem.Structure"q13=（1）F1+（1）e1"
    Sem.Structure"q10=F1+（1）e2"
    Sem.Structure"q12=F1+（1）e3"
    Sem.Structure"q9=F1+（1）e4"
    Sem.Structure"q14=F1+（1）e5"
    Sem.Structure"q18=F1+（1）e6"
    Sem.Structure"q55=（1）F2+（1）e7"
    Sem.Structure"q45=F2+（1）e8"
    Sem.Structure"q48=F2+（1）e9"
    Sem.Structure"q50=F2+e（1）10"
    Sem.Structure"q52=F2+（1）e11"
    Sem.Structure"q43=F2+（1）e12"
    Sem.Structure"q29=（1）F3+（1）e13"
    Sem.Structure"q30=F3+（1）e14"
    Sem.Structure"q32=F3+（1）e15"
    Sem.Structure"q33=F3+（1）e16"
    Sem.Structure"q35=F3+（1）e17"
    Sem.Structure"q36=F3+（1）e18"
    Sem.Structure"q6=（1）F4+（1）e19"
```

```
Sem.Structure"q5=F4+（1）e20"
Sem.Structure"q4=F4+（1）e21"
Sem.Structure"q21=F4+（1）e22"
Sem.Structure"q46=F4+（1）e23"
Sem.Structure"q51=F4+（1）e24"
Sem.Structure"q16=（1）F5+（1）e25"
Sem.Structure"q11=F5+（1）e26"
Sem.Structure"q15=F5+（1）e27"
Sem.Structure"q24=F5+（1）e28"
End Sub
```

Number Sense 四因素修正結構
（含計算 SRMR 程式）

```
Sub Main
    Dim Sem  As New AmosEngine
    Sem.TextOutput
    Sem.Standardized
    Sem.Mods 20
    Sem.Smc
    sem.Corest
    'The 2 lines below used to compute SRMR
    Sem.NeedEstimates maSampleCorrelations
    Sem.NeedEstimates maImpliedCorrelations
    Sem.BeginGroup"c：\NS94.SAV"
    Sem.Structure"q13=（1）F1+（1）e1"
    Sem.Structure"q10=F1+（1）e2"
    'Sem.Structure"q12=F1+（1）e3"
    Sem.Structure"q9=F1+（1）e4"
    Sem.Structure"q14=F1+（1）e5"
    'Sem.Structure"q18=F1+（1）e6"
    Sem.Structure"q55=（1）F2+（1）e7"
    Sem.Structure"q45=F2+（1）e8"
    'Sem.Structure"q48=F2+（1）e9"
    Sem.Structure"q50=F2+e（1）10"
    'Sem.Structure"q52=F2+（1）e11"
    Sem.Structure"q43=F2+（1）e12"
    Sem.Structure"q29=（1）F3+（1）e13"
    Sem.Structure"q30=F3+（1）e14"
    Sem.Structure"q32=F3+（1）e15"
    Sem.Structure"q33=F3+（1）e16"
```

```
'Sem.Structure"q35=F3+（1）e17"
'Sem.Structure"q36=F3+（1）e18"
Sem.Structure"q6=（1）F4+（1）e19"
Sem.Structure"q5=F4+（1）e20"
Sem.Structure"q4=F4+（1）e21"
Sem.Structure"q21=F4+（1）e22"
'Sem.Structure"q46=F4+（1）e23"
'Sem.Structure"q51=F4+（1）e24"
'MI
SEM.Structure"E4 <--> E20"
'SEM.Structure"E14 <--> E17"
'SEM.Structure"E3 <--> E13"
SEM.Structure"E5 <--> E22"
SEM.Structure"E8 <--> E22"
SEM.Structure"E16 <--> E19"
'2nd CFA
Sem.Structure "F1=NS+（1）res1"
Sem.Structure "F2=NS+（1）res2"
Sem.Structure "F3=NS+（1）res3"
Sem.Structure "F4=NS+（1）res4"
Sem.Structure "NS（1）"
'Below are the lines used to compute Standardized root mean squared
residual（SRMR）
Dim N As Integer
Dim i As Integer
Dim j As Integer
Dim DTemp As Double

Dim Sample（）As Double
Dim Implied（）As Double
message = message & vbCrLf & vbCrLf & ModelName
If Status <> 0 Then
    message = message & vbCrLf & " The model was not success
    fully fitted."
    Exit Sub
End If
If Sem.AnyMissingValues Then
```

```
message = message & vbCrLf & "   The standardized RMR is not
defined"
message = message & vbCrLf & "   when some data values are
missing."
Exit Sub
End If
Sem.GetEstimates maSampleCorrelations, Sample
Sem.GetEstimates maImpliedCorrelations, Implied
N = UBound (Sample, 1)
DTemp = 0
For i = 2 To N
    For j = 1 To i - 1
        DTemp = DTemp + (Sample (i, j) - Implied (i, j)) ^ 2
    Next
Next
DTemp = Sqr (DTemp / (N * (N + 1) / 2))

'Dtemp is the standardized RMR
    If Status = 0 Then
    Message = Message & vbCrLf & "   Standardized RMR = " &
    Format$ (DTemp, "#.0000")
Else
    Message = Message & vbCrLf & "   Sorry, the model was not
    successfully fitted."
End If
'Pop up a Message Box
Begin Dialog UserDialog 400,168 ' %GRID：10,7,1,1
    OKButton 150,126,100,28
    TextBox 20,7,350,105,.TextBox1,1
End Dialog
Dim  dlg As UserDialog
dlg.textbox1 =Message & vbCrLf & "   Fred Li, 2006 嘉義大學"
Dialog dlg
End Sub
```

Neff（1985）美國白人與黑人
生活心理壓力比較研究的資料檔案

NEFF-WHITE.txt

File Format Help

ROWTYPE	VARNAME	Y1	Y2	Y3	Y4	Y5	X1	X2	X3
N		658	658	658	658	658	658	658	658
STDDEV		0.9	0.66	0.52	0.47	0.49	2.84	0.75	18.19
MEAN		0.77	0.34	0.26	0.27	0.26	5.98	2.19	46.31
CORR	Y1	1							
CORR	Y2	0.63	1						
CORR	Y3	0.15	0.2	1					
CORR	Y4	0.12	0.14	0.48	1				
CORR	Y5	0.08	0.08	0.44	0.49	1			
CORR	X1	0.04	-0.01	-0.02	-0.1	0	1		
CORR	X2	0.06	0.04	-0.05	-0.11	-0.06	0.32	1	
CORR	X3	0.06	0.02	-0.16	-0.15	-0.3	-0.3	-0.2	1

NEFF-BLACK.txt

File Format Help

ROWTYPE	VARNAME	Y1	Y2	Y3	Y4	Y5	X1	X2	X3
N		171	171	171	171	171	171	171	171
STDDEV		0.65	0.55	0.6	0.59	0.6	2.2	0.64	16.69
MEAN		0.44	0.25	0.33	0.52	0.4	3.57	1.66	43.32
CORR	Y1	1							
CORR	Y2	0.63	1						
CORR	Y3	0.14	0.19	1					
CORR	Y4	0.17	0.24	0.37	1				
CORR	Y5	0.12	0.06	0.44	0.5	1			
CORR	X1	0	-0.06	0.01	-0.2	0.01	1		
CORR	X2	-0.11	-0.1	-0.05	-0.19	0.07	0.32	1	
CORR	X3	0.17	0.13	-0.02	0.05	-0.11	-0.27	-0.47	1

附錄六

SEMCAI 增益集：
SEMCAI.xla 之操作步驟

　　首先，將隨書所附之軟體 SEMCAI.xla 複製到 Microsoft 之 Addin 目錄下（通常在：C:\Documents and Settings 次目錄下，例如：

），再打開 Excel「工具」之下的「增益集」選單，在所出現的視窗內點選 SEMCAI.xla 增益集，接著按確定（參看下圖）。Excel 即會在主選單上出現「SEM-CAI」之選目。打開此選單會出現三個選目供您點選，第一個 CAI 為 FML 極小化實驗，可供您實地操作例子，具體了解 SEM 的極小化之過程；第二個 CAI 為適配度指標之計算，可供您實地利用 Amos 之基本輸出統計量，實地計算各種 SEM 適配度指標，以了解各個指標的基本運算元素與特色；第三個 CAI 為建構信度的計算，可供您實地利用 Amos 之基本輸出統計量，實地計算各個因素的建構信度，以免去手算的麻煩。注意，輸入數字前，請注意 Excel 的輸入狀態是否已設定在數字輸入模式，可免去切換成英文模式的困擾，並預先開啟一個空白資料表單以便秀出統計結果。

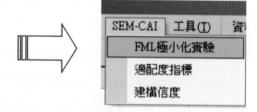

以下係三個 SEM 教學模組的實際操步驟，逐一說明如下：

一、FML 極小化實驗

1. 在以下之視窗中輸入 2x2 階共變數矩陣之原始資料。

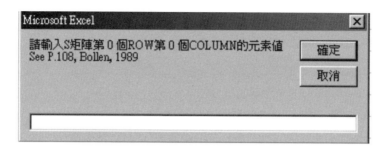

2. 在以下之視窗中輸入最大迴圈數。

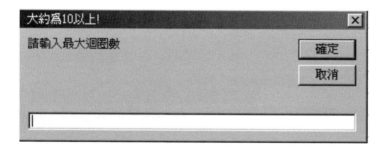

3. 在以下之視窗中輸入 Phi 之起始值。

4. 在以下之視窗中輸入 Psi 之起始值。

5. Excel 增益集（Addin Macro）開始執行，執行結束後，會出現以下之極小化結果視窗（極小化過程與結果同時出現於 Excel 表單上）。

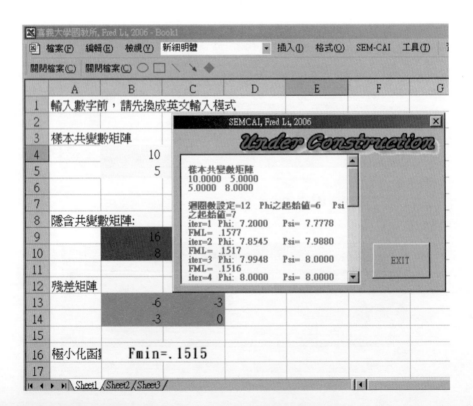

二、適配度指標之計算

1. 在以下之上層視窗中，點選待計算之 SEM 指標。

2. 在以下之下層視窗中，輸入指標所需之統計量。

3. 按確定後，即可看到結果出現在視窗底部的草綠色小視窗中。

4. 在計算RMR/SRMR指標時，因涉及樣本共變數矩陣與隱含共變數矩陣，請先建立一個新的Excel表單，並在Excel表單Sheet2與Sheet3 上（輸入之欄位參見下圖）輸入二種相關資料後，再點選之。

	A	B	C
1	2	3	4
2	3	8	5
3	4	5	8
16			
17			

嘉義大學國教所, Fred Li, 2006 - SEMCAI.xla.x

⊩ ◄ ► ⊮ \Sheet1 \Sheet2 \Sheet3 /

	A	B	C
1	3	4	5
2	4	7	6
3	5	6	5
16			
17			

SEM-CAI, Fred Li, 2006 - SEMCAI.xla.xls

⊩ ◄ ► ⊮ \Sheet1 \Sheet2 \Sheet3 /

三、建構信度的計算

1. 在以下之視窗中輸入待估計之因素的指標變項總數

2. 在以下之視窗中輸入各指標的標準化因素負荷量

3. 執行結束後，會出現以下之結果視窗（建構信度與變異量抽取百分比會同時出現於 Excel 表單上）。

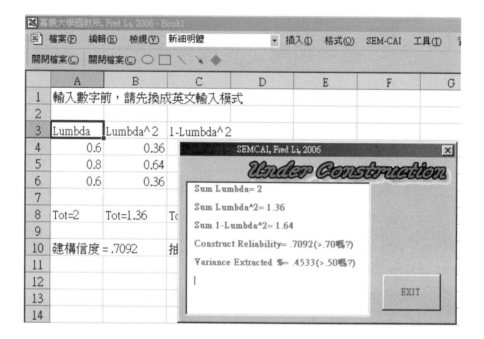

附錄七

書中所附之光碟片內容

隨書所附之光碟片，其內容主要包含：

1. Amos 5.0 學生版軟體（功能完全與正式版本相同，但僅限於處理 8 個變項 54 參數之估計）。

2. SEM-CAI 教學輔助軟體（Excel Addin Macro）：包含三個學習單元，第一個 CAI 為 FML 極小化實驗，第二個 CAI 為適配度指標之計算，第三個 CAI 為建構信度的計算。

3. SEM 教學輔助之 Power Point 檔案。

4. Number Sense 試題。

5. Number Sense 資料庫：第6～第8章（N-Sense.sav），第9章（Boy.sav, Girl.sav）。

6. SAS POLYCHOR macro Version 1.4，計算多分相關用。

7. MPLUS 計算多分相關程式。

8. Number Sense 四因素修正模式 Amos Basic 程式（含計算 SRMR 程式）。

9. 多層次因素分析資料檔（JSP-Between.sav 與 JSP-Within.sav）這兩個範例檔係採自 LISREL 中的範例，並稍加修正而得。

10. 附錄五原始資料檔（NEFF-BLACK 和 NEFF-WHITE）。

參考書目

王文科（1999）。教育研究法（第五版）。台北：五南。

王保進（2004）。多變量分析——套裝程式與資料分析。台北：高等教育。

余民寧（2002）。TESTER for Windows2.0（隨書附贈之電腦程式）。教育測驗與評量：成就測驗與教學評量。台北：心理。

余民寧（2002）。教育測驗與評量：成就測驗與教學評量。台北：心理。

余民寧（2006）。潛在變項模式：SIMPLIS 的應用。台北：高等教育。

吳明清（2000）。教育研究法——基本觀念與方法分析（第十四版）。台北：五南。

吳明隆（2000）。SPSS 統計應用實務。台北：松崗。

吳裕益、林月仙（2000）。國小中低年級數學診斷測驗之編製及理論模式之驗證研究。測驗年刊，47(2)，1-15。

李威進（2004）。資訊融入九年一貫數學領域第一階段數學測驗之研究：以數字常識為例。國立嘉義大學國民教育研究所碩士論文，未出版，嘉義。

李茂能（2003）。圖解式結構方程模式軟體 Amos 之簡介與應用。國民教育研究學報，11，1-39。

李茂能（2005）。SEMCAI 統計教學輔助軟體：Excel Macro 增益集。未出版。

和田秀樹（2003）。數字為成功之本。台北：商周。

林季燕（2003）。運動動機量表之編製——信度與效度分析。臺灣運動心理學報，2，15-32。

林姿飴（2005）。電腦化數常識量表之編製及其發展之研究：以九年一貫數學領域第二階段學童為例。國立嘉義大學國民教育研究所碩士論文，未出版，嘉義。

邱皓政（2002）。量化研究與統計分析：SPSS 中文視窗版資料分析範例解析。台北：五南。

邱皓政（2003）。結構方程模式：LISREL 的理論、技術與應用。台北：雙葉。

侯雅齡（2004）。多向度家庭功能評估工具之發展及特殊需求學生家庭功能之研究。國立高雄師範大學特殊教育學系博士論文，未出版，高雄。

洪素敏、楊德清（2002）。創意教學——分數的補救教學。科學教育研究與發展季刊，29，33-52。

徐俊仁，楊德清（2000）。從數常識的觀點探討九年一貫數學學習領域「數與計算」的能力指標，科學教育研究與發展季刊，21，56-67。

張春興（2000）。心理學思想的流變。台北：東華。

張郁雯（2003）。大學生教學評鑑量表之發展研究。教育與心理研究，*26*(2)，
227-239。

教育部（2004）。數學學習領域（第二學習階段）。國民中小學九年一貫課程綱
要。台北：教育部。

許清陽（2001）。國小高年級學童數常識發展之研究。國立嘉義大學國民教育研究
所碩士論文，未出版，嘉義。

許清陽（2006）。國小學童數感理論模式建構與電腦化數感診斷測驗系統之研究。
國立高雄師範大學教育學系博士論文，未出版，高雄。

連盈如（1997）。精神分裂症患者親屬的準精神分裂性人格特徵：探索性與驗證性
因素分析。國立台灣大學流行病學研究所碩士論文，未出版，台北。

連廷嘉（2004）。高危險群青少年衡鑑量表編製及其應用之研究。國立高雄師範大
學輔導研究所博士論文，未出版，高雄。

郭生玉（2004）。教育測驗與評量。台北：精華。

陳志陽（2004）。國小教師人格特質影響職務決策之研究。輔仁大學應用統計學研
究所碩士論文，未出版，台北。

黃文星（2003）。民族意識對農產品消費行為之影響。國立中興大學農業經濟學系
博士論文，未出版，台中。

黃芳銘（2004）。社會科學方法學：結構方程模式。台北：五南。

楊德清（2000）。國小六年級學生回答數常識問題所使用之方法。科學教育學刊，
8(4)，379-394。

楊德清（2001）。國小六年級學生數字稠密度之認知的探討。科學教育研究與發展
季刊，*23*，41-56。

楊德清（2002）。從教學活動中幫助國小六年級學生發展數常識能力之研究。科學
教育學刊，*10*(3)，233-260。

蔡青姿（2004）。醫學雷射美容消費意向模式建構之實證研究——結構方程模式之
應用。國立中正大學企業管理研究所碩士論文，未出版，嘉義。

蕭丞傑（2003）。穿著態度：概念建構暨量表編製。輔仁大學織品服裝學系碩士論
文，未出版，台北。

蕭佳純（2004）。組織知識創新模式與量表建構之研究：以成人教育組織為例。國
立中正大學成人及繼續教育研究所博士論文，未出版，嘉義。

鍾覺非（2004）。台灣地區戶政機關服務品質量表之發展。國立交通大學經營管理
研究所碩士論文，未出版，新竹。

Aish, A. M., & Jöreskog, K. G. (1990). A panel model for potilical efficacy and represen-
tativeness: An application of LISREL 7 with weighted least squares. *Quality and
Quantity, 19*, 716-723.

Anderson, J. C., & Gerbing, D. W. (1988). Structural equation modeling in practice: A review and recommended two-step approach. *Psychological Bulletin, 103,* 411-23.

Arbuckle J. L. & Worthke, W. (1999). *Amos 4.0 user's guide.* Chicago, IL: SmallWaters Corporation .

Arbuckle J. L. & Worthke, W. (2003). *Amos 5.0 update to the Amos user's guide.* Chicago, IL: SmallWaters Corporation.

Arbuckle J. L. (2005). *Amos 6.0 user's guide.* Spring House, PA: Amos Development Corporation.

Bandalos, D. L, & Finney, S. J. (2001). Item parceling issues in structural equation modeling. In G. A. Marcoulides & R. E. Schumacker (Eds.), *New developments and techniques in structural equation modeling* (pp. 269-296). New Jersey: Lawrence Erlbaum.

Bollen, K. A. & Lennox, R. (1991). Conventional wisdom on measurement: A structural equation perspective. *Psychological Bulletin, 110*(2), 305-314.

Bollen, K. A. (1989). *Structural equations with latent variables.* New York: John Wiley & Sons.

Bollen, K. A., & Long, J. S. (1993). *Testing structural equation models* (Eds.). Newbury Park: Sage.

Browne, M. W. & Cudeck, R. (1993). Alternative ways of assessing model fit. In K. A. Bollen, & J. S. Long (Eds.), *Testing structural equation models* (pp. 136-162). Newbury Park: Sage.

Brownell, W. A. (1935). Psychological considerations in the learning and teaching of arithmetics. In Reeve (Ed.), *The teaching of arithmetics* (pp.19-51). Reston: VA: NCTM.

Byrne, B. M. (2001). *Structural equation modeling with Amos: Basic concepts, applications, and programming.* New Jersey: Lawrence Erlbaum Associates.

Campbell, D. T. & Fiske, D. W. (1959). Convergent and discriminant validation by the multitrait-multimethod matrix. *Psychological Bulletin, 56,* 81-105.

Cattell, R. B. (1965). *The scientific analysis of personality.* New York: penguin Books.

Cattell, R. B. (1966). The scree test for the number of factors. *Multivariate Behavioral Research, 2,* 245-276.

Cattell, R. B. (1978). *The scientific use of factor analysis.* New York: Plenum.

Chen, F., Paxton, P., Curran, P. J., & Kibby, J. (2001). Improper solutions in structural equation models: Causes, consequences, and strategies. *Sociologival Methods and Research, 29*(4), 468-508.

Cheung, G. W., & Rensvold, R. B. (2002). Evaluating goodness-of-fit indices for testing measurement invariance. *Structural Equation Modeling, 9*(2), 233-255.

Clark, L. A., & Watson, D. (1995). Constructing validity: Basic issues in objective scale development. *Psychological Assessment, 7*, 309-319.

Comrey, A. L., & Lee, H. B. (1992). *A first course in factor analysis*. Hillsdale, NJ: Lawrence Erlbaum.

Cortina, J. M. (1993). What is coefficient Alpha? An examination of theory and applications *Journal of Applied Psychology, 78*(1), 98-104.

Cudeck, R. (1989). Analysis of correlation matrices using covariance models. *Psychological Bulletin, 105*, 317-327.

Duncan, T. E., Duncan, S. C., Alpert, A., Hops, H., Stoolmiller, M., & Muthen, B. (1997). Latent Variable Modeling of Longitudinal and Multilevel Substance Use Data. *Multivariate Behavioral Research, 32*(3), 275-318

Enzmann, D. (1997). RanEigen: A program to determine the parallel analysis criterion for the number of principal components. *Applied psychological Measurement, 21*(3), 232.

Epstein, S. (1983). Aggregation and beyond: Some basic issues on the prediction of behavior. *Journal of Personality, 51*, 360-392.

Eysenck, H. J. (1991). Dimensions of personality: 16, 5, or 3?--Criteria for a taxonomic paradigm. *Personality and Individual Differences, 12*, 773-790.

Fabrigar, L. R., Wegener, D. T., MacCallum, R. C., & Strahan, E. J. (1999). Evaluating the use of exploratory factor analysis in psychological research. *Psychological Methods, 4*, 272-299.

Fan, X., & Thompson, B. (2001). Cconfidence intervals about score reliability coefficients, please: An EPM guidelines editorial. *Educational and Psychological Measurement, 61*, 517-532.

Farmer, G. L. (2000). Use of multilevel covariance structure analysis to evaluate the multilevel nature of theretical constructs. *Social Work Research, 24* (3), 180-191.

Fava, J. L., Velicer, W. F., & Rossi, J. S. (1995). *A methodological and statistical framework for measurement*. Seminar presented at the 16th Annual Scientific Sessions of the Society of Behavioral Medicine, San Diego, CA.

Finch, H. (2006). Comparison of the performance of varimax and promax rotations: Factor structure recovery for dichotomous items. *Journal of Educational Measurement, 43* (1), 39-52.

Fornell, C., & Larker, D. F. (1981). Evaluating structural equation models with unobservable variables and measurement error. *Journal of Marketing Research, 18*, 39-50.

Gerbing, D. W., & Anderson, J. C. (1993). Monte carlo evaluations of goodness-of-fit indices for structural equation models. In K. Bollen & J. S. Long (Eds.), *Testing structural equation modeling* (pp. 40-65). Newbury Park, CA: Sage.

Gregory, R. J. (1996). *Psychological testing: History, principles, and applications* (2nd ed.). Boston: Allyn & Bacon.

Hair, J. F., Anderson, R. E., Tatham, R. L., & Black, W. C. (1998). *Multivariate data analysis*. New Jersey: Prentice-Hall International.

Hinkin, T. R. (1995). A review of scale development practices in the study of organizations. *Journal of Management, 21*(5), 967-988.

Holt, J. K. (2004). *Item parceling in structural equation models for optimal soluitions*. Paper presented at the 2004 Annual Meeting of the Mid-Western Educational Research Association, Columbus.

Hox, J. J. (1993). Factor analysis of multilevel data: Gauging the Muthen model. In: J. H. L. Oud & R. A. W. van Blokland-Vogelesang (Eds.), *Advance in longitudinal and multivariate analysis in behavioral science* (pp.141-156). Nijmegen, NL: ITS.

Hox, J. J. (1995). *Applied multilevel analysis*. Amsterdam: TT-Publikaties.

Hu, L-T, Bentler, P. M., & Kano, Y. (1992). Can test statistics in covariance structure analysis be trusted? *Psychological Bulletin, 112,* 351-362.

Hu, L-T, Bentler, P. M. (1999). Cutoff criteria for fit indexes in covariance structure analysis: Conventional criteria versus new alternatives. *Structural Equation Modeling: A Multidisciplinary Journal, 6*, 1-55.

Jöreskog, K. G. (1971). Simultaneous factor analysis in several populations. *Psychometrika, 36*, 409-426.

Jöreskog, K. G. (1973). A general method for estimating a linear structural equation system. In A. S. Goldberger & O. D. Duncan (Eds.), *Structural equation models in the social sciences* (pp. 85-112). New York: Academic Press.

Jöreskog, K. G. (1993). Tesing structural equation models. In K. Bollen & J. S. Long (Eds.), *Testing structural equation modeling* (pp. 256-293). Newbury Park, CA Sage.

Jöreskog, K. G., & Sörbom, D. (1993). *Structural equation modeling with the SIMPLIS command language*. Chicago: Scientific Software international.

Kaiser, H. F. (1959). Computer program for varimax rotation in factor analysis. *Educational and Psychological Measurement, 19*, 413-420.

Kaiser, H. F. (1974). An index of factorial simplicity. *Psychometrika, 39*, 31-36.

Kieffer, K. M. (1998). An introductory primer on the appropriate use of exploratory and confirmatory factor analysis. *Research in the Schools, 6* (2), 75-92.

Kline, P. (1994). *An easy guide to factor analysis*. New York: Routledge.

Kline, R. B. (1998). *Principles and practice of structural equation modeling*. New York:

Guilford.

Kline, R. B. (2004). *Principles and practice of structural equation modeling* (2nd ed.). New York: Guilford.

Kline, R. B.(2000). *Supplemental chapter B: Introduction to mean structure*. Retrieved Jan. 12, 2003 from the World Wide Web: http://www.psychology.concordia.ca/department/faculty/kline/books/sem1/supplemental

Lautenschlager, G. J. (1989). Parallel analysis criteria: Revised equations for estimating the latent roots of random data correlation matrices. *Educational and Psychological Measurement, 49*(2), 339-345.

Little, T. D. (1997). Mean and covariance structures(MACS) analyses of cross-cultureal data: Practical and theoretical issues. *Multivariate Behavioral Research, 32*, 53-76.

MacCallum, R. C., Browne, M. W., & Sugawara, H. M. (1996). Power analysis and determination of sample size for covariance structure modeling. *Psychological Methods, 1*, 130-149.

McCrae, R. R., & Costa, P. T., Jr. (1997). Personality trait structure as a human universal. *American Psychologist, 52*, 509-516.

McIntosh, A., Reys, B. J., Reys, R. E., Bana, J., & Farrel, B. (1997). *Number sense in school mathematics: Student performance in four countries.* MASTEC: Mathematics, Science & Technology Education Centre.

McIntosh, A., Reys, B. J., & Reys, R. E. (1992). A proposed framework for examining basic number sense. *For the Learning of Mathematics, 12*, 2-8.

Mels, G. (2004). *LISREL for windows: Getting started.* Lincolwood, IL: Scientific Software International.

Meredith, W. (1993). Measurement invariance, factor analysis, and factorial invariance. *Pyschometrika, 58*, 525-543.

Miller, M. B. (1995). Coefficient alpha: A basic introduction from the perspectives of classical test theory and structural equation modeling. *Structural Equation Modeling, 2* (3), 255-273.

Muthen, B. O. (1989). Latent variable modeling in heterogeneous populations. Presedential address to the psychometric society. *Psychometrika, 54*, 557-585.

Muthen, B. O. (1991). Multilevel factor analysis of class and student achievement components. *Journal of Educational Measurement, 28*, 338-354.

Muthen, B. O. (1994). Multilevel covariance structure analysis. *Socialogical Method & Reserch, 22*(3), 376-398.

Muthen, B. O. (1998).Second-generation structural equation modeling with a combination of categorical and continuous latent variables: New opportunities for latent class/latent growth modeling. In A. Sayer & L. Collins (Eds.), *New methods for the analysis of change*. Washinton DC: Amerian Psychological Association.

Myung, J. (2004). Model selection methods. OSU: Amsterdam workshop on model selection (Aug. 27-29, 2004). Retrieved Aug. 20, 2005 from the World Wide Web: http://www2.fmg.uva.nl/modelselection/presentations/AWMS2004-Myung.pdf

National Council of Teachers of Mathematics. (2000). *The peinciples and standards for school mathematics*. Reston, VA: NCTM.

Neff, J. A. (1985). Race and vulnerability to stress: An examination of differential vulnerability. *Journal of Personality and Social Psychology, 49*, 481- 491.

Noar, S. M. (2003). The role of structural equation modeling in scale development. *Structural Equation Modeling, 10* (4), 622-647.

Nunnally, J., & Bernstein, I. (1994). *Psychometric Theory* (3rd ed.). New York: McGraw-Hill.

O'Connor, B. P. (2000). SPSS and SAS programs for determining the number of components using parallel analysis and Velicer's MAP test. *Behavior Research Methods, Instrumentation, and Computers, 32*, 396-402.

Pett, M. A., Lackey, N. R., & Sullivan, J. J. (2003). *Make sense of factor analysis: The use of factor analysis for instrument development in health care research*. Thousand Oaks: Sage.

Reise, S. P., Ventura, J., Nuechterlein, K.H., Kim, K.H., (2005). An illustration of multilevel factor analysis, *Journal of Personality Assessment, 84*(2), 126-136.

Reise, S. P., Widaman, K. F., & Pugh, R. H. (1993). Confirmatory factor analysis and item response theory: Two approaches for exploring measurement invariance. *Psychological Bulletin, 114*, 552-566.

Reuterber, S. E., & Gustafsson, J. E. (1992). Confirmatory factor analysis and reliability: Testing measurement model assumptions. *Educational and Psychological Measurement, 52*, 795-811.

Satorra, A., & Bentler, P. M. (1994). Corrections to test statistics and standard error on covariance structure analysis. In A. Von Eye & C. C. Clogg (Eds.), *Latent variables analysis*(pp. 399-419). Thousand Oaks, CA:Sage.

Saris, W. E., & Satorra, A. (1993). Power evaluations in structural equation models. In K. Bollen & J. S. Long(Eds.), *Testing structural equation modeling* (pp. 181-204). Newbury Park, CA: Sage.

Schmitt, N., & Stults, D. M. (1985). Factors defined by negatively keyed items: The result of careless respondents? *Applied Psychological Measurement, 9* (4), 367-373.

Smith, G. T., Fischer, S., & Fister, S. M. (2003). *Psychological Assessment, 15*, 467-477.

Sowder, J. (1992). Making sense of numbers in school mathematics. In G. Leinhardt & R. Hatterp (Eds.), *Analysis of arithmetic for mathematics teaching* (pp.1-51). Hillsdale, NJ: Erlbaum.

Spearman, C. (1904). General intelligence: Objectively determined and measured. *American Journal of Psychology, 15*, 201-293.

Tabachnick, B. G., & Fidell, L. S. F. (2001). *Using multivariate statistics* (4 th Ed.). Boston: Allyn & Bacon.

Tanaka, J. S. (1993). Multifaceted conceptions of fit in structural equation models. In K. A. Bollen & J. S. Long (Eds.), *Testing structural equation modeling* (pp. 10-39). Newbury Park: Sage.

Thompson, B., & Vidal-Brown, S. A. (2001, February). *Principal components versus principle axis factors: When we ever learn?* Paper presented at the Annual Meetong of the Southewest Educational Research Association, New Orleans, LA.

Thompson, C. S., & Rathmell, E. C. (1989). By way of introduction. *Arithmetic Teacher, 36* (6), 2-3.

Thurstone, L. L. (1947). *Multiple factor analysis*. Chicago:University of Chicago Press.

Toland, M. D., & De Ayala, R. J. (2005). A multilevel factor analysis of students' evaluations of teaching. *Educational and Psychological Measurement, 65*, 272-296.

Tomarken, A. J., & Waller, N. G. (2003). Potential problems with well-fitting models. *Journal of Abnormal Psychology, 112*, 578-598.

Tomarken, A. J., & Waller, N. G. (2005). Strutural Equation Modeling: Strengths, limitations, and misconceptions. *The Annual Review of Clinical Psychology, 1*, 31-65.

Ullman. J. B. (1996). Structural equation modeling. In B. G. Tabachnick & L.S. Fidell (Eds.), *Using multivariate statistics* (pp. 709-819, 3rd Ed.). HarperCollins College Publishers. New York, NY.

Vandenberg, R. J., & Lance, C. E. (2000). A review and synthesis of the measurement invariance literature: Suggestions, practices, and recommendations for organizational research. *Organizational Research Methods, 3*, 4-70.

Widaman, K. F., & Reise, S. P. (1997). Exploring the measurement invariance of psychological instruments: Applications in the substance use domain. In K. J. Bryant, M. Windle, & S. G. West (Eds.), *The science of prevention: Methodological advances from alcohol and substance abuse research* (pp. 281-324). Washington, DC: APA

Wothke, W. (1993). Nonpositive definite matrices in structural equation modeling. In K. Bollen & J. S. Long (Eds.), *Testing structural equation modeling* (pp. 256-293). Newbury Park, CA: Sage.

Yang, D. C. (2003). Teaching and learning number sense-An intervention study of fifth grade students in Taiwan. *International Journal of Science and Mathematics Education. 1* (1), 115-134.

Zimprich, D., Perren, S., & Horung, R. (2005). A two-level confirmatory factor analysis of a modified Rosenberg self-esteem scale. *Educational and Psychological Measurement, 65*(3), 465-481 .

索　引

A

B

C

D

M

Amos 學生版使用之授權

Dear Fred Li,   Mon, 6 Mar 2006 12：30：06-0500

This email gives you permission to include the student version of Amos with the book that you are writing. Please let me know when the book is published, so I can put a notice on the Amos Development website.

Best regards,
Jim

James L. Arbuckle
Amos Development Corporation
http://amosdevelopment.com

國家圖書館出版品預行編目資料

結構方程模式軟體 Amos 之簡介及其在測驗編製上之應用
—Graphics & Basic／李茂能著. --初版--
臺北市：心理, 2006（民 95）
面；　公分. --（教育研究；32）
參考書目：面
含索引
ISBN 978-957-702-961-4（平裝附光碟片）

1.社會科學—統計方法　2.統計—電腦程式

501.28　　　　　　　　　　　　95020742

教育研究 32　結構方程模式軟體 Amos 之簡介
　　　　　　及其在測驗編製上之應用—Graphics & Basic

作　　　者：李茂能

執行編輯：李　晶

總　編　輯：林敬堯

發　行　人：洪有義

出　版　者：心理出版社股份有限公司

社　　　址：台北市和平東路一段 180 號 7 樓

總　　　機：(02) 23671490　　傳　　真：(02) 23671457

郵　　　撥：19293172　心理出版社股份有限公司

電子信箱：psychoco@ms15.hinet.net

網　　　址：www.psy.com.tw

駐美代表：Lisa Wu　　tel: 973 546-5845　　fax: 973 546-7651

登　記　證：局版北市業字第 1372 號

電腦排版：亞帛電腦製作有限公司

印　刷　者：中茂分色製版印刷事業股份有限公司

初版一刷：2006 年 11 月

初版二刷：2007 年 9 月

定價：新台幣 500 元【附光碟】　　■有著作權·侵害必究■
ISBN 978-957-702-961-4

讀者意見回函卡

No. _____   填寫日期：　年　月　日

感謝您購買本公司出版品。為提升我們的服務品質，請惠填以下資料寄回本社【或傳真(02)2367-1457】提供我們出書、修訂及辦活動之參考。您將不定期收到本公司最新出版及活動訊息。謝謝您！

姓　名：_____　性別：1□男　2□女
職　業：1□教師 2□學生 3□上班族 4□家庭主婦 5□自由業 6□其他____
學　歷：1□博士 2□碩士 3□大學 4□專科 5□高中 6□國中 7□國中以下
服務單位：_____　部門：_____　職稱：_____
服務地址：_____　電話：_____　傳真：_____
住家地址：_____　電話：_____　傳真：_____
電子郵件地址：_____

書　名：_____

一、您認為本書的優點：（可複選）
　❶□內容 ❷□文筆 ❸□校對 ❹□編排 ❺□封面 ❻□其他____
二、您認為本書需再加強的地方：（可複選）
　❶□內容 ❷□文筆 ❸□校對 ❹□編排 ❺□封面 ❻□其他____
三、您購買本書的消息來源：（請單選）
　❶□本公司 ❷□逛書局⇨_____書局 ❸□老師或親友介紹
　❹□書展⇨____書展 ❺□心理心雜誌 ❻□書評 ❼□其他_____
四、您希望我們舉辦何種活動：（可複選）
　❶□作者演講 ❷□研習會 ❸□研討會 ❹□書展 ❺□其他____
五、您購買本書的原因：（可複選）
　❶□對主題感興趣 ❷□上課教材⇨課程名稱_____
　❸□舉辦活動 ❹□其他_____　　（請翻頁繼續）

```
┌─────────────────────┐
│ 廣 告 回 信 處        │
├─────────────────────┤
│ 台 北 郵 局 登 記 證  │
├─────────────────────┤
│ 台 北 廣 字 第940 號 │
└─────────────────────┘
```

（免貼郵票）

 心理出版社 股份有限公司

台北市 106 和平東路一段 180 號 7 樓

TEL: (02) 2367-1490
FAX: (02) 2367-1457
EMAIL: psychoco @ ms15.hinet.net

沿線對折訂好後寄回

六、您希望我們多出版何種類型的書籍

❶□心理 ❷□輔導 ❸□教育 ❹□社工 ❺□測驗 ❻□其他

七、如果您是老師，是否有撰寫教科書的計畫：□有□無

書名／課程：＿＿＿＿＿＿＿＿＿＿＿＿＿＿＿＿＿＿

八、您教授／修習的課程：

上學期：＿＿＿＿＿＿＿＿＿＿＿＿＿＿＿＿＿＿＿＿＿

下學期：＿＿＿＿＿＿＿＿＿＿＿＿＿＿＿＿＿＿＿＿＿

進修班：＿＿＿＿＿＿＿＿＿＿＿＿＿＿＿＿＿＿＿＿＿

暑　假：＿＿＿＿＿＿＿＿＿＿＿＿＿＿＿＿＿＿＿＿＿

寒　假：＿＿＿＿＿＿＿＿＿＿＿＿＿＿＿＿＿＿＿＿＿

學分班：＿＿＿＿＿＿＿＿＿＿＿＿＿＿＿＿＿＿＿＿＿

九、您的其他意見

＿＿＿＿＿＿＿＿＿＿＿＿＿＿＿＿＿＿＿＿＿＿＿＿＿

謝謝您的指教！　　　　　　　　　　　　　81032